博雅语言学书系

Grammatical Principles and
Grammatical Phenomena
(Revised Edition)

普遍语法原则与汉语语法现象
（修订版）

徐 杰 /著

图书在版编目(CIP)数据

普遍语法原则与汉语语法现象 / 徐杰著 . —2 版（修订本）. —北京：北京大学出版社，2018.9

ISBN 978-7-301-29542-7

Ⅰ. ①普⋯　Ⅱ. ①徐⋯　Ⅲ. ①语法学—研究②汉语—语法学—研究　Ⅳ. ① H04 ② H146

中国版本图书馆 CIP 数据核字 (2018) 第 097527 号

书　　　名	普遍语法原则与汉语语法现象（修订版） PUBIAN YUFA YUANZE YU HANYU YUFA XIANXIANG (XIUDING BAN)
著作责任者	徐　杰　著
责任编辑	李　凌
标准书号	ISBN 978-7-301-29542-7
出版发行	北京大学出版社
地　　　址	北京市海淀区成府路 205 号　100871
网　　　址	http://www.pup.cn　新浪微博：@北京大学出版社
电子信箱	zpup@pup.cn
电　　　话	邮购部 010-62752015　发行部 010-62750672 编辑部 010-62752028
印　刷　者	河北滦县鑫华书刊印刷厂
经　销　者	新华书店
	650 毫米 ×980 毫米　16 开本　17.25 印张　257 千字 2018 年 9 月第 1 版　2018 年 9 月第 1 次印刷
定　　　价	45.00 元

未经许可，不得以任何方式复制或抄袭本书之部分或全部内容。
版权所有，侵权必究
举报电话：010-62752024　电子信箱：fd@pup.pku.edu.cn
图书如有印装质量问题，请与出版部联系，电话：010-62756370

目 录

序 ··· 陆俭明 1
前 言 ··· 1

第一章 原则本位的语法理论 ································· 1
  1.1 引言 ··· 1
  1.2 语法原则与语法现象 ·································· 2
  1.3 语法原则与扩充的词库 ······························· 5
  1.4 结束语 ·· 9

第二章 被动式的理论和普遍语法的发展 ················ 10
  2.1 引言 ··· 10
  2.2 从非转换的到转换的被动式理论 ··················· 11
  2.3 模组理论中的被动式 ································· 18
  2.4 结束语 ·· 23

第三章 领有名词移位与动词类型 ························ 24
  3.1 引言 ··· 24
  3.2 语法现象之一:带保留宾语的被动句 ············· 25
  3.3 语法现象之二:领主属宾句 ························ 26
  3.4 "非宾格假设""及物性特征"与四类动词 ········ 30
  3.5 领有名词移位:一套统一的语法解释 ············· 48
  3.6 "领有名词移位"的运用条件 ······················ 55
  3.7 "遭受义"及其语法效应 ···························· 66
  3.8 结束语 ·· 74

第四章 约束原则与双宾语句式 ·············· 76
- 4.1 引言 ······························· 76
- 4.2 "打碎了他四个杯子"及其中"他"的性质 ······ 76
- 4.3 "约束理论"及其三原则 ················ 80
- 4.4 "他"是宾语,不是定语 ················ 84
- 4.5 结束语 ···························· 87

第五章 主语、多主语、空主语 ·············· 89
- 5.1 引言 ······························· 89
- 5.2 主语 ······························· 89
- 5.3 主格 ······························· 90
- 5.4 多主语 ···························· 100
- 5.5 语法中的"主语"与语用—语法中的"话题" ··· 105
- 5.6 空主语 ···························· 116
- 5.7 结束语 ···························· 119

第六章 焦点范畴与焦点形式 ················ 121
- 6.1 引言 ······························ 121
- 6.2 焦点范畴 ·························· 121
- 6.3 焦点形式之一:焦点标记词 ············ 133
- 6.4 焦点敏感式 ························ 146
- 6.5 焦点形式之二:焦点成分的移位 ········ 156
- 6.6 焦点形式的语言类型 ················ 165
- 6.7 结束语 ···························· 171

第七章 疑问范畴与疑问形式 ················ 173
- 7.1 引言 ······························ 173
- 7.2 疑问范畴与"疑问中心" ·············· 174
- 7.3 疑问句式 ·························· 177
- 7.4 正反问句 ·························· 181

7.5 "疑问"范畴在不同语言中的语法表达手段 ………… 189
7.6 英汉儿童语言习得中的一些事实及其蕴涵的
   理论意义 …………………………………………… 199
7.7 结束语 …………………………………………… 200

第八章 描写语法研究与普遍语法研究的接轨 …………… 203
 8.1 引言 ……………………………………………… 203
 8.2 两种不同的语法研究 …………………………… 203
 8.3 两种语法研究的交叉关系 ……………………… 205
 8.4 两种语法研究的相互补充和相互促进 ………… 208
 8.5 结束语 …………………………………………… 215

参考文献 ……………………………………………………… 217
关键名词术语英汉对照表 …………………………………… 228
附录：书评四篇 ……………………………………………… 231
修订后记 ……………………………………………………… 253

Contents

Preface ·· Lu Jianming 1
Foreword ··· 1

Chapter 1 Principle-Oriented Grammatical Theory ············ 1
1.1 Introduction ·· 1
1.2 Grammatical Principles and Grammatical Phenomena ······ 2
1.3 Grammatical Principles and Enriched Lexicon ············ 5
1.4 Conclusion ·· 9

Chapter 2 Theories on Passive and the Development of Universal Grammar Theories ····················· 10
2.1 Introduction ·· 10
2.2 From Non-Transformational to Transformational Theories on Passive ···································· 11
2.3 Passive in a Modularized Theory of Grammar ············· 18
2.4 Conclusion ·· 23

Chapter 3 Possessor Raising Movement and Subcategorization of Verbs ························ 24
3.1 Introduction ·· 24
3.2 Grammatical Phenomenon One: Passive with Retained Object ······························ 25
3.3 Grammatical Phenomenon Two: Sentence with Possessor

Subject and Possession Object ………………………………… 26
3.4 "Unaccusative Hypothesis" "Intransitivity" and Four
　　Subcategories of Verbs ……………………………………… 30
3.5 Possessor Raising Movement: A Unified
　　Grammatical Explanation …………………………………… 48
3.6 Operation Conditions on "Possessor Raising Movement" …… 55
3.7 "Adversity" and Its Grammatical Effects …………………… 66
3.8 Conclusion ……………………………………………………… 74

Chapter 4 Binding Principles and Double Object Construction …… 76
4.1 Introduction …………………………………………………… 76
4.2 "Dasui le Ta Si Ge Beizi" and the Nature
　　of "Ta" in the Sentence ……………………………………… 76
4.3 "Binding Theory" and Its Three Principles ………………… 80
4.4 "Ta" is an Object rather than a Modifier …………………… 84
4.5 Conclusion ……………………………………………………… 87

Chapter 5 Subject, Multiple Subjects, and Null Subject ………… 89
5.1 Introduction …………………………………………………… 89
5.2 Subject ………………………………………………………… 89
5.3 Nominative …………………………………………………… 90
5.4 Multiple Subjects ……………………………………………… 100
5.5 "Subject" in Grammar and "Topic" in
　　Pragmatics-Grammar ………………………………………… 105
5.6 Null Subject …………………………………………………… 116
5.7 Conclusion ……………………………………………………… 119

Chapter 6 Focus and Focus Form ……………………………… 121
6.1 Introduction …………………………………………………… 121
6.2 Focus …………………………………………………………… 121

6.3 Focus Form One: Focus Marking ……………… 133
6.4 Focus-Sensitive Operator ……………………… 146
6.5 Focus Form Two: Focus Fronting ……………… 156
6.6 A Language Typology of Focus Form …………… 165
5.7 Conclusion …………………………………………… 171

Chapter 7 Question and Interrogative ……………… 173
7.1 Introduction ………………………………………… 173
7.2 Question and "Central Point of Question" …………… 174
7.3 Types of Interrogative ……………………………… 177
7.4 A-Not-A Interrogative ……………………………… 181
7.5 Grammatical Devices of Question in Natural Languages …… 189
7.6 Some Facts from Language Acquisition and
　　Their Theoretical Implications ……………………… 199
7.7 Conclusion …………………………………………… 200

Chapter 8 Descriptive Grammar Meets UG Theory …………… 203
8.1 Introduction ………………………………………… 203
8.2 Two Types of Grammatical Inquiry ………………… 203
8.3 Overlapping between the Two Types of
　　Grammatical Inquiry ………………………………… 205
8.4 Complementation between the Two
　　Types of Grammatical Inquiry ……………………… 208
8.5 Conclusion …………………………………………… 215

References …………………………………………… 217
An English/Chinese Glossary of Key Linguistic Terms ………… 228
Appedices: 4 Book Reiews …………………………… 231
A Note for the Revised Edition ……………………… 253

序

徐杰先生的书稿已给了我好长时间了,我实在太忙,只好带着它一起"走南闯北",一起"参加各种会议"。就这样,利用各种缝隙时间看完了这部书稿。我虽然外出也带着它,但不觉得是一种负担,相反,我是带着一种兴奋的心情看完了这部书稿。我们知道,自20世纪80年代,特别是90年代以来,汉语语法学界新的观点、新的理论、新的想法,不断涌现,给人以"日新月异"之感。但没有一本论著能像本书那样真能给人以"耳目一新"之感。本书新在哪里?

第一,本书跳出了传统的汉语语法分析模式,用一种新的思想、新的路子来考虑汉语语法问题,解释汉语语法现象,而这种新思想、新路子的基点是Chomsky的"语言共性论",或者说"普遍语法论"。

第二,以什么为"本位"来研究汉语语法,从《马氏文通》以来汉语语法学界一直在思考这个问题。19世纪末马氏提出"词类本位"(或称"词本位"),这延续了20多年;黎锦熙先生于1924年批判了《马氏文通》的词类本位,提出了"句本位",这延续了半个多世纪;20世纪80年代朱德熙先生明确提出应"以词组为本位",当时很快为汉语语法学界所接受;但进入90年代,词组本位又受到了挑战——徐通锵先生提出"字本位",邢福义先生提出"小句本位"(他本人称为"小句中枢"),马庆株先生提出词和词组的"双本位",等等。上述意见虽各不相同,但有一点是共同的,那就是都以"单位"为本位,只是各人所说的单位大小不同而已。本书则明确提出"以原则为本位"。这在汉语语法学界是全新的看法。

第三,在中国大陆,真正仔仔细细从 *Syntactic Structures* 到

Minimalist Program 追踪阅读 Chomsky 的论著的人很少,能看懂的更少,能运用 Chomsky 理论观点来研究汉语并做出成绩的更是凤毛麟角。而用中文介绍 Chomsky 理论观点的论著和用 Chomsky 理论观点来研究汉语的论著,一般说来可读性都比较差。徐杰先生这本书,带有介绍性,Chomsky 的一些最重要的理论观点都在书中作了介绍;更侧重具体的运用,即运用 Chomsky 的理论观点来研究、解释一些汉语语法现象,以期合理地解释这些语法现象及其特点,进而获取凌驾于具体语言之上的语法原则。在介绍方面,超出了目前我所能看到的同类论著,本书把一般认为很难懂的 Chomsky 理论观点,说得深入浅出、通俗易懂。这可以说是本书写作上的一大特点。在运用方面,本书不乏精彩的篇章与段落。

上面说了,本书明确提出语法研究应"以原则为本位",反映在本书的新思想、新路子的基点是"语言共性论",或者说"普遍语法论"。按这种观点,认为人类各个语言的结构规律都遵守着同样的原则,而各个语言的差异只是参数的差别。譬如说,任何语言都得遵守论旨角色准则(theta criterion,θ-criterion),即(1)每个论元(argument,亦称"主目")必须而且只能充当一个论旨角色;(2)每个论旨角色必须而且只需由一个论元(主目)充当。但是在指派方向上可以有差别,例如,无论英语、汉语、日语,就及物动词来说,其论旨结构里的宾格位必须而且只需由一个论元充当,这是任何语言都必须遵守的原则;但是指派方向各种语言可能不同,英语、汉语宾格位在动词之后,而日语的宾格位在动词之前,这就是参数的不同。这也就是 Chomsky 有名的"原则与参数"的理论(principles-and-parameters theory)。Chomsky 提出这样的理论,为语言研究史翻开了新的一页。以往的语言研究关注的是某种具体语言的分析和描写,具体说就是怎么把某个具体的语言的语音、语法、构词等内在的规律分析、描写清楚;而 Chomsky 的"语言共性论",或者说"普遍语法论",所关注的主要不是某种具体语言的内在规律,而是整个人类语言需普遍遵守的原则,是人的语言机制(language faculty),即人的大脑中的语言能力本身,以及语言的习得,即人是如何获得语言知识系统的。当然这种研究是建立在对个别语言充分的观察、充分的描写、充分的解释的基础上的。因此"语言共性论",或者说"普遍语法论"跟个别语言的研究、描写及其特点的探求不但不是矛盾对立的,而且是相辅相成的。在 Chomsky 看来,人类语言共同遵守的原则,应具备两个特点:一是非常简洁,二是高度地抽象概括。他所要探求的就是这种"既非常简洁,又高度抽象概括"的普遍原则。Chomsky 理论在发展上有一个很大的特点,那就是不断否定自己原有的理论观点,提出新的想法。对这种情况一般人都不太理解,也不太习惯,有人甚至批评说"Chomsky 理论一天一个样,这种理论的可靠性就很值得怀疑"。其实,Chomsky 不断否定的是自己具体的理论观点,他所追求的目标始终未变,而且他这种不断否定自己的做法,正说明他在探求人类语言的"既非常简洁,又高度抽象概括"的普遍原则道路上是多么地执著。"否定自己正是为了更好地肯定自己"。

说到"语言共性论",或者说"普遍语法论",不少人还是不以为然的。在中国还有人把引进"语言共性论",或者说"普遍语法论"作为汉语语法研究的一种失误而加以反思。在学术上,有不同的观点,甚至有不同的争论,那都是正常的。这里我们需要指出一点的是,有人把"语言共性论",或者说"普遍语法论"跟思想意识,甚至跟政治联系了起来,说什么美国的"语言共性论",或者说"普遍语法论"是二战之后随着美国向外扩张推行霸权主义同步进行的。这就不是正常的学术讨论了。此风实在不可长。其实,众所周知,提出并坚持探求"语言共性论",或者说"普遍语法论"的 Chomsky,是竭力反对并猛力抨击美国当局的对外扩张政策的一个人,因此他的理论观点跟美国向外扩张推行霸权主义是没法挂上钩的。

我觉得,我们在学术上应提倡多元论。你可以只崇尚某一派、某一种理论观点,但为了学术的发展,也为了自身的学业进步,不要拒绝了解、学习、吸取别家别派的理论观点。就我来说,我从老师那里接受的主要是美国结构主义语言学的理论方法,我在汉语本体研究方面主要是描写。但我看了 Chomsky 的论著以后,虽只是一知半解,但觉得他的理论观点还是很有启发的。我已是接近古稀之年了,当然不可能改变我的学术路子,也没有力量去从事人类普遍语法的探索。但 Chomsky 的"语言共性论",或者说"普遍语法论",对我们从事汉语语法的本体研究,具体说对汉语语法的描写,我觉得也极具启迪、参考作用。

过去我们比较多地关注汉语的特点,比较多地从汉语看汉语。1993年,我曾在《汉语学习》(第1期)发表了一篇题为"汉语句子的特点"的文章,这篇文章的引用率还很高,但现在我觉得这是我写得最失败的一篇文章。其中绝大多数的所谓汉语句子的特点,正是我从汉语看汉语所得出的;我也跟英语作了些对比,但实际是把汉语口语的句子跟规范的英语书面语句子作对比,这种做法显然也是不合适的。我们是否可以换一种角度,从语言共性的基点来观察汉语,看是否会对汉语语法有一些新的认识。

句法和语用是不同的平面。这一点大家也都那么说的,特别是自20世纪80年代初强调区分"三个平面"以来,大家对此虽已形成共识,但实际上并没有把这两个平面分开来。原因之一就是过去我们比较习惯于定式的思维方式,具体说,在接受了某种理论方法、某种思想观点之后,就只知道用那种理论方法、那种思想观点来思考问题。这种思维方式对我们在学科领域里去进一步探索是极为有害的。我们过去就很少从语言共性的角度来思考汉语问题,来思考句法和语用的问题。关于这两个平面,在借鉴了 Chomsky 关于"原则与参数"的理论之后,我产生了一点想法,那就是,词组似只受句法的制约,不受语用的制约;而句子既受句法的制约,又受语用的制约。过去书上所说的句法规则,实际上其中包含了句法、语用两方面的规则,换句话说,目前一般所说的汉语句法规则中实际上包含了相当数量的语用规则。且不说有关"易位现象"的规则是明显地属于语用规则,一般认为是汉语语法特点之一的所谓"主谓谓语句",其中有些规则实际上也是属于语用规则。如果我们把过去关于语法的看法称为"大语法观念"的话,如今我们要提出一个"小语法观念"的说法,按照这种说法,我们需要把语用的规则从过去所谓的语法规则中剥离出去。

就句法规则来说,它是在句子平面上充分地体现,还是在词组平面上充分地体现呢,还是既在句子平面上充分体现也在词组平面上充分体现呢?各个语言情况不一定相同。印欧语(如英语、俄语)的句法规则,在句子平面上就能看得很清楚。就英语来说,句法规则和语用规则的界限比较清楚。举例来说,下面这个英语句子 We are verifying these figures(我们正在审核这些数字),在实际的交际中,其宾语成分 these figures 可以根据交际的需要挪到句首,但这会有两种情况,请看:

(1) These figures are being verified by us.
(2) These figures we are verifying.

说英语的人也好,研究英语语法的人也好,都会把例(1)句首的 These figures 看作全句的主语;但都不会认为例(2)句首的 These figures 是全句的主语,都还会将例(2)里的 These figures 仍看作是 verify 的宾语。这也就是说,在英语里某些宾语成分是有可能移位到句首的,但有的是属于句法移位,如例(1);有的是属于语用移位,如例(2)。而这二者的界限在句子平面看得清清楚楚,因为有鲜明的形式标志。汉语的句法规则,则很难简单地从句子平面去总结概括,因为汉语缺乏形态标志和形态变化,在句子平面上哪些属于句法规则,哪些属于语用规则,没法从形式上去加以区分。举例来说,下面两个句子现在大家都认为是主谓句:

(3) 我们吃(了)。
(4) 苹果吃(了)。

二者的差别只是前者是"施事主语",后者是"受事主语"。但是,像"苹果吃(了)。"这样的所谓"受事主语句"在什么场合出现?事实告诉我们,像"苹果吃(了)。"这样的受事主语句格式,其实只在句子平面上出现。举例来说:

(5) a. 我们吃
　　b. 吃苹果
　　c. 苹果吃

按"大语法观念",例(3)a、b、c都是合法的句法结构。它们都属于动词性句法结构,按说都可以后加结构助词"的"形成名词性"的"字结构。可是我们看到,a"我们吃"和b"吃苹果"可以跟"的"形成"的"字结构,但c"苹果吃"却不能跟"的"组成"的"字结构。请看:

(5') a. 我们吃的［可指称"吃"的受事］
　　 b. 吃苹果的［可指称"吃"的施事］
　　 c. *苹果吃的

这就是说,一个二价动词 V^2,当我们用它来组成"的"字结构并用这样的"的"字结构来指代那动词所表示的动作的施事时,只有"$V^2 NP_{[受事]}$的"是合法的,而"$NP_{[受事]} V^2$的"是不合法的。从这一事实中,我们可以认识到,所谓受事主语的主谓格式"$NP_{[受事]} V^2$(了)"(如"苹果吃(了)"这样的结构)只在句子平面上出现,并不在词组平面上出现。据此我们有理由怀疑"苹果吃(了)"这类结构到底是不是句法结构。事实上,把它看作语用结构似更合适些。似乎会发现有例外:

(6) 一口苹果都不吃的(是张三。)［这是有标志受事主语句］
(7) 芯儿蛀了的(不能吃。)

例(6)(7)"的"字结构里的动词性词语"一口苹果都不吃"和"芯儿蛀了",从语义结构关系上看似都属于"$NP_{[受事]} V^2$"。它们怎么能在词组平面上出现呢?需知,例(6)"一口苹果都不吃的"这一"的"字结构确实是指代施事(某人),其中"一口苹果都不吃"确实是"$NP_{[受事]} V^2$"结构,而它之所以能在词组平面上出现,因为带有形式标记,那就是表周遍意义的"一……也/都不……"。因此,这儿的"一口苹果都不吃"是属于句法结构,其中的"一口苹果"从动词"吃"后的位置移至句首,这属于句法移位。而例(7)"芯儿蛀了的"这个"的"字结构并不能指代"蛀"的施事(如蛀虫什么的),而只能指代跟"芯儿"有隶属关系的事物(如桃子、李子等)。而"芯儿蛀了"这一结构之所以能在词组平面上出现,是因为"芯儿"跟"芯儿蛀了的"所指代的事物(如桃子、李子等)之间有领属关系(具体说是隶属关系)。因此,从表面看"芯儿蛀了"是"NP[受事] V²"结构,实际上它在这儿不是作为"NP[受事] V²"结构出现的,而是作为"NP[被隶属] V²"结构出现的。类似的现象在汉语中是大量存在的。不妨再举一实例:

(8) 衣服卖了的

对于例(8),我们不能笼统地说能成立或不能成立,而得看其中的"衣服"是以什么样的语义角色出现的——如果把它作为"卖"的受事看待,"衣服卖了的"就不成立,因为想要用"的"字结构来指代"卖"的施事,就不能用"衣服卖了的"这种说法,而得用"卖了衣服的"这种说法;如果把"衣服"作为某人的领有物看待,让"衣服卖了的"来指代"衣服"的领有者,那么"衣服卖了的"这种说法就成立。

上述语言事实,(1)表明汉语的句法规则不宜在句法平面上概括得出,而宜在词组平面上概括得出;(2)揭示了词语所具有的带有普遍意义的一种特性,那就是"词语在结构中的多功能性"。所谓"词语在结构中的多功能性",是指词语在相同的词类序列中,可体现不同的功能,在句法上是如此,在语义上也是如此。词语在句法上的多功能现象,早已为人们所注意,例如过去汉语语法学界说,"进口钢材"既可看作是述宾关系,也可看作是"定—中"偏正关系,这实际就是"进口"这一动词,或者说"钢材"这一名词,在汉语句法结构中的"句法多功能性"的表现;"他写的散文"既可以看作主谓关系,也可以看作是偏正关系,这也实际就是"他写的"这一"的"字结构,"散文"这一名词在汉语句法结构中"句法多功能性"的表现。而前面所说的现象,诸如"一件衣服都不卖的"(指代某人)里的"衣服"作为"卖"的受事,"衣服卖了的"(指代"衣服"的领有者)里的"衣服"作为某人的领有物,正是词语在语义上的多功能性的表现。"大衣扣子",在语义上我们既可以分析为隶属关系(意思相当于"大衣上的扣子",扣子是大衣有机的组成部分,个儿有的大有的小——如袖口上的扣子),也可以分析为类属关系(意思相当于"大衣上专用的扣子",个儿都是大大的)。这也是词语在语义上多功能性的表现。

以上只是我们在借鉴 Chomsky 的"原则与参数"理论之后所产生的一些新的想法。我们觉得,如果顺着这个思路想下去,可能会对汉语语法获得更多的新的认识。

徐杰先生的《普遍语法原则与汉语语法现象》(原书名是《语法原则与语法现象》,我建议改为我上面所说的书名),我认为在介绍 Chomsky 理论观点并运用 Chomsky 理论观来解释说明汉语语法现象的同类著作中,是很值得推荐给大家一读的汉语形式语法专著。当然里面也还存在着这样那样值得商榷的问题,但这不影响该书的总体价值。是为序。

陆俭明
2001 年 6 月 10—12 日
于蓝旗营北大清华小区新寓所

前 言

　　传统的汉语语法研究应该而且可以跟当代西方语法理论对接起来,从而让汉语语法学这种传统上的国别学问跟世界语言学主流汇合,形成真正的双向交流局面。我们相信,就跟中国加入"世界贸易组织"一样,这种"汇流"过程本身虽然不一定总是顺利和愉快的,但其最终结果应该有益于中国,有益于世界。

　　目前我们国内在吸收利用生成语言学派理论,研究汉语问题和普通语言学问题方面虽然取得了很大的成绩,但是仍然有许多继续改进与提高的空间。我们不是为了引进而引进,引进是为了发展自己。引进应该是准确把握其实质精神,批判性地、有选择地运用其精彩思想处理汉语问题,并反过来借助汉语研究成果修正那些理论本身。真正做到这一步当然也不是那么容易的。障碍之一是生成语法理论几十年来发展很快,并且长期处于自我修正和变动不居的亢奋状态。与此同时,它几乎失控性地制造了一大堆意义不大的、令人反感的概念术语,结果弄得越来越繁琐、越来越抽象,以致掩盖了这个理论本身始终一贯的精彩内容。"瑕"已经掩"瑜",十分可惜!另外一个问题是,这一学派的理论目标是研究人类语言的普遍原则,跟我们全神贯注的汉语问题在研究范围上只是"部分交叉"而不是"完全重合"。这种关系下的两种语法研究本来应该相互理解,相互支持,相互利用。但是有不少同行并不了解这种"交叉"关系,想当然地认为这个理论的每一条规则、每一个概念,都应该对解决汉语问题有用,要说明的每一种语言现象,都应该在汉语中找到印证。一旦不能完全满足这一不切实际的心理预期就会产生极大的排斥心理和反感情绪。

在这个思想背景下,我多年来的学术研究有一个中心追求目标:首先"走进"这个理论系统,吃透其精神实质,把握其核心内容。然后"走出"这个理论的条条框框,抛开那许多不必要的,令人眼花缭乱的,犹如阿拉伯妇女头巾式的名词术语,直接用它最精华的原则系统去观察汉语现象,解释汉语问题,尤其是国内同行所关注的那些汉语语法中的热点问题,并尽可能把研究结果以国内同行所习惯的表述方式和概念术语表达出来,朴朴实实地呈现出来。

这项研究工作已经取得了阶段性成绩。部分研究成果已经以单篇论文方式发表于《中国语文》《语言研究》《当代语言学》和《现代中国语研究》等刊物。还有更多的内容在中国、美国、新加坡、澳大利亚等国家举行的多个国际学术会议上报告过。我还曾于1994—1999几年中先后在武汉、南京、上海和北京等地的大学报告过,跟同行交流过。听众中有的专家同行当场表示了很大的兴趣,说我讲的生成语法理论可以懂、可以用。更有同行事后热情来信,催促我把在各地的讲稿整理成一本系统的书稿出版,以便引用和讨论。所有这些都使我受到了很大的鼓舞。我于是即向任职的新加坡国立大学申请科研经费,在中文系下属"汉学研究中心"实施一项专题研究计划(编号:RP3960001)。呈现在读者面前的这部书稿就是以这项研究所取得的成果为基础,参照近几年发表过的文章和在各地的专题演讲大纲,整理而成的。

本书能够及时完成和出版,首先应该感谢我所任职的新加坡国立大学提供的科研经费支持和出版经费补贴。这里需要特别指出的是,中文系系主任兼汉学研究中心主任王润华教授及其前任陈荣照副教授和李焯然副教授都曾对此项研究工作给予了热情的鼓励和有力的支持。

本书是由一系列的专题研究组成的。这个系列研究有一个共同的理论支撑点:表面上复杂凌乱的语法现象实际上是一套相对简单有序的语法原则跟"认知"和"语用"等语法外部因素相互作用所造成的结果。在这些专题问题的长期思考和研究过程中,作者曾以多种方式受益于多位前辈老师和同辈诤友。其中主要有我在夏威夷大学的恩师李英哲先生和郑良伟先生,早年同窗萧国政、李宇明、蒋平、吴振国、汪国胜、郎大地等师兄;国内语言学界前辈詹伯慧、陆俭明、李临定、马庆株、汪平、邵敬敏、尹世超教授以及一大批才华横溢的同代朋友李向农、方梅、张伯江、左思民、史佩信、郭熙、郭继懋、郭锐、刘丹青、沈阳、周国光教授;海外著名学者和见多识广的众多同道李讷、黄正德、陆镜光、陶红印、张洪明、王建琦、武果、潘海华、石定栩、张敏、冯胜利博士;我现在的同事陈重瑜教授和李子玲、黄秀爱、石毓智博士。他们或提供思路,或提醒事实,或者跟作者一起讨论问题,都使我受益极大。我的两位研究生马文婵同学和吴福焕同学协助做了大量的资料工作。需要特别指出的是,我的同乡、同龄人和多年挚友石毓智博士1999年中从斯坦福大学获博士学位后,来新加坡国立大学任教,跟我同事;接着老朋友袁毓林教授也来这里访问讲学一个学期。我们在这烈日炎炎的赤道边上组建了一个高水平的学术沙龙,这使得我能有一段较长时间跟他们一起讨论问题、钻研学问,受益匪浅。我的思考和写作继20世纪80年代初的武汉、90年代初的华盛顿之后,进入了第三个活跃期。尤其需要感谢的是,本书初稿成文后,毓林兄百忙中通读全稿,充分鼓励的同时还具体地提了二十多条宝贵的修改意见,提高了本书的质量。

我还要借此机会再次特别感谢对我的语言学学术生命起过关键作用的恩师邢福义先生。1982年初,在那个阳光明媚的春天里,我随萧国政和李宇明两位师兄一起考取武汉华中师范大学,成为邢福义先生招收的第一届硕士研究生,开始了在桂子山的书斋生活,毕业后我们三位同时留校任教,直至1986年夏天我漂洋过海去美国,一共在江城武汉的南湖之滨、桂子山上度过了最值得回味的将近五年时光。岁月悠悠,往事如烟。自1978年初迄今的二十多个春秋里,我曾先后在三个国家的五所大学长时间地学习和工作过。如果有人问我,最值得留恋的是哪一所大学,我会毫不犹豫地回答:"华师"。是的,是华师,是武汉华中师范大学!华师是我梦绕魂牵的校园,是我心目中的学术殿堂。山不在高,有仙则灵。华师的魅力并不仅仅因其坐山伴湖、得天独厚的绝佳位置和四季常青、鸟语花香的天然条件,更为重要的是,那里有别的地方再也找不到的,邢福义先生一手营造的语言学学术环境和桂子山语言学团队。我们的老师邢福义先生当然不是"仙",但是他却居然能在当时客观条件并不好的前提下,以其卓越的人格魅力和崇高的学术风范,实实在在地带领大家筚路蓝缕、艰苦创业、奋发进取、努力开拓,经过数十年的苦心经营,在一个师范大学校园里成功地建成了我国又一个重要的语言学研究基地和人才培养中心。可以自豪地说,我们都是汉语学界的华师人。我们在当时那个最能催人奋发上进,最能激发学术灵感,最能培养创新精神的环境下学到的远远不止是书本上的知识,更多、更重要的是学术探索的精神,思考问题的角度和研究学问的方法。之后不管学什么家、什么派的语言学,不管干什么事情,不管思考什么问题,在华师获得的那些训练都成了取之不尽的精神财富和激励力量。谢谢您,华师!谢谢您,邢老师!!

  我深感幸运的是,在跟语言学结缘的十多年中,我有机会认识了本学科多位成就卓著的学者和德高望重的前辈。北京大学陆俭明教授就是其中一位。早在二十多年前,我读大学中文系本科的时候,就开始在一位老师的引导下拜读陆先生的文章。他的文章,语言事实清楚可信,研究方法透明可循。读他的文章从中学到的远远不限于他对那些具体问题的分析和论断,而更重要的是科学精神的启迪。尤其令我感动的是陆先生和袁毓林教授为了我这本小书的出版多方联络奔走,付出了宝贵的心血和时间。稿成,陆先生慨允作序。对于所有这些,我很难找到合适的字眼来充分表达我的感激之情。

  北京大学出版社水平高、影响大。能在北大出书,真是我莫大的荣幸。语言编辑部主任郭力博士始终关心和推动本书的出版工作,责任编辑徐刚先生为此付出了辛勤的劳动,作者也一并表达深切的谢意!

徐杰
2000 年 11 月
新加坡肯特岗

第一章　原则本位的语法理论

1.1 引言

　　本书通过对语法表面现象的归纳和分析，努力提取出造成这些现象的深层语法原则，同时运用理论语法学中已经验证了的语法原则去解释有关的语法现象。贯串全书的指导思想是以"语法原则"为本位的语法学说。

　　语法理论中所谓的"本位"指的是语法体系的核心纲领，是表述语法规律的依托和架构。它既是语法分析的"出发点"，同时也是语法分析的"归宿地"，还是研究成果的评价手段和评价标准。问题的提出由它而起，问题的解决又再次回到它来进行归纳、整理和表述。众所周知，汉语语法研究的百年历史中有过多种"本位"学说或者理论："词本位""句本位""词组本位""小句本位""字本位"，甚至还有"词－句双本位"等等。我们认为，这些不同的本位理论为我们提供了多个观察问题的窗口和视野，在不同的层面上和意义下推动了我们的语法研究事业不断地进步与繁荣。

　　我们不拟在此评论各种"本位"理论的是非与长短，但是却注意到一个很有意思的重要现象。各种本位学说之"本"都是大小不等的语法单位："词""句子""词组""小句"和"字"（"字"是文字单位，但是也可以理解为书面语言的语言单位，亦即音节）。我们认为这个现象本身就说明了一个重要的事实：在过去一个世纪的汉语语法学理论发展史上，大小不等的语法单位一直是支撑全部语法理论大厦的栋梁，是总体语法体系的纲领，是整个游戏规则的依托。以索绪尔和布龙菲尔德结构主义语法思想为宏观理论背景的整个语法研究，说的是语法单位的特征和类别（语法单位的聚合关系),讲的是语法单位的内部构造与外部组合规律(语法单位组合关系)。一言以蔽之,我们先前的各种语法理论和语法体系都是不同意义下的"语法单位本位"的语法理论和语法体系。

也许有人会说,语法研究的对象和目的本来就是语法单位的分类和组合规则,这种研究对象和研究目的已经规定了语法研究是以各种语法单位为基础和依托。这是不言而喻的,理所当然的。其实,任何"理所当然"的道理都只是在一定的前提和条件下才会"理所当然"。换个角度,离开了那个前提和条件,原来"理所当然"的东西就不一定"理所当然"了。任何道理和规律都是如此,语法规律自然也没有理由例外。

1.2 语法原则与语法现象

我们认为规范和约束整个语法系统运行方式的不是语法单位的聚合类型和组合方式。而是跨越具体语法单位,跨越具体句法结构,甚至跨越具体语言的那些具有普遍适用性的语法原则(grammatical principle)。具体语法单位的构成、特征和运行方式都是这些语法原则发挥作用所造成的结果,而不是语法原则本身。在此理论体系下,传统语法所说的"被动句""把字句""连动式"等所谓的"句法结构"都将丧失独立存在的语法地位,它们不过是一些超结构的"语法原则"跟有限的词汇和词法特征相互作用所造成的结果。它们是语法原则实例化(instantiation)所带来的现象,而不是真正的语法原则本身。语法分析的根本目的就在于透过各种芜杂的语言现象,归纳出相对简单的语法原则,并解释它们是如何跟词汇和词法特征相互作用,从而派生出各种各样表面看来非常复杂的语法现象的。我们的语法分析固然要归纳所谓的"句法格式"的"特点",但最终要寻求的却是造成这些"特点"的背后原因,最终要达到的目标是合理地解释这些"特点",并在解释之后把它们从形式语法的规则系统中完全彻底地分离出去。清理与净化之后,形式语法的核心运算系统所保留的仅仅是那些凌驾于具体句法结构的,甚至是凌驾于具体语言的"语法原则"。这些语法原则的特点应该是:简单、明晰、有限!

这些语法原则是我们所信从的一个崭新语法体系的支柱和依托。这是一种跟我们所熟悉的各种语法理论有本质区别的语法思想。我们仿照前辈和时贤们所习惯的术语,把这种语法思想概括为"原则本位的语法理论"(Principles-Oriented Grammatical Theory)。我们将把这种语法思想全面贯彻到全书各章节具体语法学问题的处理上。

"原则本位的语法理论"的底色是生成语法学中的"原则与参数理论"(Principles and Parameters Theory)(Chomsky1981~1986及后续论著)。原则与参数理论是一个关于"普遍语法"(universal grammar)的理论,其思想精髓是通过"原则"(=常数)和"参数"(=变数)描述不同自然语言之间的异同关系。在此理论模式下,原来的那些依附于具体语言中的具体句法结构的语法规律(grammatical rule)成了语法研究的对象,而不是语法研究的最终结果。我们所看到的种种语法现象都是一些相对整齐有限的语法原则在"语用""文化""认知""语音生理""语义心理"等条件的驱动和约束下,跟词库中的词汇特征和随机个案现象相互作用所造成的表面现象。

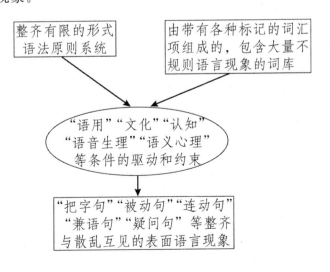

让我们举个最简单的例子来说明这个道理。生成语法理论中有下列一条约束名词短语的语法原则。

(1) 格位过滤器

（case filter，〔Rouveret and Vergnaud(1980)，Chomsky(1981)等〕）

＊NP，如果有词汇形式但是没有得到格位指派。

这是一条概括性很强的语法原则。意思是，如果一个名词短语(NP)有词汇形式（没有词汇形式的名词性空语类不在此列），但是没有得到格位指派就不合法（加星号）。跟先前的语法规律比较，这条语法原则有两个突出特征。

1. 跨越具体的句法结构(cross-structural)。意思是不管是什么句法结构，不管是介宾结构，还是被动句、连动句、兼语句，只要有名词短语，那个名词短语就必须符合格位过滤器的要求。不然的话，就会像下列(2)(3)两例一样，不能通过格位过滤器的语法筛选，结果造成整个句子不能成立。

(2) ＊被骗了<u>张先生</u>

(3) ＊李小姐出生<u>河南</u>

不能通过语法筛选的句子可以运用语法手段进行挽救。挽救的手段可能是多种多样的。我们知道(2)(3)两句不能成立是因为其中用在被动动词后的"张先生"和用在不及物动词后的"河南"都无法得到必要的格位指派。我们把"张先生"移至句首主语位置（主格）挽救(2)，在"河南"前面加用介词"于"挽救(3)。

(4) 张先生被骗了

(5) 李小姐出生于河南

2. 超越具体语言(cross-linguistic)。语法原则是所有人类自然语言共同遵守的原则，它在各种语言中具有同等的效力。上述"格位过滤器"既是约束汉语名词短语的规则，也是约束英语名词短语的规则。下列(6)—(11)例，我们通过几对好坏句子的比较，可以清楚地看出那些不能成立的句子都是因为分别包含一个违反"格位过滤器"名词短语。我们将在本书第五章详细讨论跟格位过滤器有关的理论与实际问题。

(6) *has been cheated John
(7) John has been cheated
(8) *seems John to have cheated Bill
(9) John seems to have cheated Bill
(10) *__ is believed that John has cheated Bill
(11) It is believed that John has cheated Bill

语法要求给每一个名词短语指派一个适当的格位就好比民政部门给各企事业单位下一道行政指令:春节前必须给每一个下岗职工发放 200 元特别补助金。至于各单位如何筹集这笔资金,民政部门不管,也管不了。我们看到的结果是,接到这个指令的各单位有的从自己盈利中拨款,有的从银行借,有的搞创收,有的炒股票,当然也免不了有人搞走私、造假酒……,也算是八仙过海,各显神通。大家的方式虽不同,但是目的却一样的:满足民政部门的一道指令。

1.3 语法原则与扩充的词库

"原则本位的语法理论"为了简化语法规则系统,还要把语言的"语法运算系统"(computational system)和"扩充的词库"(enriched lexicon)清楚地分离开来。所谓"扩充的词库"是相对于传统的"词库"或"词典"而言的。传统"词典"(比方说中国社会科学院语言研究所所编《现代汉语词典》)内容相当简单。每个词条下面只有该词条的读音和意义,最多外加一两个简单的用例。"扩充的词库"当然也会包括词条的读音和意义这些基本内容。但是除此以外,它还包括传统词典所没有包括的两方面重要内容。

1. "扩充的词库"中的每一个词汇项都会标有类型不同的、内容丰富的、因词而异的词汇特征,还包括词语搭配的各种可能性以及个别词语的习惯用法等信息。其性质和信息含量大体相当于面对计算机自然语言处理开发的各种"词库"。新近出版的《现代汉语语法信息词典详解》〔俞士汶等(1998)〕就是这种"词库"的一个典型代表。比方说,该词条是动词还是名词?如果是动词的话,是及物动词还是不及物动词?是及物动词的话,能带哪一类宾语?如果是代词,那又是哪一类代词?如果是疑问代词还要带上疑问标记等。当这些词汇特征随着该词汇项被编进实际句法结构,进入形式语法的运行轨道后会带来各种各样的语法效应,会以各种语法方式呈现出来。来自"扩充的词库"的这些特征将会在语法原则和语用因素相互作用下诱发或者阻止诸如"添加""移位""重叠""删除"等语法手段的运用。我们这里举两个最简单的实例。

汉语中有一类动词和动词性短语语义上带有逻辑宾语(亦即"受事"这种论旨角色)但是却不能指派宾格格位,如"告状""拆台""泼冷水""开玩笑"等。[+P](能够指派"受事"论旨角色)[-Acc](不能指派"宾格"格位)显然应该是它们在词库中标明的词汇特征。当由这类动词组词成句时,它们的逻辑宾语应该位处动词之后,但是却不能留在动词之后,必须移走,移至可以指派格位但是不能指派论旨角色的语法位置上了,从而造成"把字句""被字句""伪定语句"等一系列语法形式。

(12) 深层结构:张三告状$^{[+P][-Acc]}$李四

　　表层结构 A:张三把李四告了一状

　　表层结构 B:李四被张三告了一状

　　表层结构 C:张三告了李四的状

汉语中的"谁""什么""哪""怎么""多少"和"几"等疑问代词在词库中带有两种标记:[+Q]("疑问"特征)和[+F]("焦点"特征)〔徐杰、李英哲(1993)〕。这两种词汇标记相应造成两种不同的语法效应。首先,由于它们带有[+Q]标记,汉语中原本可以交替使用的用以处理句子疑问范畴的两种语法手段(亦即"加用疑问语气词"和"正反重叠",详见本书第七章)都不必使用。其次,正是因为带有[+F]词汇标记,它们自动成为所在句子的焦点成分。如果需要在焦点成分之前加用焦点词"是"的话,一定要加在这些疑问代词的前面。违反这一条件的句子就不合法。比较下列 AB 两组句子。

A	B
(13) 张三是打了谁[+F]?	*是张三打了谁[+F]?
(14) 是谁[+F]买了那么多的书?	*谁[+F]是买了那么多的书?
(15) 他是什么时候[+F]在美国念书?	*他什么时候[+F]是在美国念的书?

2. "扩充的词库"所汇集的词汇项除了汉语的基本单词外,还包括成语、惯用语和其他不能类推的不规则用法和所谓的"例外"现象。尤其要包括那些所谓的"不合语法"但是"可以接受"的格式,如大家所熟悉的"恢复疲劳""打扫卫生""救火""养病"等习惯用法,让它们词汇化、固定化、个案化,就像处理成语和惯用语一样处理它们。这些现象的存在是语法学界长期以来没有解决好的棘手问题,亦即所谓的"一般"与"个别"或者"普遍规则"和"例外现象"的关系问题。语法学界的老生常谈是,既要重视一般,又不能忽视个别,二者必须兼顾。但是这只是复述问题,并没有解决问题。这就好像面对坏了一锅汤的老鼠,不停地重复说,既要承认这汤是一锅好汤,又不能否认里面掉进了一只该死的老鼠。干着急而没有给出任何解决办法。新语法理论把语法运算系统跟扩充的词汇库分离开来之后,把不规则语言现象归入后者,这就给我们提供了一个解决问题的好办法:把老鼠扔进"杂物堆",汤照样喝!而这个杂物堆就是包含大量的不规则语言现象的扩充词汇库。

把因词而异的不规则语言现象从语法运算系统送进"词库"意义尤其重大。这个意义就是简化语法分析并最终使得对语法系统的完全形式化描写成为可能。所谓的不规则语言现象说到底就是那些不能类推出来的,其构造格式没有普遍性的个别或孤立的语言现象。也许有人会说此等做法不过是在"语法"与"词库"之间进行重新分工,把那些不听话的、不规则的语言现象从语法系统转移到词库只是转移问题,而没有解决问题。其实不然。首先,把问题放回它应在的位置就已经为彻底解决它创造了条件。想想看,"词库"本来就包含有大量因词而异的,需要个案处理的语言现象,本来就是个无所不包的"杂物堆"。现在把不规则现象丢进去,仅仅是量的增加,并没有带来质的复杂化。更何况将不规则现象移出后,形式语法系统将会得到极大的简化。所以说,这样做有得而无失,有利而无害。常常听一些语法学者感叹:任何语法规则都有例外。如果采用上述办法重新去处理有关问题,那些现象也许再也不是语法规则的例外,而是词库的一部分。它们压根就跟形式语法系统无关。形式语法规则无例外!如果能够做到这一点,我们就再也不必专门为了那些不成系统的、不能类推的零散语言现象编制昂贵的语法规则。语法规则系统将因此而被大大简化。这就好比我们应该把临时来北京的流动人口统一安排到旅馆居住一样。不然的话,我们还得给他们每人分配一套昂贵的住房。那既无可能,又没必要,且是对宝贵资源的浪费。但是在传统的语言分析模式中,"旅馆"(词库)很不发达,短期流动人口也只好跟长期居民一起排队等候分配"独立的住房"(专用的语法规则),其结果必然是无论住房供应如何膨胀(语法规则系统无节制地大量扩充),仍然无法全部满足住户的需求(仍然有语法规则概括不了的例外)。其实,房管部门压跟就不应该不分青红皂白地答应给每一个在北京的人安排一套"独立的住房"而不管他们居留的不同性质。同理,语法学家也没必要许诺为每一种语言现象都安排一条"专用的语法规则"而不管造成这些现象的不同原因。

将不规则语言现象从"语法运算系统"转移到"词库"的做法还可以从儿童语言习得的事实中找到有力的支持。许多研究报告表明,幼童学会英语和其他语言中的不规则现象的时间要明显晚于规则语言现象。儿童学习不规则语言现象就像学习一个个孤立的词汇项(单词,成语,惯用语,歇后语等等)一样是"零售式"的,而跟学习源自"运算系统"的规则语言现象不同,后者是"批发式"的。"语法运算系统"是有限的,是封闭的,是可以穷尽式掌握的;而"词库"是无穷的,是开放的,是学不完的。我们可能早在还不知道什么叫"学习"的时候就"学"会了一种语言的"语法原则系统",但是即使活到老,学到老,也没人敢保我们不再犯"用词不当"的毛病。

1.4 结束语

我们应该对各种"本位"理论采取开放的态度,相信各种不同的"本位"学说都是观察语法现象、处理语法问题的不同视角。不同的"本位"理论都有可能概括一些别的角度概括不了的语法事实和规律。任何一个单一视角都无法让我们看到全部的现象,不同视角看问题才能全面和深入。我们相信,不同的"本位"理论兼容而不对立,互补而不矛盾。

从根本上说,不同的"本位"理论取决于不同的思考角度和观察视野,不同的研究方法与研究目的。我们提出的原则本位语法理论就思考角度来说是跟普遍语法挂钩的;就研究方法来说是跨语言横向比较的,就研究目的来说,是为了简化语法规则系统,以求缓解并最终解决对语言现象的充分描写(=自然语言现象的复杂性相应地要求语法规则复杂)和充分解释(=幼童语言习得的容易性则要求语法规则简单)之间的巨大矛盾。

第二章 被动式的
理论和普遍语法的发展

2.1 引言

本书的整个理论背景是生成语法理论。这个年轻的语言理论在不到半个世纪的历史发展中,长期处于修正调整的变动状态,并在这个过程中制造了大量的必要的和不必要的、令人眼花缭乱的概念和术语。这一方面是因为它毕竟是一种"年轻"的语言学说,活泼好动;更为重要的是由于它所展示的理论魅力,引发了来自不同背景的学者的广泛兴趣和讨论,结果使得这个学术领域长期处于活跃和亢奋状态。本书分析汉语问题时采用的是 20 世纪 80 年代后发展并逐步完善起来的、以模组理论(modularity)和参数思想(parameter)为核心内容的语法理论模式。如果能够抹掉它那几乎三年换个样的"化妆品"而深入到问题的实质,我们可以说,这个理论的核心体系已经渐趋成熟和稳定。

但是,这个已然成熟和稳定的语法理论不是突然间从地下冒出来的。它走过了一条包含有必然和偶然因素的历史道路。简单地回顾它发展嬗变的理论动机和思想脉络对于我们本质地把握其现在,准确地预测其未来都是大有好处的。而理解一个语言理论历史发展的来龙去脉最好的办法莫过于选择某种具体的语言现象,看该语言理论前后不同阶段对它的不同处理。

我们这里选择的是被动式,那是因为一部被动式理论的发展历史正好是生成语法演变历史的缩影。

2.2 从非转换的到转换的被动式理论

"主动－被动"无疑是一种重要的句际语法关系。Chomsky(1957)指出,此类句际语法关系只有在带有转换功能的语法理论中才能得到妥当的处理。在诸如短语结构一类不带转换功能的描写语法理论中,英语被动式的形成是通过从助动词系列中选择"be＋en"实现的。但是,这里的问题是这种描写语法必须说明"被动句的形成"至少要伴有诸如下列(1)中 ABC 三个限制条件。

(1) A. 使用"be＋en"时,后面的动词必须是及物动词;
B. 这个及物动词的后面却不能像普通句法条件下的及物动词那样带有名词短语;
C. 被动式中动词前后名词短语的"施事－受事"语义关系同主动式恰好相反。被动式中受事名词短语在前,施事名词短语在后,主动句相反。

这里不难看出,在短语结构一类的描写语法模式中,被动式会被处理得非常复杂和烦琐。但是,如果我们能把被动式从短语结构规则系统中排除出去,相应地代之以像下列(2)这样一条转换规则,那么对被动式的处理则可以大大简化。

(2) 如果(甲)是一个合乎语法的句子形式,那么(乙)也必然是一个合乎语法的句子形式;
(甲)$NP_1 - Aux - V - NP_2$
(乙)$NP_2 - Aux + be + en - V - by + NP_1$

这就是说,如果"John-C-admire-sincerity"是一个好句子,那么"sincerity-C＋be＋en-admire-by＋John"也一定是个好句子。这两个句子之间的关系可以用一条转换规则自然地描绘出来。引进转换功能之后,我们可以从短语结构规则中删除"be＋en"及其相关的一系列复杂的限制条件。也就是说,(1)中的那些条件都可以解释为(2)这一简单规则作用后所带来的自然结果。带有转换功能的这种语法理论跟不带转换功能的语法理论比较,不仅简化了语法分析,而且自然地刻画了"主动-被动"之间的句际关系,优势是十分明显的。

应该注意的是在以 Chomsky(1957)为代表的所谓"经典理论"中,转换规则分为"必有型转换"(obligatory transformation,如英语中助动词的构成等)和"可选型转换"(optional transformation,如否定句和疑问句的构成)两大类。必有的转换意思是如果不进行这种转换,任何合法语句都不能生成。必有的转换运用的结果即生成所谓的"核心句"(kernel sentence,=简单主动陈述句)。"非核心句"是使用可选的转换规则从一个或多个核心句推导出来的。在这样的语法体系中,作为一种非核心句,被动式当然是经由可选的转换规则从相应的主动式推导出来的。

$$\xrightarrow{\text{必有的转换}} 核心句 \xrightarrow{\text{可选的转换}} 非核心句$$

20世纪60年代以后,人们开始认为,所谓的非核心句也是经由必有的转换从深层结构直接生成的,而不必经由"核心句"这个中介环节。以 Chomsky(1965)为代表的所谓"标准理论"就认为被动句的深层结构中就已经包含一种被动成分(时称"被动语素")。从带有这种被动成分的深层结构推出相应的表层结构必须使用被动句转换规则。如英语句子"John is liked by Mary"的深层结构应该是(3)。

(3) Mary liked John by NP

在有关被动式的讨论中,一个备受关注的问题是下列(4)和(5)两个英语格式之间的关系。注意,此两式有很高的语义相关性,最大的区别在于(4)包含一个名物化的动词 destruction,而(5)中用的则是原动词 destroyed。Lees(1960)认为,(4)是经由转换过程从(5)推导出来的。

(4) the city's destruction by the enemy
(5) the city was destroyed by the enemy

大家知道,在"标准理论"中,乔姆斯基对深层结构的定义和描述是不清楚的(以致"魔鬼"和"圣人"都可以在同一本书中找到支持自己的理由),从而引发了美国语言学史上著名的"深层结构之战"(Deep Structure War)。在生成语义学派看来,所谓的深层结构不过是一种十分接近语义层次的东西。有的学者干脆就说深层结构就是语义结构的形式化。所以从深层结构(=语义结构)生成表层结构自然就是一种语义生成表达过程。这样一来,如果说语法研究的对象和目的是深层结构跟表层结构之间的对应关系的话,那么生成语义学派的语法研究的对象和目的就是"深层语义结构"跟"表层语法结构"之间的关系。大家知道,语法形式和语法意义一体两面之间错综复杂的对应关系正是结构主义语法学长期追求的研究目标。这当然不是以乔姆斯基本人为代表的解释语义学派的立场。如果像生成语义学派那样理解深层结构的话,所谓生成语法学跟传统的结构主义语法学仅仅是名称的不同,丧失了独立存在的价值和意义,它最终走向衰亡是必然的①。

	结构主义语法学	生成语法学之生成语义学派	生成语法学之解释语义学派
研究对象:二者之间的关系	语法意义	深层结构(=语法意义)	深层结构(=抽象的语法形式)
	语法形式	表层结构(=语法形式)	表层结构(=具体的语法形式)

生成语法学中的生成语义学派还有一个重要观点,那就是转换可以改变词性。恰好在这一点上,Lees 对上列(4)(5)两个英语格式的分析为生成语义学派提供了佐证。而以乔姆斯基本人为代表的解释语义学派也正是以此为突破口来反击生成语义学派的。解释语义学派强调指出,深层结构具有相对于语义结构的独立性和纯语法性,是一种较抽象的语法形式。它还认为语法转换不能

---

① 现在的生成语法理论是从原来的解释语义学派一系发展出来的。

改变词库中定性的词类归属。Chomsky(1970)具体地指出,英语中派生的复杂名词如 refusal 和 destruction 在进入语法过程之前的词汇平面业已形成。所以上述例句中的(4)不是从(5)通过语法转换推导出来的,而是由不同性质的转换规则生成的名词性被动式①。二者之间如果有联系的话,那是 destroy 和 destruction 这两个词之间有联系。但是,那种联系可不是转换一类的语法平面的联系,而是跟转换根本无关的词汇平面的联系。Chomsky(1970)表面上是一篇讨论名物化的文章,实际上包含着多方面的、影响深远的语法思想。比如,转换规则不仅可以在句子层面运用,还可以在名词短语上使用。这样以来,名词性被动式和句子被动式的深层结构都可以用(6)进行概括性的描述。(6)中的"X"既可以是一个动词[如(7)],也可以是一个名词[如(8)]②。下列格式中的"e"符号代表"空语类"。

(6) NP-X-NP by e
(7) the enemy-was-destroyed-the city by e
(8) the enemy's-[destroy,+N]-the city by e

Chomsky(1970)还指出,被动式的生成过程可分为两步。以句子被动式为例,第一步"施事后移"把施事名词短语移到空位"e"上去;第二步"受事前移"则把受事名词短语移到施事名词腾出的位置上。名词性被动式的形成也是按这两步走的。有意思的是,与后者相关的一些现象显示这两步是可以分解的,是相互独立的。执行前者不一定非要执行后者,反之亦然。例如,在下列例(9)中,我们只看到"施事后移",而没有"受事前移"。

(9) the enemy's destruction of the city by e→
   the destruction of the city by the enemy

---

① 所以我们一直使用"被动式"(passive form)而不是"被动句"(passive sentence)这一术语。被动式可以是"句",但不一定是"句"。

② (8)中的[destroy,+N]会在语音平面上重写为'destruction'。

而下列例(10)则只有"受事前移",没有"施事后移"。此外,这种"受事前移"现象似乎不是被动式所特有的。在其他一些句法结构中也可以看到,如例(11)(12)。

(10) the destruction of the city by e → the city's destruction (by the enemy)

(11) a picture of John → John's picture

(12) our election of John → John's election

Chomsky(1970)和(1975)所阐述的语法思想后来被称为"扩充的标准理论"。后者及Fiengo(1974)还提出并论证了一个在生成语法史上影响深远的重要概念,那就是"语迹论"(trace theory)[①]。语迹论有着多方面的重要意义,其中之一就是它终于使得语义解释完全依赖表层结构成为可能。简单说来,语迹论的意思是当某语法规则把某名词短语从甲位置移至乙位置后,它仍在甲位置留下一个语迹(trace),并发挥一定的句法作用。这个在语音形式上隐而不露的名词性语迹以其特有的方式,"垂帘听政"式地参与句法活动。运用语迹论于被动式,一个理想的结果是上面所说的生成被动式的两步中的其中一步"受事前移"可以被推导出来,而不必在语法中作硬性规定。这是一个重要优点。充分考虑儿童习得母语容易性的语法理论认为,语法规则系统必须尽可能的简单才有可能符合或接近客观事实。可以设想,如果某语言的一套语法系统包括几千条语法规则,儿童是"学"不会的,所以也是不可能符合客观事实的。想想看,如果完全遵从结

[①] 语迹客观存在的一个有力的证据是英语中跟"want to"有关的紧缩规则。在该语言中,"want to"有时可以紧缩成"wanna"(如例i),有时不能(如例ii)。

i. Who do you want to see t → Who do you wanna see?

ii. Who do you want t to see John → * Who do you wanna see John?

没有语迹理论,我们很难解释上列两例之间的对立。有了语迹论,答案很清楚。i 中的"want to"可以紧缩是因为它们直接相连,而"want"和"to"在例 ii 中则被语迹 t 隔开了。

构主义的描写程序,把一种自然语言的全部规则描写出来,何止几千条! 当然,描写语法有它完全不同于生成语法的目的和意义。它完全可以不顾儿童习得母语的过程,而把成人语法当作一种既成的事实现象,描写其规律。只要符合客观事实,总结的规则越多越好,越详细越好! 这样的研究不仅可以为传统的语言教育和语言规范服务,还可以为机器翻译和语言自动处理等现代科技服务。除此之外,它还能为生成语法的解释理论在一定程度上提供一个事实描写的基础。生成语法要通过对各种自然语言现象的归纳,通过对儿童语言习得过程和语言病理的研究,总结出一个具有普遍意义的公理系统(亦即儿童与生俱来的初始"语法"),并刻画出儿童如何以这个极其简单的初始语法为起点,在有限的外界语言环境(听妈妈讲故事等)的稍微诱发下,"推导"出看似非常复杂的成人语法规则系统来。根据这个思想,假定我们观察到某语言有甲和乙两种现象,如果乙现象可以从甲现象推导出来,我们就可以说只有甲现象才是这种语言真实的语法规则,乙现象不过是甲现象在特定条件下运用的结果。

现在就让我们来看看语迹论的引入怎么使得我们能够从"施事后移"推导出"受事前移"的。一般认为,英语句子 the dams were built by the beavers 的深层结构形式是(13)。这时我们先运用"施事后移"把 the beavers 移至 by 的后面去而得到(14)。

(13) the beavers were built the dams by e
(14) t were built the dams by the beavers

the beavers 后移之后留下一个语迹 t。人们有理由认为这个语迹就某种属性而言就像个反身代词(如汉语的"他自己",英语的"himself")一类的所谓回指成分(anaphor)。约束论要求每一个回指成分必须在其小句中受到约束,亦即要求有一个语义同指的名词在结构上高于它(大意)。比方说,"老刘原谅了他自己"中的宾语"他自己"就受主语"老刘"的约束,满足了相应的约束条件。"老吴被揍 t 了一顿"中的语迹 t 作为一种特殊的回指成分受"老吴"的约束,也满足了同样的一条约束条件。假定这一分析是正确的,那么,大家看看(14)中的那个语迹 t 并没有受到约束,因为跟它同指的名词 the beavers 在结构上低于它。这就违反了约束条件。为了让(14)满足相应的约束条件,一个办法就是移入一个名词来"擦掉"这个捣乱的语迹,结果就成 the dams were built by the beavers。这样一来,"受事前移"就成了一种满足别的条件的手段,丧失了作为独立语法规则的资格。更绝的是,运用语迹论,可以把上述名词性被动式和句子被动式之间的不对称性讲得头头是道。这两种被动式之间的不对称性指的是,"施事后移"之后〔即下列(15)〕,在句子被动式中受事必须前移,而在名词性被动式中受事可以前移〔如下列(16)〕,也可以不前移〔如下列(17)〕。没有语迹论时,这一有意思的现象最多让乔氏忽发奇想,把被动式分成相互独立的两步。现在有了语迹论,他就可以进一步说,句子被动式中受事必须前移,是因为只有那样才能"擦掉"那个捣乱的语迹。而在名词性被动式中,我们除了可以用移入受事名词这个手段外,还可以用引进一个冠词(如 the, a)的办法同样达到"擦掉"捣乱语迹的目的。这确实不失为一个绝妙的主意!

(15) 施事后移:t destruction of the city by the enemy
(16) 受事前移:the city's destruction by the enemy
(17) 引入冠词:the destruction of the city by the enemy

生成语法理论的进一步发展,就是模组语法。模组语法虽然由 Chomsky(1981)予以理论阐述和总结,但其重要思想内容在他本人和其他学者 20 世纪 70 年代的一些作品中已见端倪。上述把被动式这么一种原来看似单一结构的现象分解为相互独立的两步,并把其中的一步解释为另一步在语迹论和约束条件的共同驱动与制约下衍生出来的一个结果。这本身就已经蕴涵了模组语法的思想精神。

2.3 模组理论中的被动式

20世纪70年代末期,乔姆斯基等人又在一些重要研究工作的基础上对生成语法在理论体系上进行了一次重要的修正,其结果就形成了模组语法理论。模组语法习惯上被称作"管辖与约束理论"(Government and Binding Theory,简称 GB Theory"管约论")。其实,"管制"和"约束"都不能反映这一理论体系最重要的思想精髓。它之所以被习称为"管约论",原因大概有下列三条:

1. 这个时期乔姆斯基本人及其追随者反复强调"管制"是最重要的一种句法关系;

2. 用新理论可以把"约束关系"(亦即同一语句中不同名词性成分之间语义同指的可能性关系)讲得清清楚楚;

3. 乔姆斯基奠定新理论的重要著作的书名就叫《管辖与约束讲义》[①]。

"管约论"的核心思想有两条:其一是"原则与参数理论",其二是"模组理论"。生成语法是一种普遍语法理论。它描述的规律理论上应该是对所有的自然语言都是适用的。而人类各种不同的语言间不仅有"同",而且还有"异"。简单说来,生成语法中的"原则与参数"思想就是要用"普遍原则"去概括不同语言的共同法则,而把它们的"异"解释为具有普遍意义的一套"参数"系统在不同语言中的不同赋值所造成的结果。

至于"模组"的概念其实在语言学和其他学科中是早已有之的。比如当我们说某句话是"错"的,一般人可能并不在意它是如何错的,而稍受语言学训练的人则可能会进一步指出,它也许是发音错误(语音问题),或者用词不当(词汇问题),或者是语句不通

---

① 此书 *Lectures on Government and Binding*〔Chomsky(1981),Foris Publications〕已经译成中文(周流溪、林书武、沈家煊译,赵世开校《支配和约束论集——比萨学术演讲》,中国社会科学出版社,北京,1993)。

(语法问题)。把浑然一体的一个语言系统分解为"语音""词汇""语法"几个部分的做法本身就已经孕育了朴素的模组思想。新语法理论的"新颖"之处在于它在句法范围内进一步模组化,把一部句法规则系统分解为几个具有普遍适用性并且相互独立的子系统,其中主要有"格位理论""论旨角色理论""约束理论""X-阶标理论""管辖理论"等。我们所观察到的各种语言现象都可以解释为在某种表达功能的驱动下,这些子系统相互作用和限制所造成的自然结果。此外,这几个子系统个个都包含一套适用于各种语言的"普遍原则"和可以解释语言间之不同的"参数赋值域"。这就是当代生成语法最核心的理论构想!在这一理论体系下,所谓的"被动式转换规则"(即先让施事名词短语后移,再让受事名词短语前移)等各种以前人们专门为特定结构而量身定做的规则就被剥离肢解和重新归位,从而丧失了作为独立实体而存在的资格。它们再也不是"语法的规则"本身,而是形式语法的普遍原则在这种具体句法结构上运用的结果。如果说被动式跟别的句式有什么不同的话,那就是被动式的使用者因为某种表达原因而要抑制施事名词的表达,不让它出现在主语这种重要的句法位置上。但是请注意,这种表达功能上的特点并不是形式语法的问题。被动式的使用者有了这个意图后(提供了第一推动力),就交给形式语法去实现。实现的方式因参数在不同语言中的不同赋值而异。在英语和汉语中实现的方式则表现为名词短语移位。而名词短语移位不是随心所欲的,是要受语法原则约束的,如可以移到什么地方去,可以移多远等。名词短语能够移到什么位置,移多远才是形式语法的规则。但是这种规则可不是只限于构造被动式的。它们是约束为任何目的而进行的各类名词短语移位的普遍规则。现在我们就来看看模组语法是如何处理被动式的。

首先,人们注意到,前述从语迹论的角度来解释"受事前移"必然性的思路虽然可以把施事名词和受事名词同时出现的被动式讲得很清楚。但问题是如果把同一套说辞搬到只有受事名词短语的被动式就会遇到很大的问题。比如说,一般认为下列(18)是英语句子(19)的深层形式。

(18) *e* was killed John

(19) John was killed

对于这类句子,用语迹论的办法解释不了为什么受事名词短语 John 要前移至主语位置上去。在这个句子中,主语位置并没有捣乱的语迹需要擦掉,因为压根就没有任何东西从那里移走。这个句子的主语位置在深层结构平面是一个空语类 e,而不是什么反身代词性质的语迹 t。这种情况迫使人们必须寻找别的解决办法。而模组语法中的格位理论和论旨角色理论则为解决这类问题提供了一个有效途径。

Chomsky(1981)观察到英语典型的句子被动式具有如下两个特点:

(20) I. [NP, S](受控于 S 之 NP,即主语位置)不能指派施事等论旨角色;

II. [NP, VP](受控于 VP 之 NP,即宾语位置)不能指派宾格等格位。

前述(18)不能直接作为一个合语法的表层结构形式使用是因为它的宾语位置不能给名词短语赋格却出现了名词短语,直接违反了格位过滤器这一语法原则的要求。格位过滤器规定,每一个名词短语必须被指派适当格位。在此情形下,John 必须移到能够指派格位的位置上去,而根据论旨角色准则(theta-criterion),这个可以指派格位的位置还不能指派论旨角色,因为论旨角色准则规定每个名词短语必须得到一个,而且只能得到一个论旨角色。John 已经在其原来的宾语位置上得到了论旨角色,即"受事"(注意:被动式的动词后宾语位置虽然不能指派格位,但是可以指派论旨角色)。在(18)一类被动式中,这种只能指派格位而不能指派论旨角色的位置只有主语位置,所以 John 就被逼到了这个主语位置上去而成(19)。

除此之外,基于生成语法要求规则系统要尽可能简单的总原则,乔氏还进一步指出,本来作为被动式特点之一的(20)I其实也不必在语法中作硬性规定。因为我们可以从(20)II另外加上论旨角色准则把(20)I推导出来。所以只有(20)II才是被动式在语法上的规定性特征,只有它才有独立存在的必要,其他的都是语法运算的中间环节和最终结果。需要强调指出的是,运用模组语法的格位理论和论旨角色理论处理被动式的这一思路被Jaeggli(1986)发挥得淋漓尽致。他具体地指出,(20)II被动式的宾语位置不能指派名词短语宾格格位(所以出现在这个位置上的名词才必须移走),是因为在英语类语言中,-en一类被动语素具有一种吸纳(absorb)格位的功能。既然被动式动词的格位指派能力被这个语素吸纳了,它就再也不能给后面的名词短语指派格位了。Jaeggli还说被动语素的这一特殊功能可以在词汇中,而不必在语法中作出规定。这几乎等于说连Chomsky(1981)的(20)II也不是一个"语法"特点。把被动式中受事名词短语移位的原因归结为被动语素吸纳宾格格位这一做法的一个逻辑引申是,设若有某种语言因为参数的特殊赋值或其他原因而没有被动语素或它的被动语素不吸纳宾格格位,那么这种语言中被动式的受事名词则无须移动。还真有文章举出一些外语事实说这一推论是正确的,从而有力地佐证了上述分析。更为绝妙的是,有人指出即使在英语中,被动句的受事如果不是一个名词短语,而是一个小句的话,它也无须移动。若您不信,请看(21)。

(21) It is assumed that Bill will come next Monday.

格位过滤器只说每个名词短语必须被指派一个格位,可它并没说小句也要被指派一个格位。所以在(21)中,虽然动词assumed的赋格能力让被动语素给吸纳了,但是它的受事that Bill will come next Monday仍可以赖在那里不走,因为小句压根儿就不需要什么格位。至于该句主语位置上塞进了个it,那全怪英语要求每个句子在形式上必须有个主语(参It is raining)。哪怕是个"傀儡"(=没实质意义的玩艺儿),这个"面子"(=纯形式上的条条框框)也不能丢!

　　经过这么一折腾,所谓的被动式只是在表达功能上要抑制施事,并包含一个(在词汇中而不是在语法中规定的)吸纳格位的被动语素。它在形式语法上毫无独特之处!毫无特点可言!我们从前所说的被动式的"语法"特点(如受事名词从宾语位置移至主语位置等等)在模组语法看来都是那些句子携带着这些表达功能和词汇特点进入形式语法的运行轨道后,几个完全独立的、超结构的子系统(如格位理论和论旨角色理论)相互作用和限制的结果。在英语类语言中,被动式中的受事名词短语宾语因为词汇原因不能获得格位指派,所以必须移走。此外,由于论旨角色准则的限制,这个名词短语只能移至可以指派格位但是不能指派论旨角色的位置上去。不能得到格位指派的名词短语必须移至能够指派格位的位置去才是语法的规则。但是这里要特别注意的是,这一基本规则并不是仅仅适用于被动式,而是约束各种句法结构的普遍法则。被动式之外的另一个例子是所谓的"主语提升句"(subject-raising sentence)。人们认为英语句子 Jack seems to like Susan 的深层形式是 e seems Jack to like Susan。这里的宾语从句 Jack to like Susan 因为没有屈折范畴(Inflection,简称 INFL 或 I)所以不能指派它的主语 Jack 主格格位,这个 Jack 因此也必须移走。同样因为论旨角色准则的制约,Jack 也只能移至可以指派格位但是不能指派论旨角色的位置上去。这里的全句主语位置也正好满足这些条件,所以 Jack 就从从句主语位置移至全句主语位置。英语的"主语提升句"和被动式毫无关系,但是它们因为不同的原因都在深层结构平面包含一个不能得到格位指派的名词短语,所以都有名词短语移位。这两种根本不同的句法结构中的名词移位遵守的完全是同一套形式规则。打个比方:武汉华中师范大学某教授骑自行车从武昌到汉口中山公园看花展,跟华师对门的武汉测绘大学某学生骑自行车到中山公园隔壁的一家商店买蚊帐。他们的目的虽然不同,但是一出校门,所要遵守的却完全是同一套交通规则。他们出门的目的不同,但是那压根儿就不是"交通规则"要管的事。被动式和主语提升句都要移动名词,尽管目的不同,原因各异,但是一旦进入形式语法的运行轨道,它们必须遵守同一套"交通规则"。就像我们既不可能也无必要给教授和学生各定一套交通规则一样,我们既不可能也无必要给被动式和主语提升句分别定做一套名词短语移位的语法规则。更为重要的是,那样繁杂的规则系统将跟儿童在极短的时间内,依据有限而凌乱的语言经验,轻而易举地掌握一种或多种自然语言的简单事实相矛盾。这就是当代生成语法的一个基本思路。

2.4 结束语

一个身心发育正常的儿童在相当短的时间内,依据有限和零碎的语言经验可以轻而易举习得一种或数种自然语言是人所共知的一个简单事实。而任何一种自然语言都表现出错综复杂的现象和规律是语言学家通过辛勤的观察和描写得出的一个可信结论。然而,那个"简单事实"和这个"可信结论"之间却存在着一个巨大矛盾:前者要求"语法规则系统"必须简单,后者意味着该系统应该复杂!儿童语言习得的容易性与语法表面事实的复杂性一直是驱动生成语法理论不断地推陈出新,不停地修正改换的根本动力。其最终的奋斗目标是一部以简驭繁的语法原则系统。这部语法系统一方面必须是简单可学的(learnable),另一方面对于复杂多样的语法现象它还应该是具有可释性的(explanatory)。

过去是这样,将来也是如此!

第三章 领有名词移位与动词类型

3.1 引言

汉语中有两种很有特点的句法格式：其一是不及物动词带"宾语"，如"王冕七岁上死了父亲"；其二是某些被动句的动词带"宾语"，如"王冕被杀了父亲"。这两种句式本来应该互不相干，但是我们惊奇地注意到它们共同拥有一系列重要的语法特征。在有关的文献中，这两种句式分别受到程度不同的注意和讨论。但是，也许是因为它们表面上没有关联，未见有人把它们联系起来进行考察。我们认为，这两种句式所共有的那些语法特征不可能是偶然的。要深入认识并合理解释这些特征，我们就不能不把两种句式联系起来，通盘考虑，统一解释。

本章将会综合考察这两种句式的各种语法特征以及跟这些特征相关的问题。在此基础上，我们将援用现代生成语法理论中一些重要观念和论断，结合汉语的实际情形，统一解释这两种句法格式及其共同的语法特点。

更为重要的是，本章还将在这一专题研究的基础上，深入探讨我们的解释模式所引发的种种句法理论问题，其中主要包括下列六个方面。

1. 根据"及物性"特征分出的四类动词
2. 汉语中名词短语移位的一般限制条件
3. 汉语中特殊的格位指派（"部分格"）
4. "遭受义"及其语法效应
5. 句子的"合语法性"和"可接受性"的异同和关联
6. "双宾语句式"跟"双及物动词"的脱钩

3.2 语法现象之一:带保留宾语的被动句

众所周知,汉语的被动句是将逻辑宾语从深层结构中动词后的位置移至表层结构动词前的位置并在其前面加用"被"(或者"叫""让")造成的。如:

(1) 张三打伤了李四
　　→李四被张三打伤了
(2) 张三打伤了李四的一条胳膊
　　→李四的一条胳膊被张三打伤了

这种将整个逻辑宾语前移的方式无疑是汉语被动句的基本构造方式。除此之外,在某些特定条件下,汉语被动句中的逻辑宾语并非整个儿地从动词后移至动词前,而是其中一部分移至动词前,另外一部分留在动词后原位置,从而造成诸如下列(3)—(10)一类的特殊被动句。本来可以整个移走的宾语却在动词后原位置"保留"了一部分,这类宾语可以称为"保留宾语"。

(3) 李四被打伤了一条胳膊。
(4) 张三被杀了父亲。
(5) 苹果被削了皮。
(6) 他终于被免去了最后一个职务。
(7) 尤老二被酒劲催开了胆量。
(8) 你给地主害死了爹,我给地主害死了娘。
(9) 他果然被人剪去了辫子。
(10) 她被揪着头发,按着脖子。

汉语特有的这类语法现象曾经受到语法学界的广泛关注〔如吕叔湘(1948,1965),丁声树等(1961),李临定(1980),朱德熙(1982)等〕。学者们已经正确地指出,在这类句子中,主语不是直接的受事,宾语才是直接的受事。这里的主语一般是某种遭遇的承担者。特别应该注意的是,这里的主语跟宾语之间往往有领属关系。改成非被动句时，还必得用"的"把被动句的主语和宾语连起来。宾语一般没有名词性定语，个别句子有代词定语，这时宾语的代词定语一定是复指主语的。用具体的例子来说，上列例(3)"李四被打伤了一条胳膊"中动词"打伤"的直接受事是宾语"一条胳膊"而不是主语"李四"。"李四"跟"一条胳膊"之间具有明显的领属关系。改成非被动句时一般要在"李四"和"一条胳膊"之间加"的"，说成"(某人)打伤了李四的一条胳膊"。此外，在"她又被张木匠抓住她的头发"一类句子中宾语"头发"有代词定语"她"。这个"她"只能复指主语"她"，而不能另指其他人。① 这些汉语语法现象近年也受到理论语法学界的注意和研究。如在汉语生成语法研究方面卓有成就的两位美国华裔学者黄正德和李艳惠就曾不约而同地注意到这种现象，并从生成语法的角度对这一现象分别提出过极富启发性的理论解释〔详见 Huang(1982)，Li(1985)〕。但是，他们在分析动词带宾语的被动式时都没有跟下面就要讨论到的、带宾语的不及物动词句式联系起来，更没有提供我们希望看到的、将二者贯通起来的语法解释。

3.3 语法现象之二：领主属宾句

上面提到的带宾语的不及物动词句式指的是下列这类句子。

---

① 文献中涉及的，跟保留宾语(或称"被动句动词带的宾语")有关的语言现象范围非常广泛。首先，许多论著不仅讨论被动句的动词带宾语，还涉及"把"字句的动词带宾语。其次，被动句自身还包含多种不同类型。对于所有这些，我们不可能全部讨论到。但是有必要说明我们对有关问题的两点基本看法：(1)"把"字句跟被动句在将逻辑宾语前置方面完全相通，多数"把"字句和被动句可以互相转换。因此，本章有关论断虽然是就被动句而言的，但是同样适用于"把"字句。(2)至于被动句带宾语本身的多种不同类型，我们认为虽然表面看来都是被动句动词带宾语，但是稍作分析就不难发现他们其实是不同质的，不同源的，没有内在联系，应该做不同的处理。如有的动词本来就可以带两个宾语，其中一个宾语前置后，另一个宾语保留在动词之后(例如"这些珍贵的艺术品被他随随便便送了人")；还有的是所谓的熟语性表达式(idiomatic expression)不能作为语法规则类推(例如"他被人家开了个大玩笑")。这都跟本章关心的问题没有直接关系，它们本身也是不同的类。

(11) 王冕七岁上死了父亲
(12) 那个工厂塌了一堵墙
(13) 那家公司沉过一条船
(14) 张三烂了一筐梨
(15) 他死了四棵桃树
(16) 行李房倒了一面墙
(17) 这件褂子掉了两个扣子
(18) 他倒了两间房子

这也是一种很有特色的汉语句式。汉语语法学界早在20世纪50年代就注意到这类句式,并曾就这类句式的性质和特点进行过讨论和争辩。学者们引用的经典例子是人所共知的"王冕七岁上死了父亲"〔参见徐重人(1956),肃父(1956)等〕。限于当时的条件和环境,那时大家的注意力集中在动词前后两个名词性成分语法语义关系标签式的归类上(是主语还是宾语?是施事还是受事?),而忽略了句式本身的描写与分析,讨论的深度显然是不够的。这一语法现象近年再度引起学者们的兴趣,不少论著都有涉及和论述〔其中主要有郭继懋(1990)和沈阳(1996)等〕。郭文把这类句子称为"领主属宾句"。他分段刻画了主语、宾语和述语动词及其使用"了,着,过"的特点。此外,他还将这种句式跟两种相关句式进行比较。结论是"猎人死了一只狗"一类句式在语义结构上跟"猎人的狗死了"相似,而在语法结构上跟"猎人杀了一只狗"相似。这种句子的主语和宾语之间有比较稳定的"领有/隶属"关系,而主语跟述语动词没有直接的语义关系,宾语是动词的施事。动词都是由单向动词(即不及物动词)充当的。这些研究无疑加深了我们对有关句式的认识,为剖析问题的实质提供了一个很好的语言事实基础,极有价值。我们现在面对的问题是如何解释这些语言现象,如何解释这些现象跟其他相关语言现象之间的联系。

这种"领主属宾句"跟上面第3.2节提到的带"保留宾语"的被动句表面上毫无关联。带"保留宾语"的被动句都是让逻辑宾语一部分前移,另一部分保留在动词后原位。而这里的"领主属宾句"

压跟儿就不是被动句,它们的动词根本就不是构成被动句所必需的及物动词,而是传统语法学家所说的不及物动词。就此而言,这两种句法格式至少在表面上是风马牛不相及的,语法学家们一直没有把它们联系起来讨论是有原因的。但是,我们注意到,这两种表面上毫不相干的句法格式有多方面的、成系统的共同特征。这些特征包括:

1. 一般而言,动词前后的两个名词性成分之间可以有各种各样的语义关系。但是上述两类句式中动词前后的两个名词性成分所可能具有的语义关系受到了很大的局限。更有意思的是这两类句式在这方面所受的限制是完全一样的:动词前后的两个名词性成分都只能有广义的"领有/隶属"关系。它既包括一般意义下的"领有/隶属"〔如下列例(19)(20)〕,也包括"部分/整体"关系〔例(21)(22)〕和"亲属"关系〔例(23)(24)〕。

(19) 张三被偷了一个钱包
(20) 李四烂了一筐梨
(21) 那张桌子被折断了一条腿
(22) 医务室倒了一面墙
(23) 张三被杀了父亲
(24) 张三死了父亲

2. 两类句式中动后名词性成分,既可以出现在动词之后,也可以用在动词之前,相当自由。

(25) 张三被杀了父亲
　　⟵⟶张三的父亲被杀了
(26) 张三死了父亲
　　⟵⟶张三的父亲死了
(27) 李四被打伤了一条腿
　　⟵⟶李四的一条腿被打伤了
(28) 李四断了一条腿
　　⟵⟶李四的一条腿断了

3. 正如郭继懋(1990)所指出的,在普通的"主—动—宾"结构中,宾语可以放到主语的前边,而基本语义关系不变,如例(29)。但是"领主属宾句"的宾语则不能放到主语前边〔例(30)〕。我们要补充的是不仅"领主属宾句"有这个特点,带"保留宾语"的被动句也有这个特点〔如例(31)〕。这也是两种句式共同的一个语法特点。

(29) 他吃了那个橘子
　　⟶ 那个橘子他吃了
(30) 他断了一条腿
　　⟶ *一条腿他断了
(31) 他被绑了一条腿
　　⟶ *一条腿他被绑了

4. 这两类句式一方面都包含没有指派宾格能力的动词,另一方面又都有用于动词后面的,需要被指派宾格的名词性成分。一般认为不及物动词没有指派宾格的语法能力,这是它的规定性类特征。被动式中的动词虽然原本可以指派它后面的名词短语宾格,但是根据"格位吸纳"原则(Case-absorption principle),它应该在被动化之后丧失了这种能力。

总而言之,"领主属宾句"和"带保留宾语的被动句"至少在上述四个方面呈现一致性。如果基本语言事实就是这个样子,描写语法也许可以到此为止了。但是,解释语法理论是不会满足于这些归纳和总结的。在上述语言事实面前,解释语法理论必须解释:为什么名词短语能够出现在不能指派宾格的动词后边而不违反要求名词短语必须得到适当派格的格筛选原则?这两种句式中动词前后两个名词性成分之间的语义关系为什么要受到这样的限制?为什么表面上互不相干的"领主属宾句"和"带保留宾语的被动句"共有如此多的语法特征?是出于某种偶然的巧合还是背后另有深层原因?

我们认为上述"领主属宾句"和"带保留宾语的被动句"所表现

出来的一致性不是偶然的巧合,而是有原因的。但这究竟是一种什么性质的原因呢? 在回答这个问题之前,我们很有必要重新思考根据及物性特征对动词进行的分类,以及与此直接相关的"非宾格假设"。这跟我们讨论的问题密切相关。

3.4 "非宾格假设""及物性特征"与四类动词

3.4.1 "非宾格假设"

Burzio(1986)接受并发展了 Perlmutter 于 1978 年提出的"非宾格假设"(unaccusative hypothesis)。两位学者指出,传统语法学家所说的"不及物动词"实际上是不同质的。这些动词内部存在类的对立,应该分成两类。一类是"非宾格动词"(即 ergative verb,又译"动者格动词""作格动词""夺格动词",又称 unaccusative verb),另一类是普通的不及物动词。普通不及物动词的表层主语在深层结构中所占据的也是主语位置〔如下列意大利语例(32)〕,但是夺格动词的表层主语在深层结构中却占据宾语位置。如例(33)所示,Giovanni 的原位置是宾语,但是因为在那个位置上不能被指派一个格位,它不能留在那里,必须移走。它移至表层主语的位置并在那里被指派一个主格。下列例(32)(33)均取自 Burzio (1986)。

(32) Giovanni telefona.〔telefona(即"打电话")是普通不及物动词〕
 Giovanni 打电话
(33) a. arriva Giovanni [深层结构]
  来了 Giovanni 〔arriva(即"来了")是非宾格动词〕
  b. Giovanni arriva [语迹] [表层结构]
  Giovanni 来了

根据"非宾格假设",非宾格动词跟普通不及物动词的对立是跨具体语言的,是适用于各种自然语言的。有关于此,西方语法界已有相当丰富而且可信的、跨语言的论证。① 我们这里没有必要复述这些论证,但要特别指出一点:汉语中相关的基本语言事实强烈支持这个理论的基本论断。我们下面就来看看这些语言事实。

3.4.2 汉语中"不及物动词"的内部对立

在传统的语法分析中,动词可以根据能否带宾语划分为及物动词(transitive verb)和不及物动词(intransitive verb)两大类。② 两类例词分别如下:

及物动词:

骑,喝,修理,打算,希望,觉得,喜欢,借,喂,整理,批评,洗,教,送,给,挖,考虑,推,关

不及物动词:

休息,咳嗽,醒,合作,游行,出现,消失,死,喊,倒,沉,笑,哭,来,跳,去,跑,出发,发抖

除了个别动词兼属及物和不及物两类外,及物动词和不及物动词这一分类大体说来是整齐干净的。两类动词对内有很高的一致性,对外有较严的排他性。但是,我们注意到,这个分类是有很大问题的。首先,我们知道"不能带宾语"是不及物动词的规定性类特征。然而,正是在能否带宾语这个原则问题上,汉语中的"不及物动词"(或者说传统语法判作"不及物动词"的那些动词)有鲜明的内部对立。其中某些不及物动词的主语常常可以出现在宾语位置上,使"不及物动词"带上了宾语(暂称"甲组不及物动词"),而其他的不及物动词却根本做不到这一点(暂称"乙组不及物动

---

① 杨素英(1999)结合汉语事实,对这个理论进行了系统的介绍和评论,读者可以参看。

② 当然,有些动词身兼及物动词和不及物动词两类。如"笑"(他笑了－他笑你)"哭"(他哭了－他哭他父亲)和"来"(车来了－来碗肉丝面)〔详参朱德熙(1982)〕。

词")。前者的名词性成分既可以作主语,也可以作宾语,从而造成 AB 两种形式;而后者则只有名词性成分在前的 A 式,没有名词性成分在后的 B 式。

甲组不及物动词:

A 式	B 式
两个人来了	来了两个人
三块木板漂着	漂着三块木板
一只狗死了	死了一只狗
一条船沉了	沉了一条船
一班学生走了	走了一班学生
一栋旧房子塌了	塌了一栋旧房子
一个杯子碎了	碎了一个杯子
很多梨烂了	烂了很多梨

乙组不及物动词:

A 式	B 式
老师和学生都笑了	*都笑了老师和学生
老师傅工作了一天一夜	*工作了一天一夜老师傅
那个学生跳起来了	*跳起来了那个学生
病人咳嗽了	*咳嗽了病人
男孩子哭了	*哭了男孩子
病人醒了	*醒了病人
两个人结婚了	*结婚了两个人
两个人游了一会儿	*游了一会儿两个人①

传统的语法分析只把动词分为及物动词和不及物动词两类。显然,这一分类无法解释甲乙两组"不及物动词"何以会有如此鲜明的对立。更为重要的是,这种对立并不是一般的大类下面小类

---

① 感谢陆俭明先生和袁毓林先生的有关建议和意见。如有不当之处,责任在作者。

之间的细微差别,而是直接关涉到不及物动词之所以成为不及物动词的规定性类特征。人们要问的是,甲组不及物动词既然能够带宾语,既然违反了作为不及物动词的基本条件,那么它们还是真正的不及物动词吗?如果不是不及物动词,那么它们又是什么动词呢?难道是及物动词?也不像!我们知道,典型的及物动词一般都是能跟两个名词性成分发生联系的"双向动词"或者能够跟三个名词性成分发生联系的"三向动词",而上列甲组不及物动词跟乙组不及物动词一样,都是只能跟一个名词性成分发生联系的"单向动词"。甲组动词虽然既可以有主语(他站着),也可以有宾语(站着一个人),可是主语和宾语不能同时出现(＊他站着一个人)。带了主语就不能再带宾语,带了宾语也不能再带主语。这当然跟典型的及物动词大不相同。我们所面对的基本问题是:(a)为什么由甲组不及物动词造成的句式有 A 和 B 两种形式?换句话说,那里的名词性成分为什么既能出现在动词前的主语位置上,还可以出现在动词后的宾语位置上?(b)为什么由乙组不及物动词造成的句式只有 A 式,没有 B 式?也就是说为什么那里的名词性成分只能出现在主语位置上,而不能出现在宾语位置上?先看由甲组动词造成的句式。

    A 式   B 式
(34) 一个老头死了   死了一个老头
(35) 三块木板漂着   漂着三块木板

  首先,我们知道,语法理论对付结构不同、语义相同的句式时常用的办法是认定它们源自共同的深层结构形式,其表层语法结构的不同是不同的派生过程作用于相同的深层形式所造成的结果。如果我们采用这个分析原则,我们看到上列(34)(35)中 A、B 两式之间虽然有细小的差别,但是语义关系基本相同。就此而言,一个合乎逻辑的理论假设是它们来自相同的深层结构。现在的问题是,这个共同的深层初始形式是什么?它们又是如何派生出 AB 两种表层格式的?要回答这些问题,我们在理论上也有下列(36)

中 X 和 Y 两个选择：

（36）

（X）A、B 两式的深层结构是 A 式，B 式是后移名词性成分造成的派生形式。

深层结构	派生过程	表层结构
一个老头死了	—	一个老头死了（A 式）
	名词性成分后移	[t]死了一个老头（B 式）

（Y）A、B 两式的深层结构是 B 式，A 式是前移名词性成分造成的派生形式。

深层结构	派生过程	表层结构
一个老头死了	名词性成分前移	一个老头死了[t]（A 式）
	—	死了一个老头（B 式）

表面上看，两种不同的分析方法优劣难辨，我们很难在二者中做出取舍。就朴素的语感来说，我们也许会倾向采取（36X）分析法，会认为"死了一个老头"是通过名词后移（backward NP movement）从"一个老头死了"派生出来的，潜意识中的理由是"死"这个"不及物动词"的唯一名词性成分应该是句子的主语，而无论如何不应该是宾语。但是，理性分析的结果显示，情形刚好相反：（36Y）是正确的分析，而（36X）则是错误的分析。何以见得？

一般说来，名词性成分的移位（NP-movement）都是向上的（upward）、提升式的，而不是向下的（downward）、下降式的。① 这是名词移位的普遍规律。汉语中大家公认的那些移位现象（其他语言也是如此）无一例外地都是如此。如学者们经常提到的"被动化"（passivization）和"话题化"（topicalization）即是这类现象的典型代表。有关前者，我们这里可以举个最简单的例子。一般认为，

---

① 说得形象一点，自然语言中的"移位"像"人"。它向高处走，能上不能下。跟"水"相反，水向低处流。

"张先生被欺骗了"一类的被动式是从"[e] 被欺骗了张先生"一类深层结构通过名词移位推导派生出来的,而这一移位正是起于低位,止于高位的上升式的句法变换。

(37)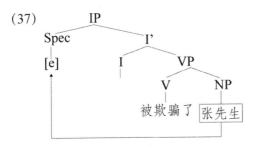

"话题化"所涉及的语法程序也是如此。关于话题成分在句子中的位置,学术界有不同看法。有人认为话题成分占据的是类似英语疑问词占据的[Spec,CP]位置;有的认为话题成分是挂在主语前面的一个特殊位置上;还有的认为话题成分占据的是全句大主语的位置。但是有一点是一致的,该话题成分是从原句子的深层位置移位至句子主语前的某个位置去的,该移位是提升式的。举个具体的例句,"这篇文章你起草"中的话题成分是"这篇文章"。我们有理由相信这个名词性成分的深层位置应该位于动词"起草"之后,表层句子是经由名词移位从类似"你起草这篇文章"一类结构形式推导派生出来的。假定话题成分的位置是[Spec,CP],那么这个句子的派生过程则可以表达如下。

(38)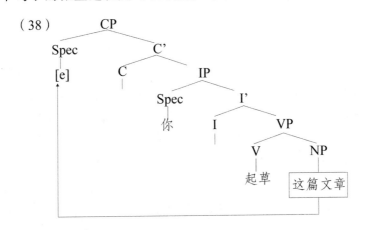

更为重要的是,根据现代语法理论的有关论断,名词移位都是提升式而不是下降式不是一种偶然的现象。它的背后有个深刻原因。根据"约束理论"(Binding Theory),名词性成分移位后留在原位置的"语迹"〔NP-t(race)〕,是个回指词性质的空语类(anaphoric empty category),它就像一个反身代词一样要受约束理论中的 A 原则制约。其道理跟可以说"张先生害了他自己",不能说"他自己害了张先生"一样(在"张先生""他自己"同指的前提下)。人类语言的通则是,只有宾语前移,没有主语后移。

现在我们回头来看 AB 两式的派生关系,答案就比较清楚了。我们认为以"死了一个老头"为代表的 B 式是基础形式,深层结构形式,A 式"一个老头死了"是经由名词短语提升式前移推导派生出来的。这个名词短语移位后留在原位置的语迹(NP-t)受到原名词短语本身的适当约束,可以满足约束原则 A 的有关要求,所以推导过程是合理合法的,生成的句子当然也是可以接受的。

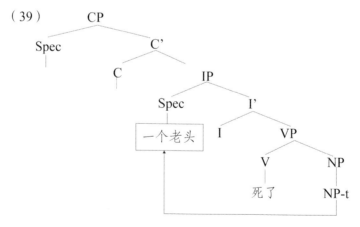

(39)

与此相反,A 式"一个老头死了"不可能代表深层结构形式,因为我们无法从这个"基础形式"合理地推导出我们需要的派生形式"死了一个老头"(B 式)。从 A 式到 B 式的推导过程也将涉及到名词短语移位。跟上列图(39)不同的是,这里名词短语移位将会是由高而低的下降式的〔图(40)〕。它留在原位置的语迹 NP-t 由于处于最高的主语位置,它不能得到适当约束,违反了约束理论的 A

原则,所以整个派生推导过程是违反相关语法条件的。

(40)

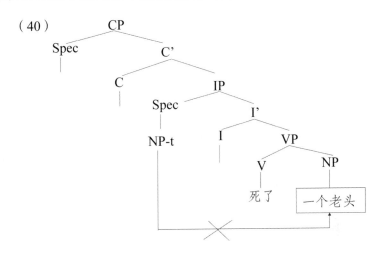

上述有关"一个老头死了"和"死了一个老头"两式中后者是基础形式,前者是派生形式的论断还可以找到另外一个有力旁证。石毓智(2000a)指出,从句是句子内部的一个成分,它的构造不受句子以外各种语境因素的影响,代表的是基础性的、核心的、自然的、无标记的句子结构。跟无标记结构相对的有标记句子结构则是因应各种外部语境因素而通过改变语序或者添加语法标记等手段产生的各种灵活多变的格式。他还在广泛调查研究的基础上,总结出了汉语定语从句语序如下。

[(施事)+ 动词 +(受事)] + 的 + 名词

这就是说,尽管表层形式可以灵活多变,在汉语基础性的无标记结构中"施事名词"只能位处动词之前,"受事名词"只能位处动词之后。根据我们的测试,他这个判断标准是准确可靠的。把这一判断标准运用于本章讨论的问题,我们发现甲组不及物动词构成的句子虽然单独成句时其名词成分可以位于动词前(A式),也可以位于动词后(B式),但是充当从句时该名词成分则只能位于动词之后(B式)。这有力地证明了B式是基础形式,A式是因应语境因素的派生形式。

A 式	B 式
*一条狗死了的老头	死了一条狗的老头
*一条船沉了的公司	沉了一条船的公司
*一栋旧房子塌了的医院	塌了一栋旧房子的医院
*很多梨烂了的小贩	烂了很多梨的小贩
*三颗牙掉了的老汉	掉了三颗牙的老汉

跟上列甲组不及物动词鲜明对立的是乙组不及物动词。由后者构成的定语从句刚好相反，它们只有名词短语在动词之前的 A 式，而没有名词短语在动词之后的 B 式。

A 式	B 式
孩子都上学的家长	*都上学孩子的家长
病人咳嗽的时候	*咳嗽病人的时候
两个人结婚的地方	*结婚两个人的地方
美国人旅游的季节	*旅游美国人的季节

我们现在可以回答前面提出的问题了。如果 AB 两式来源于同样的基础形式，来源于共同的深层结构形式，那么这个共同的基础形式应该是 B 式，而不是 A 式。A 式是通过名词短语移位从 B 式推导出来的。至于为什么由甲组动词造成的句式有 AB 两种形式（也就是说，为什么那里的名词性成分既可以出现在动词前的主语位置上，也可以出现在动词后的宾语位置上），而由乙组不及物动词造成的句式只有 A 式，没有 B 式（也就是说，为什么那里的名词性成分只能出现在主语位置上，而不能出现在宾语位置上），道理很简单：甲组动词所带的唯一名词短语在深层结构层面位于动词之后的宾语位置，它可以提升式地前移至动词前主语位置，也可以留在动词之后；而乙组动词所带的唯一名词短语在深层结构中本来就在动词前主语位置。跟名词移位有关的语法原则规定了它不能下降式地移至动词后的宾语位置，而只能待在它初始的主语位置。我们要强调指出的是，所有这些事实和逻辑推导都共同指向一个基本结论：传统语法分析中的所谓"不及物动词"虽然都只

能带一个名词短语,但是用动词的"及物性"这一根本的分类标准来衡量,它不是一种内部完全一致的动词类,应该一分为二。其中一类是真正的不及物动词,它带一个名词短语,这个名词短语一般是施事,在深层结构中处于主语位置,是"有主无宾句"。而另一类动词所带的名词短语不是施事,而是受事,句子没有施事。在深层结构中这个名词短语处于动词后宾语位置,其主语位置是空的,是"有宾无主句"。因此我们根本不应该把甲组动词叫作"不及物动词",它们都带有受事,都是及物的。此外,我们深感"夺格动词"一类名称生涩拗口,再考虑到这些受事宾语在表层结构中常常移至主语位置,我们可以说甲组动词的及物性是隐含的、潜在的,因此决定称之为"潜及物动词",以便区别于典型的"不及物动词"和"及物动词"。这些结论可以概括如下表。

动词类型	特征		例词
	相同	不同	
不及物动词	只能带一个名词短语(论元、价)	这个名词短语是处于主语位置的施事	笑,工作,跳,咳嗽,哭,醒……
潜在及物动词		这个名词短语是处于宾语位置的受事	来,漂,死,沉,塌,碎,烂……

3.4.3 动词的及物性与被动化

前面的分析说明,传统语法分析中的所谓不及物动词内部有着泾渭分明的对立句法表现,应该一分为二。虽然这两类动词都只能带一个名词词组,但是这个名词短语在其中一类动词构成的句子中位处动词之前的主语位置,动词后面没有受事,造成的是"无宾句",是真正的"不及物动词"。而另一类动词("潜及物动词")则完全不同,这类句子是天生的"无主句",主语位置没有任何名词性成分。它唯一的名词短语位于动词后的宾语位置。由它构成的句子,不是不及物的"无宾句",而是及物的"有宾句"。果真如此的话,人们自然会联想到的是,这里所说的潜及物动词的特点不也正是被动句动词的特点吗？事实确然！我们知道被动句动词（如"张师傅被骗了"中的"骗"）也有深层宾语,也是"无主句"。本节要说明的是,潜及物动词和被动化后的动词虽然初始的词汇性质截然不同,前者只能带一个名词短语,后者可以带两个名词短语,但是它们在相关句法层面有着相同的语法属性,表现出一系列平行一致的语法特征。先看下列丙丁两组例句。

丙:潜及物动词句

(41) 一个老头死了。
(42) 很多梨烂了。
(43) 一栋旧房子塌了。

丁:被动句

(44) 一个老头被杀了。
(45) 很多梨被扔了。
(46) 一栋旧房子被拆了。

众所周知,被动句的句首主语位置上的名词短语在深层结构中应该位于动词后的宾语位置〔如下列(44')〕。由于被动成分"被"剥夺了动词指派宾格的能力〔Jaeggli(1986)〕,被动动词无法指派它后面的名词短语格位,这个名词短语必须移走。移至一个可以指派格位,但是不能指派论旨角色的语法位置,而被动句的主语正好是符合这些条件的一个位置,所以受事名词就顺理成章地移到了这个位置。潜及物动词所携带的唯一名词短语在深层结构中也位于动词之后的宾语位置,此类句子先天性地缺少主语,是无主句〔如下列(41')〕。潜及物动词由于"Burzio 定律"(Burzio's Generalization)也无法指派它后面的名词短语宾格格位,①这个名词同样也要移至可以指派格位但是不能指派论旨角色的位置,句

---

① "Burzio 定律"指出,只有那些能够指派主语名词"施事论旨角色"的动词才能指派宾语名词"宾格"〔Burzio(1986)〕。而潜及物动词显然都不能指派主语名词施事(这些句子都是先天的无主句),所以它们不能指派宾语名词宾格。

子主语位置也正好满意这些条件。

(41') e 死了 [一个老头]。

(44') e 被杀了 [一个老头]。

需要指出的是,被动动词和潜及物动词虽然在相关句法层面表现出平行性和一致性,但是这并不否定它们在词库中本来属于不同的动词类。被动动词是地地道道的及物动词,不是潜及物动词,也不是不及物动词。被动动词和潜及物动词由于不同的原因而碰巧具有相同的特征——"可以指派受事论旨角色,但是不能指派宾格格位"。潜及物动词的这一特征是从词库中带到语法里来的,而被动动词的这一特征则是另外一个独立的语法过程("被动化")作用的结果。被动动词本来跟潜及物动词有所不同,它既可以指派受事论旨角色,又可以指派宾格格位。而这唯一的一点不同后来在语法运算的某个先期层面让被动成分冲销了。二者的对立不复存在。

例词	来自词库的特征	形式语法运算系统	
		先期层次("被动化")	后续层次
死	带一个受事角色,但不能指派宾格格位	—	都可以指派受事角色,但都不能指派宾格格位
(被)杀	带施事和受事两个角色,可以指派宾格格位	被动成分"被"吸纳动词指派宾格格位和施事角色的能力	

3.4.4 动词四类

我们上面把传统的不及物动词分成两类:"不及物动词"和"潜及物动词"。这跟以前的做法大不相同。但是及物动词也应该分成两类,却是早就为大家所注意到的。尤其是在对所谓的"双宾语句式"的讨论中,学者们都曾程度不同地有所涉及。更有学者认为,双宾语句式还应该再分出"给予类""取得类""准予取类"等小类。代表例句如下。

单及物动词

(47) 他们喝绿茶

(48) 王师傅在修理自行车

(49) 我狠狠批评了他一顿

双及物动词

(50) 他帮我一千块钱(给予类)

(51) 老刘买小王一只鸡(取得类)

(52) 我问你一道题(准予取类)

(53) 人家称他呆霸王(表称类)

一般而言,我们认为这些观察和论断是符合事实的,是正确的。但是有一点需要补充说明:相关句法表现显示"单及物动词"和"双及物动词"应该分别跟"不及物动词"并列,而不宜列为"及物动词"之下的两个小类。这里"不及物动词"所能携带的名词受事是"0","单及物动词"是"1","双及物动词"是"2"。如果用"把"字和"被"字来验证,这三种动词正好在同一个平面上有整齐对立的句法表现(暂时不计特殊的"潜及物动词")。

动词类型	可带的受事名词短语的数量	句法表现
不及物动词	0	不能进入"被"字句和"把"字句
单及物动词	1	能进入"被"字句和"把"字句,但是不能另外再带宾语
双及物动词	2	能进入"被"字句和"把"字句,可以另外再带一个宾语

行文至此,我们也许会感到跟双及物动词相关的问题都已经获得解决了,没有必要进行更多的讨论了。其实情形远非如此。正如张伯江(1999)所指出的,在对双及物动词和双宾语句式的认识上我们还有很多的混乱和困惑:1.双宾语句式类型杂乱,缺少内

部一致性,使得我们找不出一条适用于所有双宾语句式的句法特征。2.我们也归纳不出能够进入这一格式的动词的共同特点,比方说,它们也不一定都是三价动词。3.缺少对双宾语句式概括的语义描述。而直接反映这些混乱和困惑的是术语使用上的不一致。比方说,有人叫"双宾语动词/句式"有人称"双及物动词/句式"等。

我们这里既不可能也没打算全部解决这些问题,但是乐意提供一个解决问题的思路。可行的话,也许可以解决其中某些问题。我们注意到,"双及物"与"双宾语"在很多论著中被有意无意地当作指称同样概念的两个名称交替使用。我们认为这两个概念虽然关系密切,但实际上处于不同的层面,不是一回事,应该脱钩,其中"双及物"动词(ditransitive verb)是根据带受事名词短语的能力给动词分出的一个类型,反映的是一种聚合关系,指的是能够带两个受事名词短语的动词。而"双宾语"(double object construction)则是一个句法结构类型,反映的是一种组合关系,指的是某种特定的句式。这种句式的动词性谓语(VP)带一个主要动词(V)和两个名词短语 NP_1 和 NP_2。其中的 NP_1 和 NP_2 分别跟 VP 有"母—女"关系,它们之间是"姐妹"关系。在句法结构中,"姐妹"和"母女"是完全不同的两种关系,后者是支配(dominance)和被支配的关系,前者互不支配,但是分别受同一语法节点的支配。双宾语表面是"V-NP_1-NP_2"的简单线性语序排列,实质上有着丰富的结构内涵。而这一结构内涵正是定义双宾语句式的必要而充分的唯一条件。

(54)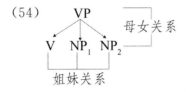

让"双宾语句式"和"双及物动词"两个概念脱钩,其意义远远不止于名词术语的改换,它可以帮助我们厘清一些纠缠不清的关键概念,减少不必要的麻烦,从而有利于从根本上解决一些问题。

甚至使得某些问题再也不是问题。比方说，有些动词本来不是双及物动词(即不是所谓的"三价动词")，却在某些句法条件下带了两个宾语等。站在"双宾语句式"和"双及物动词"相互独立的立场上看这个问题很简单。作为词类的单及物动词跟作为句法结构的双宾语句式本来就没有水火不容的矛盾。如果其他句法条件许可，单及物动词没有理由不能进入双宾语句式。同理，双及物动词也可以进入单宾语句式。逻辑上，"不及物动词""单及物动词"和"双及物动词"跟"零宾语句式""单宾语句式"和"双宾语句式"有九种拼盘匹配方式。实际语料中，我们也至少可以找到其中六种的例证(暂时不计"潜及物动词")。①

句式类 动词类	A. 零宾语句式	B. 单宾语句式	C. 双宾语句式
I. 不及物动词	他咳嗽了	X	X
II. 单及物动词	他被骗了	别人骗了他	我打碎了他四个杯子
III. 双及物动词	X	别人把一本书送他了	别人送他一本书

当然，上列六种匹配组合的性质并不相同。有的常见，有的不常用。有的使用相对自由，有的则受条件严格限制。其中的 IA "不及物动词构成的零宾语句式"；IIB "单及物动词构成的单宾语句式"和 IIIC "双及物动词构成的双宾语句式"无疑是普通的、常规的、

---

① 张伯江(1999)专门研究"双及物"问题，有很多独到发现和精辟见解。他也注意到"双宾语"和"双及物"之间的纠葛。但是他采取的对策是"放弃带有强烈结构分解色彩的'双宾语'的说法，而使用'双及物式'(ditransitive construction)这个术语来指称讨论的对象。"而我们的立场是，没有必要放弃任何一个概念。"双宾语句式"(组合)和"双及物动词"(聚合)是两个有关但性质完全不同的概念。"双及物动词"是一种动词类别，"双宾语句式"是一种句法格式。双及物动词常常造成双宾语句式，而双宾语句式也一般是由双及物动词参与构造而成，二者常常碰面，但是有时也不尽然。被动化的双及物动词就只能带一个宾语，是单宾语句式。而某些单及物动词在某些特定句法条件下也可以临时带两个宾语。

自然的、数量上占多数的配对组合,但却不是全部的句法事实。正是由于这些匹配组合数量大,人们容易错误地把"动词类"和"句式类"混淆。非常规的 IIA"单及物动词构成的零宾语句式"和 IIIB"双及物动词构成的单宾语句式"都是因为有一个受事名词短语被移走而不再充当宾语而偏离常规的匹配方式。① 这也很容易理解。相对复杂的是 IIC。IIC"单及物动词构成的双宾语句式"指的是单及物动词在某些特定句法条件下进入双宾语句式,带了两个宾语。我们认为这种可能是存在的。如本书第四章所详细论证的,下列句子中的动词应该都是典型的单及物动词,但是它们分别带了指人和指物两个宾语。其中的指物名词是句子的直接宾语显而易见,没有异议。但是其中的代词"他""她"既像是宾语的定语,又像是主要动词的指人间接宾语。本书第四章运用"约束理论三原则"证明这些代词都是宾语不是定语,这些句子都是由单及物动词构造的双宾语句式。

(55) 张先生打碎了他四个杯子
(56) 李小姐喝了她两杯饮料
(57) 张先生吃了他三个苹果
(58) 李小姐骗了她三百块钱
(59) 张先生耽误了他五天时间
(60) 李小姐占了她一个上午

还需要指出的是,单及物动词进入双宾语句式不是汉语所特有的现象。其他语言中也常常见到这种现象。这其中最有意思的是朝鲜语。该语言是一种词形态变化丰富的语言,名词有着清晰的格位标记形态。由于没有形态标记,汉语中单及物动词带了两个宾格的现象必须通过复杂的句法分析才能看出来。而这类现象在朝鲜语中有着清楚的外显标记〔参 Kang(1987),O'Grady

---

① 朱德熙(1982)就指出,及物动词都能带宾语,但是在句子里出现的时候不一定老带着宾语。只有一部分及物动词后头经常带宾语。例如"散了一会儿步"的"散","结过婚"的"结","姓王"的"姓"以及"具有,含有,加以,企图,成为"等。

(1991)〕。下列朝鲜语例句中相当于"砍""咬""画"的动词都是典型的单及物动词,但是它们都分别携带了两个有明确宾格标记的名词短语。

（61）Mary-ka　ku namwu-lul kaci-lul　cal-lass-ta
　　　玛丽—主格　那棵树—宾格　枝子—宾格　砍
　　　"玛丽砍了那棵树的枝子。"

（62）Kay-ka haksayng-ul tali-lul　mwul-ess-ta
　　　狗—主格　学生—宾格　腿—宾格　咬
　　　"狗咬了学生的腿。"

（63）John-i　　Mary-lul elkwul-ul　kuli-ess-ta
　　　约翰—主格　玛丽—宾格 脸—宾格　　画
　　　"约翰画玛丽的脸"

不言而喻,虽然有理由认为前面 IIC 跟 IIIC 一样都是"双宾语句式",在"句式"方面它们有一致性,但是它们的主要动词毕竟性质不同,一个是单及物动词,另一个是双及物动词。基于此,可以我们可以预期它们在别的方面会有不同的句法表现。事实正是如此。比较之后,我们发现 IIC"张先生打碎了他四个杯子"一类句子跟 IIIC"别人送他一本书"普通双宾语句式有一个很大的不同:间接宾语"他"不能独自在动词后位置站住,我们不能说"＊四个杯子张先生打碎了他",也不能说"＊四个杯子被张先生打碎了他"。很多双宾语句式中相应的成分是可以单独在动词后位置站住的,如"这两个问题我问他"(我问他这两个问题)和"那本书我给他了"(我给他了那本书)。我们认为这是广义双宾语句式之下的次类对立,不同小类的双宾语句式可以有自己的特点。这一区别背后的原因是,双及物动词进入双宾语句式是自然的、无条件的、而单及物动词进入双宾语句式是特殊的、有条件的。其中的指人名词的"宾语"地位对那个特定句式有很大的依赖性。句法结构改变的话,它作为宾语的条件可能就不存在了。但是,应该指出的是,这种"大同"之下的"小异"不应该否定我们把它们归纳为一个大句类的判断。对语法理论来说,某句法成分是不是宾语取决于是否跟动词短语 VP 有"母—女"关系并且跟动词 V 有"姐妹"关系,以满足现代语法学对宾语的这一结构(而不是语义)定义,而跟是否能单独在动词后站住并没有必然的因果关系。

总而言之,动词可以根据不同的目的,采用不同的标准进行分类,而根据动词的"及物性"特征进行分类无疑是其中重要的一种。就此而言,旧学新说没有根本的不同。我们这里要说明的一个要点是,采用任何一种标准进行分类都应该把自己的原则贯彻到底。而如果全面按照动词的"及物性"特征给动词分类的话,我们得出的动词类型不应该是"及物动词"和"不及物动词"两种,而应该是"不及物动词""潜及物动词""单及物动词"和"双及物动词"四类。新四类动词及其主要特征和例词如下。

动词的新分类	各类特征	例词
不及物动词	最多可以带一个名词短语,这个名词短语是"施事"	咳嗽,结婚,旅游,哭,笑,工作……
潜及物动词	最多可以带一个名词短语,这个名词短语是"受事"	死,塌,沉,倒,掉,来,漂,走……
单及物动词	最多可以带两个名词短语,其中有一个是"受事"	打,喝,吃,骗,耽误,修理,批评,整理,挖……
双及物动词	最多可以带三个名词短语,其中有两个是"受事"	送,问,称,教……

根据"及物性"特征把动词分成四类当然是个语法问题。但是具体个别动词应该归入四类中的哪一类则是个词汇问题。各个动词的及物性特征远在进入形式语法的运行轨道之前的词库中已经有了清楚的规定,是先天的,是潜在的。它们的这些词汇特点将会在各种句法条件下以各种方式实现出来。形式语法系统可以实现或者压抑词汇项的词汇特征,但是它永远不能改变那些特征。

3.5 领有名词移位：一套统一的语法解释

3.5.1 领有名词移位

对"非宾格假设"有一个基本的认识并把传统语法所说的"不及物动词"分成"不及物动词"和"潜及物动词"后，我们现在回到原来的问题。不难看出，如果接受上述"非宾格假设"，以潜及物动词"掉"为主要动词的句子"张三掉了两颗门牙"在深层结构中应该是个无主句。表层结构中的主语"张三"在深层结构中不应该处在主语位置。基于"张三"跟动词"掉"之间没有直接语义关系，而跟"两颗门牙"有明显的领属关系，我们认为它在深层结构中应该处于宾语中的定语位置。换句话说，我们有理由认定(64)的深层结构是(65)。

(64) 张三掉了两颗门牙(表层结构)
(65) 掉了张三的两颗门牙(深层结构)

注意，上列句子是不能以其初始形式(65)为其最后合法形式的，因为"张三的两颗门牙"处于潜及物动词"掉"后的宾语位置，而根据"Burzio 定律"，潜及物动词是不能指派宾格的。整个句子要通过格筛选的话，必须设法解决这个问题。这里有两个选择：

［1］如下列(66)所示，将"张三的两颗门牙"作为一个整体前移至主语位置并让它在那里获得主格；

［2］如(68)所示，仅仅将"张三"自己前移至主语位置并让它在那里得到主格，"两颗门牙"留在动词后的原位置。① 留在后面的"两颗门牙"可以被指派一种特别格，而这个特别格"张三的两颗门牙"作为一个整体是无缘享用的。我们后面 3.5.2 节要专门讨论这个特别格。

---

① 至于定语"张三"跟中心语"两颗门牙"之间的"的"字的处理，似乎有两个办法：一是认定它在深层结构中不存在，是在后来的推导派生过程中加上去的；二是前移"张三"的同时删除了这个"的"。我们不拟在这里深究这个问题。

这样一来,执行[1],我们得到(67);执行[2],得到(69)。注意,如果把被动式动词后的宾语叫作"保留宾语",这里潜及物动词后的名词性成分相应地也应该叫作"保留宾语",即逻辑宾语中没有移走的,保留在原宾语位置的那部分。我们这里暂不涉及"张三"移走后,"的"字删除的技术细节。

(66)
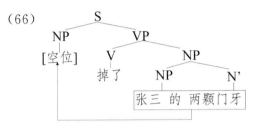

(67) 张三的两颗门牙掉了

(68)
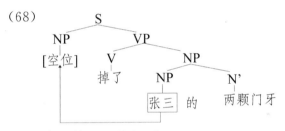

(69) 张三掉了两颗门牙

现在再来看看"带保留宾语的被动句"。如前文所述,被动句的表层主语在深层结构中应该位于动词后宾语位置并在那里获得受事论旨角色。被动句在深层结构中也应该是无主句。在"李四被偷了一个钱包"一类的句子中,表层主语"李四"在深层结构中也不应该处在主语位置。考虑到它跟"一个钱包"之间的领属关系,我们认为它在深层结构中处于宾语中的定语位置,差不多相当于"被偷了李四的一个钱包"。当然,深层形式"被偷了李四的一个钱包"也是不能直接成为合法的表层形式的,因为动词"偷"虽然是一个及物动词,但是被动化之后它指派宾格的能力却让被动成分(即"被"本身)"吸纳"了(Jaeggli(1986)),不能再指派名词性成分宾格了。要满足格筛选的有关规定,也有两个选择:

［1］如下列（70）所示，将"李四的一个钱包"整个前移至主语位置并让它在那里获得主格；

［2］如（72）所示，分离领有名词和隶属名词，仅把"李四"移至主语位置，而让"一个钱包"保留在原位置。这时的"一个钱包"也可以被指派一种"李四的一个钱包"作为整体所不能被指派的特别格。

如执行（70），我们得到（71）。如执行（72），我们得到（73）。

(70)
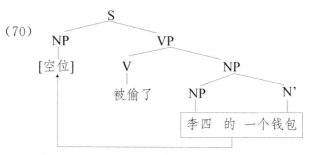

(71) 李四的一个钱包被偷了

(72)
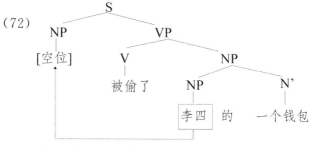

(73) 李四被偷了一个钱包

应该注意的是，在"领主属宾句"和"带保留宾语的被动句"所涉及的两种移位中，将整个深层宾语移至主语位置是我们常见的一种名词移位类型。而将领有名词和隶属名词分离开来，并仅仅把前者移至主语位置，而把后者留在原宾语位置则是这两式所特有的，不太常见的移位类型。因为后者是把表领有的名词性成分前移，我们可以把它叫作"领有名词的提升移位"（possessor raising movement），并用下列一条规则来概括这一移位现象：

在"领主属宾句"和"带保留宾语的被动句"两种句式中，将领有名词从深层宾语中的定语位置移至全句主语位置。

弄清"领主属宾句"和"带保留宾语的被动句"两种格式的深层结构及其从深层到表层的推导派生过程之后，我们现在可以回答前面提出的问题了。很明显，这两种句式共有那么多的语法特征不是出于某种偶然的巧合，而是有原因的。两式中的动词虽然初始形式有质的不同：一类是潜及物动词，另一类是及物动词。但是，它们在相关层面却因为不同的原因而具有相同的语法属性：那就是都在深层结构中带有宾语（即"逻辑宾语"），但是却都不能在表层结构中给该宾语指派宾格。潜及物动词在深层结构中带宾语是"非宾格假设"的基本内容，而它先天性地不能指派宾格是"Burzio 定律"的基本规定。另一方面，及物动词在深层结构中带宾语是它作为及物动词的规定性类特征。及物动词原本可以指派宾格，但是因为它指派格位的能力让被动成分吸纳了，它在被动式中不能指派它后面的名词性成分宾格。总而言之，都因为带有逻辑宾语，这两类格式有着类似的深层结构（即深层无主句，如"掉了张三的两颗牙"和"被偷了李四的一个钱包"）；都因为不能指派宾格，动词后名词性成分同样都必须整个或部分前移。宾语部分前移时使用的也完全是同一条语法规则。除此之外，上述分析思路不仅可以将表面看来无关的格式贯通起来，提供一套统一的解释模式，而且还能逐条解释两式为什么会表现出前面列举的那些共同语法特征。

1. 两式中动词前后的两个名词性成分（即主语和宾语）所可能具有的语义关系受到了很大的局限，一般只能是广义的"领有/隶属"关系。现在看来，这一特点丝毫不足为奇。这两种句式表层的主语和宾语在决定基本语义关系的深层结构中是"定语/中心语"的关系，而这种语法结构本来就是表达"领有/隶属"关系的基本结构。

2. 两式中的动后名词性成分，既可以出现在动词之后，如"张三被杀了父亲"或者"张三死了父亲"，也可以用在动词之前，如"张三的父亲被杀了"或者"张三的父亲死了"，相当自由。用上述移位方法也可以自然地解释这一特点：这两种格式完全是同一种深层结构的两种表层派生形式。而来自相同深层结构的不同表层形式可以互相转换是一条普遍语法规律。

3. 两式的宾语都只能放在动词的宾语位置上("他断了一条腿")，而不能像其他"主－动－宾"结构中的宾语那样可以前移到主语的前边(*"一条腿他断了")。我们的移位分析方法可以有效地解释这一现象：正如生成语法学有关文献所论证的，名词移位后在它的原位置留下一个"语迹"(即"他断了[t]一条腿")，而根据"语迹论"，这个名词语迹在性质上相当于一个隐性的"回指成分"(显性的回指成分，如"我自己"等)。作为一个回指成分，不管是显性的，还是隐性的，都必须遵循约束理论针对回指成分而设定的 A 原则，而 A 原则要求回指成分必须在其管制域内被语法位置比自己高的某名词成分约束。在有关句式中，有可能约束那个"语迹"的只有移走的领有名词本身。如下图(74)所示，"他断了[t]一条腿"可以成立是因为"他"的语法地位比"[语迹]"高而可以约束它，从而满足了约束理论的 A 原则。而如果像(75)那样，再将表层宾语前移造成"[语迹]一条腿他断了"一类的句子，"他"的语法地位低了，不能 C 式统制"[t]"了，所以违反了 A 原则。事实上，这也正是为什么名词性成分的移位只能是越移越高。由此可见，一个适当的分析理论可以给某语法现象提供一个合理的解释。反过来，这个合理的解释又可以佐证该分析理论本身。

(74) 他断了一条腿。

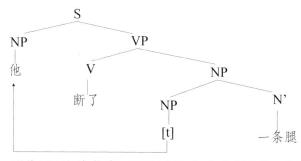

("他"语法地位高，因而可以 C 式统制[t]，可以约束[t])

(75) *一条腿他断了。

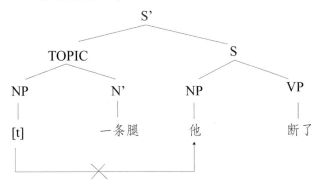

("他"语法地位低,所以不能 C 式统制[t],不能约束[t])

4. 最后,两式一方面都包含没有指派格位能力的动词(被动化了的动词和潜及物动词都不能指派宾格),另一方面却又都有用于动词后面需要被指派格位的名词性成分。我们前边一直在说,两式中动词后的隶属名词虽然不能被指派普通的宾格,但是可以被指派一种特别格。现在的问题是,这个特别格究竟是什么?而这也正是下一节要专门解答的问题。

3.5.2 动词后"保留宾语"的格位指派

Belletti(1988)观察到一个很有意思的现象:在一些形态丰富的语言中,词形变化的不同形式说明"宾格"似乎不是动词后名词性成分所能被指派的唯一的一种语法格。她指出芬兰语中相当于"放"的动词后面的名词性成分可以有两种形式,其一是"宾格"形式〔如下列例(76)〕,其二是"部分格"〔partitive Case,如例(77)〕形式。部分格是一种"固有格"(inherent Case),而不是"结构格"(structural Case)。一般说来,固有格是在深层结构中由词汇项指派给名词性成分的,跟表层结构无关。

(76) Han pani kiriat　　　　　　　poydalle.
　　　他　放　书(定指并带宾格标记的复数)　在桌子上
　　　"他把那些书放在桌子上"

(77) Han pani hirjoja　　　　　　poydalle.
　　　他　放　书(不定指并带部分格标记的复数)　在桌子上
　　　"他放些书在桌子上"

　　Belletti认为,词形态丰富的语言所表现出来的宾格与部分格之间的上述对立应该普遍存在,而不应该限于词形态丰富的语言。在形态变化不丰富的语言中也存在,只不过没有在语音层面呈现出来,亦即没有使用一定的格位标记在形式上体现出来。① 我们认为Belletti有关"部分格"的论断可以用来解决上述汉语语法问题。运用她的观点,我们认为在以"张三掉了两颗门牙"和"李四被偷了一个钱包"为代表的两式中可以指派给"两颗门牙"和"一个钱包",但是不能指派给"李四的两颗门牙"和"张三的一个钱包"的那个特殊格就是Belletti所说的"部分格"。"Burzio定律"仅仅说潜及物动词不能指派宾格,但是它并没有说它不能指派部分格。而在被动句中,动词指派结构宾格的能力被吸纳了,但是它指派固有格的能力却完全可能完好无损地保留着。有关句式中名词的格位指派的方式可用下列(78)和(79)分别表示。②

---

①　这其实也正是现代格位理论(Case Theory)的一个重要观念:"格位"是名词短语(NP)在某些语法位置上所能获得的一种语法属性。现代格位理论区分"格位指派"(Case assignment)和"格位呈现"(Case realization),二者有先后因果关系。前者是一种语法特点,是隐性格位(又称"抽象格位",abstract Case),后者是词汇和语音特点,是具体格位。后者取决于前者。但前者却不依存于后者。作为语法属性,名词短语被指派的"格位"不管是否以词形变化体现出来都是客观存在的。

②　严格说来,主格是作为句子中心的屈折范畴(INFL)指派的,而不是VP指派的。详参本书第五章。

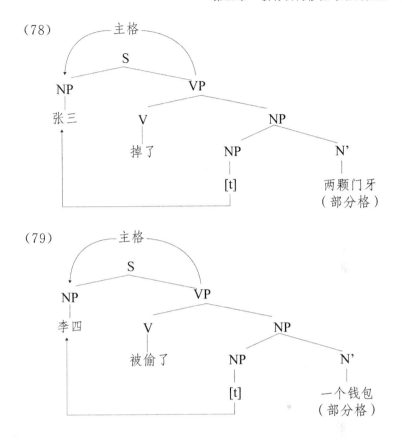

3.6 "领有名词移位"的运用条件

3.6.1 三个条件限制

根据上面的分析,我们知道领有名词可以从宾语中的定语位置前移到全句主语位置。然而,前面的讨论仅仅涉及由潜及物动词构成的句式和包含被动动词的被动句。我们知道,动词类型中除了这两类动词外,还有普通的及物动词(即没有被动化的及物动词,包括"单及物动词"和"双及物动词"两类)以及普通的不及物动词。现在面对的一个有趣问题是,作为一条语法规则,"领有名词移位"是否也能运用于由普通的及物动词和普通不及物动词构成的句式?理论上说,我们没有什么理由从原则上排除这种可能性。可是,请看下面的例句。

(80)　*张三　伤害了　[t] 父亲
　　　（意图:（某人）伤害了张三的父亲）

(81)　*李四　责怪　[t] 弟弟
　　　（意图:（某人）责怪李四的弟弟）

(82)　*李四　责怪　[t] 弟弟
　　　（意图:（某人）责怪李四的弟弟）

(83)　*张三　睡了　[t] 父亲
　　　（意图:张三的父亲睡了）

(84)　*李四　哭了　[t] 弟弟
　　　（意图:李四的弟弟哭了）

(85)　*张三　咳嗽了　[t] 父亲
　　　（意图:张三的父亲咳嗽了）

上列例(80)—(82)是由普通的及物动词构成的句式,例(83)—(85)是由普通的不及物动词造成的句式。在给定的意义下,这两类句子都是不能接受的。面对这个语言事实,逻辑上我们有下列两种理论选择:

[1]我们可以硬性规定"领有名词移位"不能在由普通的及物动词和不及物动词造成的句式中运用,如此而已。

[2]我们也可以假定"领有名词移位"可以广泛运用于任何句式,同时援用一些有独立存在意义的语法限制条件把上列(80)—(85)一类我们不想要的句子"过滤"出去。

两者相较,当然是选择[1]比选择[2]容易,因为前者根本不需要我们做什么。但是,如果做得到的话,应该优先取选择[2],而不是选择[1]。当代生成语法竭尽所能地追求语法规则本身的简单化和普遍化。与此同时还要"巧立名目",对这些规则的具体运用设置种种条件和限制。比方说,移位规则可以简化到"任何语法单位都可以移动到任何位置"(亦即所谓的"Move-α")。这样的规则当然会造成乱七八糟的"病句"。但是,这没有关系,我们可以援用各种条件和限制将这些"病句"逐一过滤出去。更为重要的是,从全局看,这样的语法体系将会有更强的解释力和更高的概括性。①

现在就让我们来看看能否以及如何在技术上实现选择[2]。我们首先可以明确的是,"领有名词移位"(本质上是名词移位的一个小类)能否有效地运用应该受制于如下(86)中规定的三方面条件。

(86) a. 相关句式能否为移出的领有名词短语提供一个适当的新位置或者说着陆点(landing site);
b. 该移位能否满足对名词短语移位的一般限制(如"邻接原则"和"空语类原则"的限制);
c. 留在原位置的"保留宾格"能否得到适当格位指派。

首先让我们来看看(86a)。领有名词要从它原来的定语位置移出去,当然需要一个新的适当位置。而由于"格位过滤器"跟"论旨角色准则"的联合作用,这个将要容纳领有名词的新位置必须具有两个特点:一是能够指派格位,二是不能指派论旨角色。"格位过滤器"要求新位置必须能够指派格位,而"论旨角色准则"则要求它不能再指派论旨角色,因为它已有了自己的论旨角色,那就是"领有"。"论旨角色准则"规定任何名词都不能被指派两种论旨角色。"领主属宾句"和"带保留宾语的被动句"正好都满足这两个条件:它们的主语位置当然都可以指派主格。此外,被动句主语的施事论旨角色让被动成分吸纳了〔Jaeggli(1986)〕,潜及物动词压根就不能给它的主语位置指派论旨角色。

如果这些分析正确,我们将不难解释为什么带普通及物动词

---

① 由此想到多年前听到的一个说法:有些地方打击异己的办法很聪明。如果有什么人不规矩,他们不一定会去专门制定对付这些人的专门法规,因为那样做不仅麻烦,而且会招致批评。他们可能会采用重审所得税申报情况的办法,找出那些人的把柄,巧妙地达到目的。

的句式如(80)—(82)在指定的意义下不能成立。因为在那种意义下,领有名词一定要从定语位置移至主语位置,但那个主语位置却不能全部满足上述两个条件,不是一种可以容纳领有名词的新位置。如下图(87)所示,由于普通动词有指派主语"施事论旨角色"的能力,领有名词移位将会造成同一个名词两次被指派论旨角色(即移位前的"领有角色"和移位后的"施事角色"),违反了"论旨角色准则"。由此可见,虽然领有名词移位原则上可以运用于普通及物动词构成的句子,但是那样造成的句子最终还是会被有独立意义的"论旨角色准则"过滤出去。在此意义下,我们说这个分析模式不仅能够解释某些句式为什么会有"领有名词移位"现象,同时还能解释其他相关句式中(甚至其他语言中)为什么没有这种现象。这也算是另外一种意义下的说"有/无"。对研究工作来说,这种意义下的说"无"也比说"有"难。但是,这样的工作比单纯地说"有"则更具有挑战性了,更激动人心了!

(87)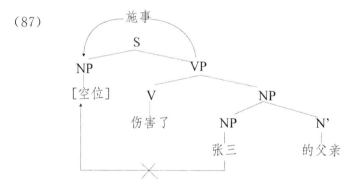

其次,我们看看(86)b条件。这个条件要求"领有名词移位"遵守形式语法系统对名词移位的一般限制,其中主要有"邻接条件"(subjacency condition)的限制和"语迹论"中有关条件的约束。"邻接原则"规定,任何名词移位最多只能跨越一个S或NP节点。这正是为什么我们可以说"张三的太太死了父亲"("张三的太太"移出时只跨越了一个节点,即宾语NP"张三的太太的父亲"),但是不能说"张三死了太太的父亲"("张三"移出时跨越了两个NP节点,一个是"张三的太太",一个是"张三的太太的父亲")。

(88) 张三的太太死了父亲。

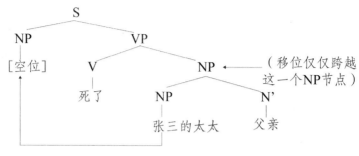

(89) *张三死了太太的父亲。

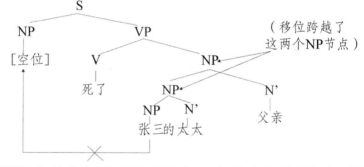

关于语迹论的约束,前面已经指出,一般认为名词移位留下的语迹相当于一个隐性的回指成分。受制于约束理论的 A 原则,这个语迹要求它的先行成分(antecedent)处在较高的语法位置并 C 式统制(C-command)和约束自己。这个限制条件可以解释为什么上列(83)—(85)一类由普通不及物动词构成的句子不能运用"领有名词移位"。跟潜及物动词不同,普通不及物动词的主语在深层结构中不是处于宾语位置,而是处于主语位置。正因为如此,"张三咳嗽了父亲"一类句子涉及的语法程序压根就不是"领有名词的提升移位",而是"隶属名词的降低移位"。即(90):

(90)

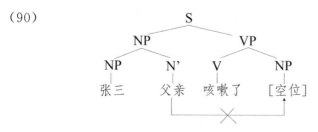

这里的隶属名词"父亲"之所以不能从主语中心语位置下降移至宾语位置,是因为宾语位置低,宾语不能满足约束理论 A 原则的规定,不能 C 式统制和约束它移出后在主语中心语位置留下的[语迹]。还有一个可能原因是,由"咳嗽"一类动词所造成的 VP,根本没有提供 NP 这个位置,未能提供(86a)所要求的新着陆点。

总而言之,从上面的分析我们可以得出这样的结论:如果那些不是专门为它们设定的、但却跟它们有关的条件得到满足的话,"领有名词移位"可以在各种句式中广泛运用。

最后谈谈条件(86c),即"保留宾语"的格位指派问题。从上面有关的讨论中,我们知道领有名词移出后留在原位置的"保留宾语"被指派的是"部分格"。但是,这是仅就汉语而言的。在更广阔的普遍语法背景下讨论问题,给"保留宾语"指派"部分格"可能不是唯一的选择,可能另有其他的选择。

3.6.2 英语和朝鲜语中的可比现象

本文前面指出,在诸如(61)—(63)(为了便于对照,下面重抄为(91)—(93))一类朝鲜语例句中,相当于"砍""咬""画"等单及物动词都分别携带了两个有明确宾格标记的名词短语。

(91) Mary-ka　ku namwu-lul kaci-lul　cal-lass-ta
　　　玛丽—主格　那棵树—宾格　　枝子—宾格　砍
　　　"玛丽砍了那棵树的枝子。"

(92) Kay-ka haksayng-ul tali-lul mwul-ess-ta
　　　狗—主格　学生—宾格　　腿—宾格　咬
　　　"狗咬了学生的腿。"

(93) John-i　　Mary-lul elkwul-ul kuli-ess-ta
　　　约翰—主格　玛丽—宾格　脸—宾格　　画
　　　"约翰画玛丽的脸。"

在上列各例中,由于带宾格标记的两个名词有着清楚的外显标记,我们可以说它们在表层结构层面是两个相互独立的名词短语。但是,它们在深层结构层面其中一个名词短语很可能包含另外一个,因为[1]"咬"一类动词一般只有一个域内论元;[2]两个名词短语在语义上一般也有广义的"领有/隶属"关系〔Kang(1987),O'Grady(1991)〕;[3]第二个名词短语一般都是不定指的〔O'Grady(1991)〕。基于这些语言事实,我们认为那些句子中第一个带宾格格标的、表"领有"的名词短语原处于第二个名词短语中的定语位置,"领有名词移位"规则将这个名词移出去了。所涉及的语法过程跟本章讨论的汉语两种保留宾语句式中的名词移位大体一致。朝鲜语双宾格句式跟汉语潜及物动词句式和被动句式的最大不同是,后者的主语位置在深层结构层面是空置的,而前者的深层主语却被施事论旨角色占着。我们解释上列朝鲜语现象时有两个困惑:[1]领有名词的新位置是什么?是不是一个"只能指派格位但是不能指派论旨角色"的位置?[2]为什么一个普通单及物动词可以分别给两个名词短语指派宾格格位?

为了回答这些问题,我们有必要借 Larson(1988)有关双宾语的一些论断一臂之力。暂不计其技术细节,Larson 有一个重要论断:一个动词短语 VP 可以包含空动词 V(他形象地称为"VP 空壳",VP shell)和另外一个动词短语 VP。举例来说,根据 Larson 的理论。一个普通的英语双宾语句子(94)的深层结构应该是(95)。在从深层推导到表层的过程中,动词 send 移位至空动词 V 位置,Mary 同时上移。

(94) John sent Mary a letter.

(95)

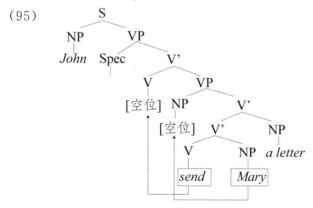

至于句子中两个宾语名词短语的格位指派，Larson 认为任何及物动词（不管是单及物动词还是双及物动词）都可以指派两个宾格格位，其中一个是结构宾格（structural accusative Case），另一个固有宾格（inherent accusative Case），而在双宾语句式中，这两个"格位"被扯开并指派给不同的名词短语了。(95)图中的 Mary 被指派的就是结构宾格，而 a letter 被指派的则是固有宾格。

如果这个论断成立，上述问题即可迎刃而解。如下图(96)所示，(91)一类句子从深层到表层的派生过程中有两个移位：一个是"动词移位"，另外一个"领有名词移位"。前者将动词 cal（砍）上移至空壳动词位置，后者将领有名词移至动词短语的标识成分位置（Spec position）。在生成语法的定义中，这个标识语位置正是可被指派格位而不能被指派论旨角色的位置，正好符合领有名词移位的对新位置所规定的条件。至于两个名词获得指派宾格格位的方式，我们认为表"领有"的第一名词是由上移的动词本身 cal（砍）指派宾格格位的，而表"隶属"的第二名词则是由上移动词留在原位置的动词语迹指派宾格格位。因此，朝鲜语最重要的特点是，它的动词语迹跟动词本身一样可以指派宾格格位。并不是任何语言都能做到这一点。

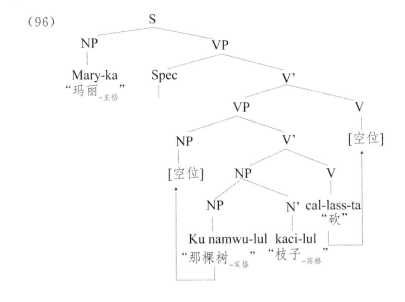

再看看英语的情况。首先,我们知道英语中没有类似汉语"张三死了父亲"和"张三被杀了父亲"一类表达式。这种潜及物动词和被动动词所带的宾语必须整个移至全句主语位置。比较:

A 式

[John's father]$_i$ died t$_i$

[The company's ship]$_i$ sunk t$_i$

[John's father]$_i$ was kill t$_i$

[The company's ship]$_i$ was destroyed t$_i$

B 式

* [John]$_i$ died t$_i$ father

* [The company]$_i$ sunk t$_i$ ship

* [John]$_i$ was killed t$_i$ father

* [The company]$_i$ was destroyed t$_i$ ship

此外,跟上面讨论的(91)—(93)那些带双宾格的朝鲜语句子相当的句子在英语中也是不合语法的。

(97) * Mary cut the tree branches

[意图:Mary cut the tree's branches]

(98) * The dog bit the student leg

[意图:The dog bit the student's leg]

我们认为这是因为英语既没有汉语的部分格格位,其单及物动词也不能像朝鲜语那样给两个以上的名词指派宾格格位。但是英语中却有下列这类句子。

(99) Somebody robbed John of his/the money.

(100) Somebody shot Bill in his/the back.

(101) The dog bit Mary on her/the leg.

(102) John caught Bill by his/the hand.

(103) Mary punched John in the/his nose.

(104) John was shot in the back.

这些句子的一些显著特点值得我们注意：

［1］表层宾语中的定语位置上不能出现跟主语不同指的名词（*John was shot in Bill's back）；

［2］这个位置出现代词时，该代词一定跟主语同指（*John was shot in her back）；

［3］这里动宾之间的语义关系也很特殊。"有人抢的"不是直接宾语"John"，而是他的"钱"；

［4］这些句子中的介宾短语不能像其他句子中的介宾短语那样可以比较自由地移至句首。比较：

（105）John was shot in the back
　　　⇸ *In the back John was shot
（106）John left Singapore on last Tuesday
　　　⟶ On last Tuesday, John left Singapore

在我们看来，这些特点处处显示这些句子的主语在深层结构中都是宾语的定语。从这个初始位置它们同样经由"领有名词移位"移至表层主语位置。移出之后它在原位置留下一个语迹，这个语迹不能被另外一个名词所取代，所以不能说*John was shot in Bill's back。但是这个语迹却可以用一个复现代词（resumptive pronoun）重写出来，该代词当然必须跟移出的领有名词同指。全句的主语本来应该位处宾语的定语位置，所以才会有那种特定的"领有/隶属"语义关系。这些句子中的介宾短语之所以不能像其他句子中的介宾短语那样可以比较自由地移至句首，是因为这个介宾短语（如in the back）本身包含一个语迹，这个介宾短语移至句首的话，其中的语迹就不能被适当约束了，违反了约束理论的A原则。（103）一类句子的深层形式及其推导过程应如下图（107）。

(107)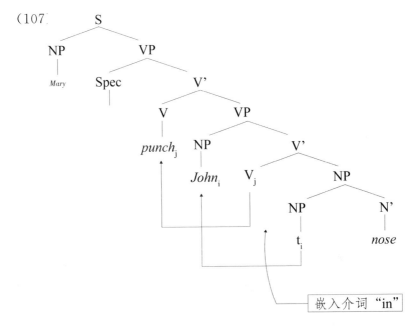

英语跟汉语不同的是，留在后面的隶属名词与动词之间另外嵌入了相应的介词。我们认为，这种"介词嵌入"代表了给保留宾语指派格位的另外一个选择。这些介词没有强烈的词汇意义，其作用就是给名词指派格位。就"保留宾语"的格位指派而言，英语跟汉语之间存在差别。理论上说，应该有独立的原因解释这种跨语言的差别。我们不拟在此深究这个原因，只想指出的是运用"介词嵌入"方式给不能从其他途径得到格位的名词指派格位在英语中是一种普遍采用的手段，远不限于上述"领有名词移位"后造成的保留宾语。如 Chomsky(1986)所论证的，下列(108)(109)句中的介词 of 就是为了给名词指派格位而嵌入的。

(108) I persuaded John of the importance of going to college.
(109) John is uncertain of the time.

总而言之，我们从上面的讨论可以得出这样一个结论：语法原则所规定的仅仅是所有的有形名词短语（亦即非空语类名词短语）必须获得适当的格位指派，但是普遍语法系统并没有给每一种具体的自然语言规定一个格位系统。每种语言的格位系统取决于个别语言的特有属性。我们认为自然语言中名词词形多样化的格标记所折射的就是这种理论上的可能性。语法原则(亦即"格位过滤器")要求名词短语被指派一个格位,至于指派什么格位,如何指派格位,则是因不同语言而异。真可谓"八仙过海,各显神通"!朝鲜语的办法直截了当,准予动词给两个或多个名词短语指派宾格;汉语的动词虽然不能像朝鲜语那样同时给多个名词指派宾格,但是它们在特定的句法条件除了指派宾格格位外,还可以指派部分格。英语的动词既不能给多个名词指派宾格,又不能指派部分格,只好额外嵌入一个语义上相容的介词来给留在原位的隶属名词指派格位。不同的派格方式当然要遵循相应的条件限制。

3.7 "遭受义"及其语法效应

如果相关条件能够得到满足,"领有名词移位"可以在任何汉语句式中运用,从而把表领有的名词从深层宾语中的定语位置移至主语位置。这个规则之所以能在被动句和带潜及物动词的句式中运用,而不能在带及物动词的主动句和普通不及物动词句中运用是因为前二者可以满足有关的条件,而后二者不能满足这些条件。这是我们的基本结论。这个结论的一个合理引申是,只要是被动句或带潜及物动词的句式就可以无例外地运用"领有名词移位"规则。但是,语言事实中好像有例外现象。在下列的例句中,(110)是个被动句,(111)中的"来"是个潜及物动词。将表领有的名词移走所造成的句式却不可接受,并就此跟语法结构完全平行的(112)(113)两个句子形成鲜明对比。

(110) *张三被批评了父亲

　　[意图:"(某人)批评了张三的父亲"]

(111) *张三来了父亲

　　[意图:"张三的父亲来了"]

(112) 张三被杀了父亲

(113) 张三死了父亲
(114) *张三伤害了父亲
　　　[意图:"(某人)伤害了张三的父亲"]
(115) *张三哭了父亲
　　　[意图:"张三的父亲哭了"]

被动句(110)和带潜及物动词的(111)分别跟(112)(113)完全平行,它们的主语位置在深层结构中也应该是空置的。表层主语(即表领有的名词"张三")在深层中应该位处复杂宾语的定语位置。就形式语法来说,"张三"完全可以通过"领有名词提升移位"从这个宾语的定语位置移至全句主语位置,而不违反任何语法条件。

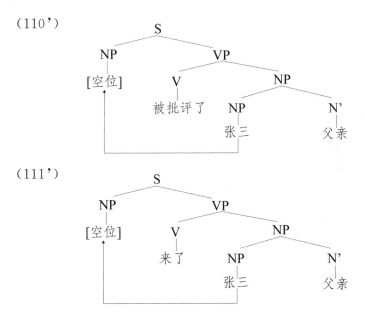

但是讲汉语普通话的人都知道这是两个非常别扭,难以接受的句子,是某种意义下的"病句",只是错误的性质跟明显地违反了语法条件的(114)(115)两例不同。(110)—(111)跟(112)—(113)之间的对立可能不是语法上"对"和"错"的问题。更为重要的是,上述语法对立不是偶然的个别现象,而是整齐的,成系统的类型差别。这一对立在下列可以接受的甲组例句和不可接受的乙组例句上有更为清晰的显现。

	甲	乙
被动句	张三被占了一处房子 张三被害死了母亲 张三被捆了一条腿	*张三被装修好了一处房子 *张三被责怪了母亲 *张三被治好了一条腿
潜及物动词句	李四死了父亲 李四倒了两排厂房 李四碎了两个杯子	*李四死了个恶邻居 *李四倒了一个死对头 *李四碎了一个胆结石

表面上看,(110)—(111)是我们的规则概括不了的例外,实际上不是。对比分析之后,我们发现(110)—(111)跟(112)—(113)之间(亦即上列表格甲乙两组句子之间)有一个重要不同:后两句中谓语所表达的有关事件("被杀了父亲"和"死了父亲")都使主语名词(即"张三")受到较大程度的影响,而且这种影响往往是不如意的、负面的,亦即所谓的"遭受"义(adversity)。前两句则没有这个特点。张三的父亲挨批评,受负面影响的是他父亲自己,难受的也是他父亲一个人,不太可能连累张三和家人。而张三的父亲被人杀了,却会负面地影响包括张三在内的家人。而大家知道,所谓的"遭受"义本质上不是一个语法特点,而是一种语用特点。现在需要弄清的是这个语用特点是如何影响了上列例句(110)—(111)的可接受性,以及这两个句子错误的性质。

我们认为,上列(110)(111)两句错误的性质跟(114)(115)两句错误的性质是根本不同的。本章前面已经证明,(114)(115)一类句式都是因为在违反相关语法条件下而进行"领有名词移位"而成为不可接受的语句。但是同样的条件却在(110)(111)中得到了满足。换句话说,硬性的语法条件不能有效地把(110)(111)一类我们不想要的句子排除出去。

不难看出,这两个句子的深层结构应该分别是"[空位]被批评了张三的父亲"和"[空位]来了张三的父亲"。在这个基础上,形式语法提供了两个选择:一个是将整个宾语前移到主语位置去,相应地推导出"张三的父亲被批评了"和"张三的父亲来了",其派生过程可图示如下。

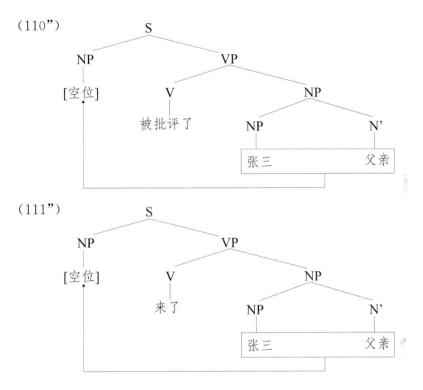

另一个则是仅将宾语的定语前移到主语位置,而把中心语保留在原动词后位置,相应地推导出"张三被批评了父亲"和"张三来了父亲",亦即上列例句(110)和(111)。但是这两个可能是否都能实现,哪一个能实现,则取决于非形式语法的语用或其他因素。比方说,"领有名词移位"理论上可以广泛运用于任何被动句和任何带潜及物动词的句式,但是它有一个语用上的使用条件,那就是整个事件必须给逻辑宾语的领有定语带来某种负面的、较大程度的影响,因此而有必要把这个领有定语跟它的中心语分离开来。我们可以把这个要求分离的"必要性"看作进行领有名词移位的"初始启动力量"。启动之后,语用因素也就完成了它的使命,名词移位也就进入了形式语法的轨道,按照形式语法指定的路线和条件运行,而跟初始的语用启动力量完全脱钩。因是之故,我们说(110)和(111)并没有违反形式语法规则,它们之所以不能接受是因为语用原因。其错误的性质跟"*张三被爱了"("某人爱张三")是完全一样的。就形式语法来说,只要是及物动词的宾语都可以通过"被动化"前移至主语位置。只不过在汉语中,"被动化"的实现另加了一个表"遭受"义的语用条件。同理,可以说"张三死了父亲"而不能说"*张三来了父亲",这是因为"死了父亲"这件事在某种意义下影响"张三",而"来了父亲"则没有这种影响。同理,"父亲被杀了",负面影响很大,"父亲被批评了",负面影响微不足道。概括起来,我们可以把几种相关句式及其错误性质归纳如下表。

		是否满足语用条件	是否满足语法条件
甲组	张三死了父亲 张三被杀了父亲	是	是
乙组	*张三来了父亲 [意图"张三的父亲来了"] *张三被批评了父亲 [意图"(某人)批评了张三的父亲"]	否	是
丙组	*张三哭了父亲 [意图"张三的父亲哭了"] *张三伤害了父亲 [意图"(某人)伤害了张三的父亲"]	是	否

但是,这一规则似乎存在例外现象。我们虽然不能说"*张三来了父亲",但是却可以说"张三来了好几个客人""张三来一大帮亲戚"。我们认为,这其实不是例外。这是因为后者的意思是"张三家来了好几个客人",也就是说后句中"张三"的后面省略了或者隐含着一个"家"字。"张三死了父亲"中的"张三"是个表领有的名词。根据本文的分析,它是从深层结构中宾语的定语位置("死了

张三的父亲")移到表层主语位置上去的。而"张三(家)来了好几个客人"中的"张三(家)"性质完全不同,是一个表处所的名词。处所名词"张三(家)"本来就在表层主语位置上,没有移位,跟本文讨论的"领有名词移位"无关。所以说"张三(家)来了好几个客人"没有违反任何语法条件,自然可以接受。但是"*张三来了父亲"就不同了,这里"张三"的后面不可能省略个"家"字,因为人们的常识是张三总是应该跟自己的父亲住在一起,说"*张三家来了父亲"不合常理。这些事实意味着,一方面"*张三来了父亲"中的"张三"因为后面没有隐含一个"家"字,所以不可能是本来就在主语位置的处所名词,而只能是领有名词,只能是从动词后的定语位置移去的,另一方面这句话却因为没有包含"遭受"意义而缺少必不可少的"启动"移位的力量,不能合法地执行移位。这是一个无法克服的矛盾,其结果必然造成"*张三来了父亲"一类句子不可接受。

支持这一分析的另外一个有力旁证是,"张三被批评了父亲"一类句子完全不能成立,这是因为这里"张三"一定是从后面移去的,不可能是本来就在主语位置,被动句的表层主语总是深层宾语。因此,这种句子中"张三"后面不可能补出一个"家"字。"*张三家被批评了父亲"是一个非常荒唐的句子。

需要特别指出的是上述分析模式包含一个重要的语法观念:即把"合语法的句子"(grammatical sentence)和"可接受的句子"(acceptable sentence)区别开来。这跟传统做法有所不同。人们传统上自觉或不自觉地在"合语法性"和"可接受性"之间画等号:如果说某一语句合乎语法,那意思就是这句话对以该语言为母语的人来说可以接受,反之亦然。但是,我们认为应该把二者区别开来。当我们说某句话不可接受,那是因为多数人都觉得这句话听起来怪异,怪异到了无法接受的程度。说它不可接受是大家的语感事实。但是说某句话合不合语法,那就不是个语感问题,而是一种理论推导的逻辑结果。"合语法的句子"指的是,而且仅仅是那些可从一种合理的语法规则系统推导出来的句子,指的是这些句子没有违反形式语法的任何规则。而这个形式规则系统是对一般而非特殊,大量而非个别的语言事实的归纳和总结。一个句子可不可接受取决于多重因素。除了形式语法的硬性规则外,还有语用得体因素、感知心理因素、记忆限度等方方面面的限制,甚至是说话人因个人生活际遇不同而异的偶然因素。一个完全合乎语法的句子事实上不可接受在任何语言中都不是个别现象。比方说,因为理论上句法结构可以无限递归〔或曰"套叠",详见陆俭明(1990)〕,所以对形式语法来说,一个句子可以有无限多个宾语,无限多个主语,无限多个定语,无限多个状语,无限多个补语,等等。但这种层层套叠的句法结构"在实际的言语交谈中是很少会这样说的"。不说的原因并不是它们不合语法,而是它们不可接受。这里就看一个例子(116)。

(116) *我哥哥的朋友的爱人的弟弟的老师的母亲的帽子丢了。

根据上述原则,这是一个不可接受但是合乎语法的语句。说它合乎语法,是因为根据"定中结构"的递归特点可以轻而易举地把它推导出来,它没有违反任何一条我们说得出的语法规则。说它不可接受,是因为它太长了,定语太多了。多到了几乎无法理解,并且极不自然的地步。但是句子太长和定语太多并不是形式语法的问题。任何形式语法都没有,也不可能规定句子的具体长度和定语的具体数量。

我们上述意见的理论背景是现代语言分析思潮中方兴未艾的模组观念。模组观念(modularity)有多种不同的表现形式,其中最为大家所熟悉的应该是当代生成语法学中把一部语法规则系统分解为"管制理论""约束理论""格位理论""论旨角色理论"等几个子系统。(暂称"小模组")而不太为大家所注意的,但是却同样重要的另一种模组理论则为包括生成语法学在内的多种形式语法理论所信从。(暂称"大模组")后者认为表面上复杂的自然语言现象实际是来自几个相对简单的,独立自主的模块系统相互作用所造成的结果。〔参 Anderson(1981)和 Newmeyer(1983)〕"形式语法系统"是诸多模块之一,跟它同时并存,相对独立,相互作用的模块还有"心理理解规则系统""生理规则系统""言谈原则系统""学习和构建概念的规则系统"等。"大模组"理论跟传统的语法思想大不相同。传统语法有意或无意地用语法规则去解释和概括全部语言现象,它一站式地、不分层次地分析各种语言现象(one-stop approach)。而在"大模组"理论看来,我们不能要求"形式语法"对五花八门的各种"病句",各种不能自然接受的句子负责。"形式语法"仅仅是治疗各种病句的那个语言规则综合大医院里的一个"科室",有自己特定的专业范围,不是无所不能的"多面手"。我们应该让"形式语法"的功能专业化、单纯化。句子的"合语法性"(grammaticality)和"可接受性"(acceptability)是可以而且应该区别开来的。"合语法"是个理论问题,跟说话人的语感判断没有直接关系。说一个句子合乎语法指的是它可以从语法规则系统推导出来,没有违反任何语法条件。而"可接受"则是说话人对句子对错好坏的语感判断。这是两个内涵完全不同的概念。就外延来说,"合语法的句子"和"可接受的句子"交叉而不重合。一个不可接受的句子可以完全符合相关的语法条件而合乎语法,反之亦然。"合语法的句子"和"可接受的句子"不同的配搭组合可以形成四种不同的句类。

句类	性质		例句
	合语法	可接受	
A	是	否	张三的父亲的同学的弟弟的外甥的姨妈的邻居去世了
B	是	是	张三昨天开车来的
C	否	是	张三是早上八点的火车(比较"张三是学生")
D	否	否	来昨天的开车张三

如果用这个理论模式去套前面讨论的语言现象,我们则可以得到如下新的句子分类。

句类	性质		例句
	合语法	可接受	
A	是	否	张三被批评了父亲 张三来了父亲
B	是	是	张三被杀了父亲 张三死了父亲
C	否	是	（未见跟本章主题有关的不合语法，但可以接受的熟语性用法）
D	否	否	张三伤害了父亲［意图：（某人）伤害了张三的父亲］ 张三哭了父亲［意图：张三的父亲哭了］

3.8 结束语

本章的分析是建立在以"语法原则"为本位的理论模式基础上的。这里的"语法原则"本位跟传统的理论模式不同，前者认为"被动句""把字句""连动式"等所谓的"句法结构"没有独立的语法地位，它们不过是一些超结构的"语法原则"跟有限的词汇和词法特征相互作用所造成的结果。是语法原则实例化所带来的现象，而不是真正的语法原则本身。语法分析的根本目的就在于透过芜杂的语言现象，归纳出相对简单的语法原则，并解释它们是如何跟词汇和词法特征相互作用，从而派生出各种各样表面看来非常复杂的语法现象的。

我们采用这一分析思路重新考察了跟"领主属宾句"和"带保留宾语的被动句"相关的句法问题。结果发现两式的根本属性仅仅是在语用上要求特别强调领有名词，语法中含有潜及物动词和被动动词。潜及物动词先天性的特点是可以指派"受事"论旨角色，但是不能指派语法"宾格"。另一方面，以"被"为代表的被动成分会吸纳被动动词指派"宾格"的能力。所有这些都是在进入形式语法的运行轨道之前的词汇库中规定好了的"词汇特点"。我们正文中所罗列的种种特点实际上并不是这两种句式的真正"形式语法"特点,而是上述些许"词汇特点"跟那些不是专门为它们而设,但却对它们适用的"语法原则"(如移位的"邻接原则""格位过滤原则""论旨角色准则"和"约束原则"等)相互作用所造成的现象。我们的语法分析固然要归纳所谓的"句法格式"的"特点",但最终要寻求的却是造成这些"特点"的背后原因,最终要达到的目标是合理地解释这些"特点",并在解释之后把它们从形式语法的规则系统中完全彻底地分离出去。清理与净化之后的形式语法核心运算系统所保留的仅仅是那些凌驾于具体句法结构的,甚至是凌驾于具体语言的"语法原则"。这些语法原则的特点是:简单、明晰、有限!

第四章 约束原则与双宾语句式

4.1 引言

　　语法规则是对一定量的语法事实的分析和归纳。反过来,得到验证后的这些语法规则又可以帮助我们解释那些不太容易分析的复杂语法事实,更好地认识这些事实。本章拟援用作为当代生成语法理论一个重要组成部分的"约束原则"对汉语中"打碎了他四个杯子"一类结构的性质,尤其是其中"他"的语法地位进行分析,想说明的就是这个道理。

4.2 "打碎了他四个杯子"与其中"他"的性质

　　汉语中有一类表面上看似简单但实际上并不容易分析的句法格式。先看例子:

(1) 张先生打碎了他四个杯子。
(2) 李小姐喝了她两杯饮料。
(3) 张先生吃了他三个苹果。
(4) 李小姐骗了她三百块钱。
(5) 张先生耽误了他五天时间。
(6) 李小姐占了她一个上午。

　　在描写层面上,这类句式的共同特点是让并不常带双宾语的述语动词后面带了两个名词性成分:前一个指人,后一个指物。在述语动词所代表的动作执行之前,这两者之间语义上有领属关系。动作完成以后,原领属关系消失,指物名词所代表的事物或者转移到主语所代表的人手中,或者被动作消耗掉。其他方面并没有显著的特点。这类句法格式之所以不易分析,主要是因为动词后面"指人"和"指物"的两个名词性成分,尤其是"指人"名词性成分〔如(1)"张先生打碎了他四个杯子"中的"他"〕在该类句式中的功能和性质难以判定。它既像是指物名词性成分〔如(1)中的"四个杯子"〕的定语〔即下列图(7)〕,又像是动词"打碎"带的两个宾语中的一个,整个句式是广义的双宾语句式下的某个次类〔即下列图(8)〕。

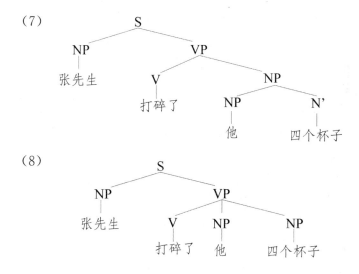

把"他"判为定语,道理不难理解:

1. "他"跟"四个杯子"之间有语义上的领属关系,而这正是名词性定语跟名词性中心语之间典型的语义关系。

2. "他"用在"四个杯子"之前,两者的位序不能颠倒,这正好符合汉语语法中"定语 + 中心语"的基本语序。

3. 这里的述语动词一般只带一个宾语,不能带两个宾语。

4. "他"和"四个杯子"之间虽然没有使用定语的明确形式标记"的"字,但是在多数情况下我们可以自然地补出这个"的"。况且补出"的"字后,如果暂不论原句跟新句结构上有无差别,我们至少看不出语义上有太大的不同。比较:

（1'）张先生打碎了他的四个杯子。
（2'）李小姐喝了她的两杯饮料。
（3'）张先生吃了他的三个苹果。
（4'）李小姐骗了她的三百块钱。
（5'）张先生耽误了他的五天时间。
（6'）李小姐占了她的一个上午。

说"他"是双宾语句式中的其中一个宾语，理由似乎也很充足：

1. 虽然原则上名词性定语和名词性中心语之间不一定有"的"字，但是有"的"字是常规形式，无"的"受条件限制。如可以说"我妈妈（＝我的妈妈）"，但是不能说"我房子（＝我的房子）"。而有关条件规定，上列句子中动词后两个名词性成分如果是"定语＋中心语"关系的话，其间的"的"字一般是不能省略的。这等于说"张先生打碎了他四个杯子"不是省略掉那个可有可无的"的"字，从"张先生打碎了他的四个杯子"派生出来的。二者表面相似，实际上是不同的结构。后者中的"他"是定语，前者的"他"大概不是定语。

2. 正如陆俭明先生（1997）所指出的，这种句式中动词的前面可以使用"只""总共"和"一共"等一些语义上可以或者只能指向数量成分的副词，陆文原例如下。

（9）只吃（了）他三个苹果。
（10）总共吃（了）他三个苹果。
（11）一共吃（了）他三个苹果。

重要的是这些副词所指向的数量成分只能直接处于宾语位置〔如上列例(9)—(11)〕或者直接受它们修饰（如"只三个""总共三个"），而不允许下列（12）—（14）这种数量成分前面有限制性或者领属性定语的句子。这说明"他"虽然处在"三个苹果"的前面，但是不是它的定语，而是独立于"三个苹果"之外的另一个宾语。

（12）＊只吃（了）他的三个苹果。
（13）＊总共吃（了）他的三个苹果。
（14）＊一共吃（了）他的三个苹果。

3. 如果"他四个杯子"整个是个名词性短语作宾语的话,那它应该可以通过"被动化"作为一个整体移至主语位置(如:"张先生打碎了他的四个杯子→他的四个杯子被张先生打碎了")。但是,事实并非如此。如果不像下列(15d)那样嵌入"的"字(我们知道一"的"之差可以造成不同的结构),"他四个杯子"恰好不能整个移至句首主语位置,要移动的话,只能像其他双宾语句式〔如下列(15a)〕那样把这两个名词性成分分开移动。亦即将"他"移至主语位置,让"四个杯子"保留在原动词后位置〔如(15b)〕。这也说明"他"是"四个杯子"之外独立的名词性成分,不是定语,是宾语。

(1) 张先生打碎了他四个杯子。
(15) a. 他被送了一本书。
　　　b. 他被张先生打碎了四个杯子。
　　　c. *他四个杯子被张先生打碎了。
　　　d. 他的四个杯子被张先生打碎了。

4. 这里指物的名词性成分前面可以出现"整整""满满""不多不少"等词语,而这些词语(应该分析为定语)一般只能出现在名词短语的起始位置,不能夹在另外一个定语和中心语之间。它们前面一般是封闭的,不能再出现其他定语。如果它们前面出现什么句法成分,那些成分不可能是定语,应该是宾语。双宾语句式中第二个宾语前面就可以出现这种成分,如"张先生给他整整三百块钱"。

(1″) 张先生打碎他不多不少四个杯子。
(2″) 李小姐喝了她满满两杯饮料。
(3″) 张先生吃了他整整三个苹果。
(4″) 李小姐骗了她整整三百块钱。
(5″) 张先生耽误了他整整五天时间。
(6″) 李小姐占了她整整一个上午。

更有意思的是,如果有"整整"的话,就绝对不能在"他"后再补出定语标记"的"字了。(16)和(17)就非常不自然。

（16）＊张先生打碎了他的不多不少四个杯子。

（17）＊李小姐骗了她的整整三百块钱。

  总而言之，这两种不相容的分析方法似乎都有一定的道理，同时也都有一定的问题。支持其中一种分析方法的理由同时也就是另一种分析方法要面对的问题。指人名词性成分"他"既像是定语，又像是宾语。但是我们知道某个句法成分，要么是定语，要么是宾语，不可能既是定语，又是宾语。然而，就现有的分析手段来看，我们还真的不知道如何对付这类不应该这么复杂的"复杂"句式，还真的不知道该如何作出取舍。本章要说明的是，现代生成语法理论，尤其是其中的"约束理论"可以帮助我们解决这个问题。我们下面就来看看什么是"约束理论"以及它能否和如何帮助我们解决问题。

4.3 "约束理论"及其三原则

  同一语句中的不同名词短语在语义上有些指称同样的内容（即"同指"），有些指称不同的内容（"异指"）。研究结果显示，同一语句中的两个名词短语能否同指，或者是否必须同指主要取决于句法形式方面的条件制约，其中主要是这两个名词短语在有关句子中相对语法地位的高低。"张先生责怪他"中的"张先生"和"他"不能同指，而"张先生责怪他弟弟"中的"张先生"和"他"则可以同指，那显然是因为相对于主语"张先生"而言，"他"在前句中是个宾语，而在后句中是定语。"约束理论"常常说，某名词短语 X 受另一个名词短语 Y 的约束（X is bound to Y），那意思是说 X 没有独立的语义所指，X 的语义所指取决于 Y 的语义所指。X 和 Y 有同指关系。

  就其本质而言，所谓的"约束理论"就是对上述这类同一语句中不同名词短语之间语义所指异同关系及相关条件限制的理论概括。它是现代生成语法学的一个非常重要的组成部分。所谓的"管辖与约束理论"（"管约论"）中的"约束"指的就是这个。根据在语义所指异同关系方面一致或对立的不同特点,约束理论认为名词短语以及相当于名词短语的成分(如代名词)应该分为如下三类。

(18) 三类名词性成分:
1. 回指成分。例如:
   我自己,他自己,我们自己……
2. 指代成分(pronominal)。例如:
   你,我,他,你们,他们……
3. 指称成分(referential expression)。例如:
   张先生,李小姐,中国,刘师傅的儿子,我们昨天碰见的那几个家伙……

且不说什么"约束理论",仅就这三类名词性成分的表面指称性质来说,我们就不难看出它们各有自己的特点。如"回指成分"完全没有独立的语义所指,句子主语指称什么,它就跟着指称什么。与此相反,指称成分在语义指称上完全独立,不依附其他任何成分。介于两个极端之间,指代成分在语义指称上既可依附同句中某个成分,也可以有自己独立的指称内容。如"张先生说他不来"中的"他"既可指"张先生",也可以指其他人。"约束理论"的最大意义在于它在这些看似简单的事实基础上,归纳出三个分别相应于这三类名词性成分的规则,亦即生成语法学中著名的"A,B和C三个约束原则"(binding principles A, B and C)〔详见Chomsky(1981)等〕。

(19) 三个约束原则:
A原则:回指成分在它的管辖范围内必须受到约束。
B原则:指代成分在它的管辖范围内必须自由(即不受约束)。
C原则:指称成分在整个句子中都必须自由。

这里有些概念需要一些基本的定义。现代生成语法理论中的定义技术性很强,也可以说相当烦琐。限于篇幅和本章的主要目的,我们不想让这些技术性而非实质性的东西过多占用篇幅。举其要者，我们这里仅就无法回避的"约束"和"管辖范围"(后者俗称"约束域"(binding domain))两个概念，简略定义如下。

(20) 约束(binding)
  (a) 如果某名词性成分 X 跟另一个 C 式统制 X 的名词性成分 Y 同指，那么 X 就受 Y 的约束。否则，X 则自由。
  (b) 如果 X 的第一个上位分节点支配(dominate)Y，而且 X 跟 Y 不互相控制，那么 X 则 C 式统制 Y。

(21) 管辖范围 (governing category)
  如果 Z 是一个包含 X 和 X 的管辖者(＝时体屈折形式，介词或动词)的最小的名词短语 NP 或小句 S，那么 Z 则是 X 的管辖范围。

"约束理论三原则"可以清楚地解释下列各例中坏的句子为什么坏，好的句子为什么好。例句中的有关名词性成分都被赋予一定的"指号"，亦即 i 或者 j。如果指号相同(即都是 i)，那意思是假定两个名词性成分所指相同，指号不同(一个 i，另一个 j)的意思是两个名词性成分的所指不同。给有关句子加星号＊，说它们不可接受，意思并不是说这些句子完全不能说，而是说在既定的句法条件下，被要求同指的两个名词性成分是不能同指的，而被要求异指的两个名词性成分却是必须同指的。换句话说，加星号＊的意思是我们给有关句子中名词性成分加的指号 i 和 j 不可接受。必须加一个同指号 i 时我们却加了两个异指号 i 和 j，而该加异指号时却又加了同指号。语法理论要解释的正是为什么不能加这样的指号。

(22) ＊[$_{管辖范围}$ 张先生$_i$ 责怪他自己$_j$]。
(23) ＊[$_{管辖范围}$ 张先生$_i$ 责怪他$_i$]。
(24) ＊他$_i$ 记得[$_{管辖范围}$ 李小姐责怪过张先生$_i$]。
(25) 张先生$_i$ 责怪[$_{管辖范围}$ 他$_i$ 的弟弟]。

例句(22)不可接受，这是因为句中的两个名词性成分"张先生"和"他自己"必须同指却被加了不同的指号 i 和 j。它们如果像两个不同指号 i 和 j 规定的那样指称不同的人,句子就违反了约束理论的 A 原则。A 原则规定"回指成分在它的管辖范围内必须受到约束",而这里的回指成分"他自己"如果不跟"张先生"同指的话就不能满足"约束"的定义。与此相反,(23)带上 * 则是因为违反了 B 原则。作为一个指代成分,(23)中的"他"是不能跟主语"张先生"同指的,因为 B 原则说"指代成分在它的管辖范围内必须自由(即不受约束)"。这里主语"张先生"已在句法形式上 C 式统制"他",要是再跟它语义同指,那就正好违反了 B 原则。(24)违反了 C 原则。C 原则说指称成分仅在自己的管辖范围中自由还不够,它"在整个句子中都必须自由"。但是(24)中的"张先生"跟全句主语"他"同指,又受它的 C 式统制,违反了这条原则。

四个例句中唯一合法的是(25)。(25)跟不合法的(23)虽然都有指代成分"他",但是(23)中的"他"是个宾语,它的管辖范围(即包含它的最小名词短语 NP 或小句 S)是整个句子,而(25)中的"他"因为是个定语,包含它的最小名词短语 NP 或小句不是全句,而是宾语"他的弟弟"。在这个较小的管辖范围里,"他"是自由的,是符合 B 原则要求的,是合法的。总之,(23)跟(25)的不同在于"他"的管辖范围的不同,而管辖范围的不同又是因为它们在各自句子中语法地位的不同。所以说,上列各例的是是非非都可以通过援用"约束理论三原则"而获得清晰合理的解释。

(23')

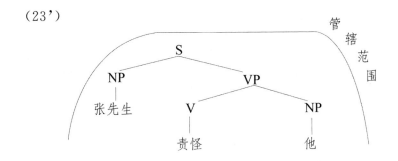

(25')

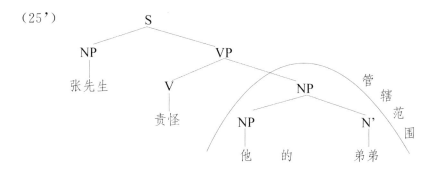

4.4 "他"是宾语,不是定语

约束理论及其三原则是在大量语言事实基础上总结出来的普遍规律,它已经得到了诸多语言的验证,颇为可信。我们可以运用它来分析那些不太容易分析的有关语法现象。这种"运用"可以体现为两种方式:其一是在既定的句法条件下,运用约束理论来考察和解释同一语句中不同名词性成分所可能具有的语义同指关系;其二是在已知的语义条件下,根据有关名词性成分的语义同指或异指的语言事实,运用约束理论反推句法结构关系,准确地把握句法关系。本节想说明的是,约束理论为我们解决本章提出的问题提供了一个新的思考角度和明晰可靠的判断方法。运用这个理论,尤其是在第二种意义下运用这个理论,我们可以确定"他"在"打碎了他四个杯子"一类句子中的语法地位。先看语言事实。

(26) 张先生ᵢ打碎了他ᵢ四个杯子。
(27) 李小姐ᵢ喝了她ᵢ两杯饮料。
(28) 张先生ᵢ吃了他ᵢ三个苹果。
(29) 李小姐ᵢ骗了她ᵢ三百块钱。
(30) 张先生ᵢ耽误了他ᵢ五天时间。
(31) 李小姐ᵢ占了她ᵢ一个上午。
(32) 张先生ᵢ送他ᵢ一本书。
(33) 张先生ᵢ责怪他ᵢ的弟弟。

根据这个方法,我们可以判定上列(26)—(31)各例跟(32)平行,都是某种双宾语句式,其中的"他"是宾语,不是定语。这是因为(26)—(31)中的"他"跟典型双宾语句式(32)中相应的"他"一样,不能跟主语同指。而典型的"定语 + 中心语"结构中的"定语"是完全可以跟主语同指的〔如例(33)〕。具体说来,根据约束理论,指代成分"他"不能跟主语同指这一语感事实说明,"他"的管辖范围是整个句子"张先生打碎了他四个杯子",而不是"他四个杯子",说明"他"是动词"打碎"直接带的宾语,而不是"四个杯子"的定语。所以,(26)一类句子应该分析为(34),而不应该分析为(35)。

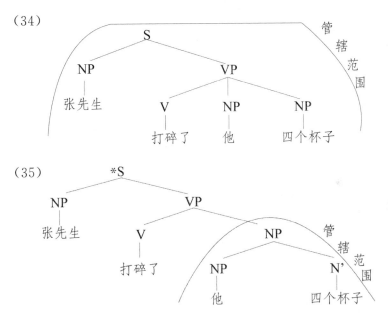

有一点值得特别注意,我们上述有关"他"是宾语的论断是建立在这个"他"不能跟全句主语"张先生"同指这个关键事实基础上的。也许有人会说,"他"不能跟"张先生"指称同一个人,大概是这种句子的动词的词义造成的,跟句法结构无关,跟"他"是宾语还是定语无关。有的语言现象似乎还支持这种看法。就拿我们举过的一个例子来说,"李小姐骗了她三百块钱"中的"她"当然不可能指"李小姐"本人,因为李小姐不可能"骗"她自己。这种说法表面上有道理,其实不然。我们可以把有关例子中的指代成分"他/她"都换成相对的回指成分"他自己/她自己"。结果,除了带"骗"字的句子外,这些句子中的名词性成分都可以而且必须回指主语。带"骗"的(39)倒是确实因为不合语用"情理"(而不是语法原因)而不可接受。但那种语用"情理"当然跟我们的语法论断无关。

(36) 张先生ᵢ打碎了他自己ᵢ四个杯子。
(37) 李小姐ᵢ喝了她自己ᵢ两杯饮料。
(38) 张先生ᵢ吃了他自己ᵢ三个苹果。
(39) *李小姐ᵢ骗了她自己ᵢ三百块钱。
(40) 张先生ᵢ耽误了他自己ᵢ五天时间。
(41) 李小姐ᵢ占了她自己ᵢ一个上午。

上述有关"他"是宾语,不是定语的论断等于在两种可能的分析方法中做出了取舍。这样一来,本章4.2节中列举的那些支持把"他"分析为宾语的论据自然成了支持这一论断的事实根据,其中包括:1."他"和"四个杯子"之间没有定语标记"的"字;2.这种句式中动词的前面可以使用"只""总共"和"一共"等一些语义上指向数量成分的副词,而如果"他"是定语的话,是不能在这个位置使用这种副词的;3."他四个杯子"不能像典型的"定语＋中心语"结构那样整个移至句首主语位置。要移动的话,只能像其他双宾语句式那样把这两个名词性成分分开移动;4.指物名词性成分前面可以出现"整整""满满""不多不少"等一般只能出现在一个名词短语起始位置的词语。

与此同时,那些支持把"他"分析为定语的现象则成了反论据,需要我们给出合理的解释。我们能够解释这些现象:

1."他"跟"四个杯子"之间有"定语＋中心语"中常见的语义领属关系。我们的解释是,语义上的领属关系虽然常常体现为语法中的"定语＋中心语"关系,但是也可以体现为其他语法关系,甚至可以表达为"主语＋……＋宾语"关系,如"王冕七岁上死了父亲"(详见本书第三章讨论的相关现象)。

2. "他"用在"四个杯子"之前,符合汉语语法中"定语 ＋ 中心语"的基本语序。我们的回答是,指人间接宾语在前,指物的直接宾语在后,二者的位序不能颠倒。这也符合汉语双宾语句式中"指人宾语 ＋ 指物宾语"的语序常规。

3. 这里的述语动词一般只带一个宾语,是单及物动词,不是双宾语句式中常用的双及物动词。我们可以说,常常只带一个宾语的单及物动词有时在特殊的句法条件下可以临时携带两个宾语。更为重要的是,从根本上说,决定某语法单位地位的是整个句子的格局及其组成成分的语法关系,而不是其中某个词的特征。

4. "张先生打碎了他四个杯子"中的"他"和"四个杯子"之间在多数情况下可以自然地补出个"的"字。我们的回答是,这里用不用"的"字,语义上虽然差别很小,但语法上已经面目全非。"张先生打碎了他四个杯子"不是省略掉那个似乎无足轻重的"的"字,从"张先生打碎了他的四个杯子"派生出来的。二者表面相似,实际上是不同的句法结构。前者中的"他"是宾语,后者中的"他"是定语。此外,不同的句法结构可以表达相同或相近的意义内容是语言分析的常识。

4.5 结束语

"约束理论及其三原则"是在大量语言事实基础上概括提取出来的普遍法则,是对人类自然语言深层机理和通则相关方面形式化的归纳。本章的分析说明,作为跨越具体语言、超越具体结构的普遍法则,"约束理论及其三原则"为我们分析汉语中"张先生打碎了他四个杯子"一类复杂语法现象提供了一个清晰可靠的分析方法和判断标准。我们的结论是,这类句式是一种双宾语句式,其中的代词"他"是指人间接宾语,跟"张先生送他四个杯子",语义相反,结构平行。

但是,有一个问题。比较之后,我们发现"张先生打碎了他四个杯子"一类句子跟其他双宾语句式有一个很大的不同:间接宾语

"他"不能独自在动词后位置站住,我们不能说"*四个杯子张先生打碎了他",很多双宾语句式中相应的成分是可以单独在动词后位置站住的,如"这两个问题我问他"(我问他这两个问题)和"那本书我给他了"(我给他了那本书)。我们认为这是广义双宾语句式之下的次类对立,说明不同小类的双宾语句式可以有自己的特点。这种"大同"之下的"小异"不应该影响我们把它们归纳为一个大句类。对语法理论来说,某句法成分是不是宾语取决于是否跟动词短语 VP 有"母—女"关系并且跟动词 V 有"姐妹"关系(如下图(42)所示),以满足现代语法学对宾语的这一结构(而不是语义)定义,而跟是否能单独在动词后站住并没有必然的因果关系。况且所谓的"双宾语句式"本来就有内部次类的对立〔详见马庆株(1983),李临定(1984),李宇明(1996b),张伯江(1999)〕。在指人名词可以单独在动词后面站住这一点上"我问他这两个问题"和"我给他了那本书"之间相似,但它们也有其他方面的不同。但是,尽管如此,它们都是"双宾语句式",而不是别的什么句式,其中的"他"都是"宾语",而不是别的什么句法成分。

(42)

第五章 主语、多主语、空主语

5.1 引言

汉语语法学中有一系列问题都跟"主语"有关：主语、主格、多主语、空主语、话题等等。在这些方面，汉语及其同类语言还表现出不同于其他语言的鲜明类型对立。围绕这些问题，学者们进行过许多有益的探讨与研究，留下了极为丰富的文献资料。

本章在许多重要研究工作的基础上，把主语问题及周边相关现象跟句子的中心成分挂钩，重新梳理汉语中一系列有关主语的语法现象，重新解释汉语跟其他语言在这些方面的类型对立。

5.2 主语

语法学中大概找不出一个概念比"主语"(subject)使用频率更高，看法上的分歧更大的了。大到主语的定义，小到一个具体语法成分算不算主语都可以引起无穷无尽的争论，中外皆然〔石毓智(2000)〕。汉语由于没有系统的形态标记，主语问题尤其复杂。我国学者常常从功能的角度给主语定义，"主语是说话人所要陈述的对象"。这种定义貌似公允稳妥，无懈可击，但是解决不了多少问题。

Keenan(1976)根据对世界各种语言的广泛调查，详尽地概括了主语所具有的典型语法、语义和篇章特征。在总结包括 Keenan(1976)在内的各种文献的基础上，Trask(1993)对"主语"特点做了如下概括。

主语——句中名词短语可能有的最显著的语法关系，具

有易于被确认的特点。主语具有各种各样的语法、语义和篇章特性,主要包括下列特点:

1. 主语代表的是独立存在的实体。
2. 主语制约句中的同指,包括代词、反身代词和零形回指词。
3. 主语跟谓语动词之间的呼应关系。
4. 主语是无标记结构的话题。
5. 主语可以用疑问代词提问,也可以被焦点化。
6. 主语通常缺乏形态标记。
7. 主语通常是无标记的施事。

上列七条,显然是从不同角度看主语的一个大杂烩。从纯语法的角度来看,在主语的诸多特点中,我们认为主语的根本性的特征只能是语法结构特征。从抽象的语法结构来看,任何一种语法成分都处于两种关系中,都可以用这两种关系来定义——跟上位语法成分具有上下位性质的"母女关系",跟前后左右平等的语法成分有"姐妹关系"。就此而言,所谓的"主语"指的是跟句子 S 有母女关系,跟描述性成分(VP,AP 等)有姐妹关系的语法成分。

(1)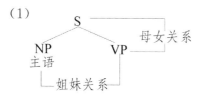

5.3 主格

人们常常自觉或不自觉把"主格"(nominative Case)跟"主语"作为两个同义术语交替使用。事实上,这两个概念指称对象的外延也确实基本重合。但是,这却是两个性质不同的概念,二者的内涵并不一样,定义的角度完全不同。如前文所述,"主语"是一个相对于谓语的句法成分概念,跟"谓语""宾语""定语""状语"和"补语"等其他句法成分在同一种意义下平等并列；而"主格"作为句法格位指派的对象(Case assignee)跟相应的指派者(Case assigner)对应，跟"宾格""所有格""部分格"等在同一种意义下平等并列。简而言之，"主语"是一种句法结构成分，而"主格"是名词短语的格位特征。句法成分的"主语"和格位系统的"主格"外延所指基本相同，充任主语的名词短语都被指派一个主格格位。因此，在了解它们内涵和定义有所不同的前提下，我们也可以把二者合在一起讨论。

本章上一节已经从功能和结构两个不同角度对"主语"进行了不同的诠释和定义。这里我们打算谈谈主格格位的指派的性质和过程，汉语主格名词的特点及相关的语法现象和语法原则。让我们从格位理论本身说起。

5.3.1 格位理论与格位指派

"格位理论"是模组化了的生成语法理论系统多个模块之一，也是多个模块中研究成果最丰富，理论概括最成熟的两个模块之一(另一个较成熟的模块是约束理论)。有关"格"(case)的概念在语言学史有不同的含义。较早的传统语法所谓的"格"主要指的是"主格""宾格"等类的词的形态变化，是"词形格"。晚近的"格语法"(case grammar)说的是"施事""受事"这类语义关系，可以说是"语义格"。现代生成语法理论中的"格"是一种纯粹的句法概念。就其本质而言，它是对名词短语所能出现的句法位置的形式化归纳与描述，是"句法格""抽象格"。生成语法学家为了让他们重新定义的"格"跟传统语法中的词汇格和格语法的"格"相区别，特别用大写的英语"Case"表示。

大写的"句法格"跟"语义格"和"词形格"都没有必然关联。语义格所描述的语义职能在生成语法理论被归纳为"论元结构""论旨职能"理论下面。词形格是一种词形变化，因语言而异。有的语言有丰富的词形格(如俄语)，有的则基本没有词形格(如汉语)。生成语法讲的"句法格"是普遍存在的句法概念。合法存在的名词短语都有属于自己的"格"。"格"是实用语句中的名词短语的一种形式特征。这种特征在某些语言中通过词形变化表现,有的没有通过词形变化表现出来。重要的是,不管是否通过词汇手段表现出来,格都是客观存在的。句法格的存在并不依存于词形格。汉语没有"词形格",但是有"句法格"。

我国学者最近倾向用"格位"来翻译生成语法中的"Case"。我们认为这是非常贴切而且传神的,因为从根本上说,格位理论是对名词短语能够占据的一套位置的规定和解释。看下列例句〔参 Chomsky(1986)等〕。

(2) for John to be the winner is unlikely
(3) I'd prefer for John to be the winner
(4) I believe John to be the winner
(5) * the belief John to be the winner
(6) * proud John to be the winner
(7) * the belief that John to be the winner
(8) * proud that John to be the winner
(9) * John to be the winner is unlikely
(10) * I wonder to whom John to give the book
(11) I wonder to whom John is to give the book
(12) John's books are on the table

上列各例有的是合法的自然句子,有的是不合法的怪异句子。合法与不合法都跟 John 这个相当于一个名词短语的专有名词的句法分布有关。(2)(3)(4)(11)(12)各例中的 John 出现于合法的派格位置,整个句子也没有其他问题,所以是合法的;而(5)—(10)各例中的 John 出现在不能合法指派格位的位置,整个句子不管有无其他问题,都是不合法的语法形式。再进一步,人们发现在各个合法的句子中,John 要么出现在动词的后面,要么出现在介词的后面,要么出现在定式动词前的主语位置。人们据此把各例合法的理由归结为其中的 John 得到合理的格位指派。与此同时,鉴于合理的 John 总是跟动词、介词和定式动词相关，人们认为这些语法单位有指派格位的功能，而形容词、名词以及不定动词则没有指派格位的功能。

格位指派者 (Case assigner)	格位接受者 (Case assignee)
及物动词 ⟶	宾格
介词 ⟶	宾格
屈折范畴 ⟶	主格
中心名词 ⟶	领有格

一个名词短语(NP)如要合法参与造句就必须得到合适的格位指派，不然的话就会生成不合法的句子。生成语法用下列(13)一个"格位过滤器"简洁明快地概括这些语言事实。其意思是，如果一个名词短语(NP)有词汇形式(没有词汇形式的名词性空语类不在此例)，但是没有得到格位指派的话就不合法(加星号)。

(13) 经典的格位过滤器〔Chomsky(1981)等〕
　　*NP，如果有词汇形式但是没有得到格位指派

有些名词短语因为不能在深层结构位置获得格位指派还得通过"移位"(movement)或"添加"(adjoining)等语法手段来改变自己的处境，以便通过"格位过滤器"的筛选。如下列例(14)中的 John 在其初始的动词后深层位置不能获得派格(被动化的动词丧失了给自己的受事论旨名词短语指派宾格格位的能力)，留在这个位置的话就无法通过格位过滤器的筛选〔例句(14)因此不合法〕，所以只好移至句首主语位置而成(15)。同理，(16)中宾语从句 John to have cheated Bills 中的主要动词 to have 是个不定式，没有给主语 John 指派主格的能力，所以这个主语也只好移至全句的主语位置，成(17)。此外，"格位过滤器"是个约束名词短语的语法原则，对小句并不适用，所以小句可以出现在被动动词后名词不能出现的位置〔例(19)〕。

(14) *has been cheated John
(15) John has been cheated
(16) *seems John to have cheated Bill
(17) John seems to have cheated Bill
(18) *is believed that John has cheated Bill
(19) It is believed that John has cheated Bill

我们曾经指出〔Xu(1993)〕,经典的格位理论〔Rouveret and Vergnaud(1980),Chomsky(1981)等等〕是对格位接受者(亦即"名词短语")单向的约束原则,要求所有名词短语都得到适当的格位指派。经典的格位理论完全忽略了"格位指派者"(诸如动词,介词,时态范畴等执行格位指派的语法单位),对它们没有任何的规定和要求。但是,我们的考虑是,既然格位理论本质上是对名词短语和某些语法单位同现关系的一套规定,那么让相关的格位条件约束"格位指派者"和"格位接受者"两个方面至少在理念上是说得通的。如果按照这个思路对格位理论进行重新定义,格位接受者(即名词短语)固然需要格位指派者指派格位,与此同时,格位指派者(至少其中某些指派者)也需要格位接受者,以便把自己的派格能量合理地释放出去。果真如此,我们将得到一个内容扩充的格位过滤器。

(20) 扩充的格位过滤器〔Generalized Case Filter,Xu(1993)〕
  a. *NP,如果有词汇形式但是没有得到格位指派的话
  b. *必选性格位指派者,如果没有释放自己的格位能量的话

"扩充的格位过滤器"包括传统的"经典的格位过滤器"〔即(20a)〕,外加专门约束格位指派者的(20b)。如果说,经典的格位过滤器描述的是一种单向依赖关系的话(就如同"鱼"跟"水"的关系,前者依赖后者,而后者却不依赖前者),那么我们扩充的格位过滤器概括的则是一种双向依赖关系(如同"房客""房东",房客固然需要房东租房子给他住,同样房东也需要房客,才能把房子租出

去,不然就空置浪费了)。我们曾在 Xu(1993)指出,提出"扩充的格位过滤器"不仅在理论是可行的,在实践上可以归纳和解释大量的、表面无关的语言现象。此处不赘。

但是有一点需要再次强调。根据"扩充的格位过滤器",格位指派者将被分成"必选型格位指派者"(obligatory Case assigner)和"可选型格位指派者"(optional Case assigner)。比方说,多数语言中的介词都是必选型格位指派者,所以介词后面的宾语不能省略〔亦即不允许"介词悬空"(preposition stranding)〕;而多数语言中的名词中心语都是可选型格位指派者,所以它前面的定语位置是否出现另外一个名词短语完全是自由的。有定语名词短语的话,中心名词就给这个定语指派"领有格位"。如果定语位置空置,上面没有名词短语,那当然就什么格位都不用指派了。把格位指派者分成"必选型格位指派者"和"可选型格位指派者"对于我们后面将要讨论的汉语无主句问题也是至关重要的。

5.3.2 句子的"中心"与主格格位

一般认为,有派格能力都只能是中心成分(head category),如动词、介词指派宾格,名词指派其定语领有格等等。动词短语、名词短语一类短语成分(phrasal category)是没有派格能力的。在这方面,主格指派有其特殊性。是什么中心成分把主格指派给主语位置上的名词短语的呢?谓语?不是,谓语不是中心成分,而是一种短语结构。动词?也不像,因为只有定式动词才能指派主格,不定动词是不能指派主格的。生成语法为了解决这个问题,特别从定式动词身上离析出一个独特的功能范畴(functional category)——"屈折范畴"(Inflection),并且断定主语名词短语的主格就是融合了"时态"(tense)和"呼应态"(agreement)两大语法范畴的"屈折范畴"指派的。这个屈折范畴虽然在词汇形态上跟动词融为一体,但是仍然有其独立运作的语法地位和语法效用。其效用之一就是给主语指派主格。

(21) NP INFL VP
　　　└─主格─┘

(22) He bought a house in Japan

(23) he INFL （含过去式等） buy a house in Japan
　　　└───主格───┘

作为独立语法单位的"屈折范畴"在生成语法理论体系中担负两大功能。给主语指派主格只是其中一项功能。另外一项功能是充当向心结构的句子(S)的中心成分(head)。

自 Chomsky(1986)以来，所谓的"X-阶标理论"被扩充延伸到各功能语言单位。根据"扩充的 X-阶标理论"，各级各类句法结构都将符合 X-阶标层级〔即下列(24)〕，都是单一中心的向心结构。X^0 本身是个变数，它可以是名、动、形、介等词汇项，也可以是 C(complementizer)和作为句子中心的 INFL 等功能项。(24)中的 YP 作 X^0 的补足成分(complement)，ZP 作标识成分(specifier)。

(24) X-阶标层级

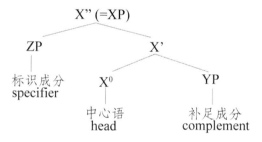

X-阶标理论的扩充和延伸是对先前语法理论的一个重大突破，有着多种影响深远的理论意义。其中一种就是蕴涵了一个有关句子结构的崭新看法。具体说来就是，句子结构也是一种向心结构。它的"心"是什么呢？不是动词，不是形容词，也不是主语、谓语，而是我们前面谈到的那个"屈折范畴"(INFL)。屈折范畴是句子的中心，句子实际上是以屈折范畴为中心的短语，亦即 IP。这个 IP 的标识成分就是句子的主语，补足成分大致上就是句子的谓语。在这个向心结构中，作为中心的 I 发挥着核心的作用，它一方面给标识成分位置上的名词短语指派主格,另外以自己特有方式限制谓语,规定可以充当谓语成分的语法单位类型。

(25) X-阶标层级

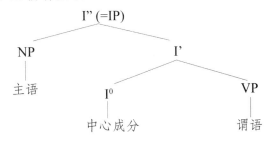

5.3.3 汉语中的主格

如前文所述,句子的中心是融合了"时态"与"性数格呼应态"的屈折范畴 I,这个 I 担负两项重要职能,一是充作句子的中心成分,二是给主语位置上的名词短语指派格位。不可否认的是,这些重要语法论断是建立在英语等印欧语系语言基础上的。这些语言或多或少地都有形态变化。仅就这些语言而言,说他们的句子的中心是屈折范畴是有一定的语感基础的。

显而易见的问题是,汉语呢?汉语语法学界人所共知的表面事实是,汉语没有印欧系诸语言那种形态变化,因此没有经典意义下的屈折范畴(比方说"工作",不管是今天工作,还是昨天工作,是他工作,还是你工作,都是一个样子"工作",而相应的英语单词 work,则会随着"时态"与"呼应态"的不同而有 work、works、worked 等不同词形变化)。如果是这样,那么现在的问题是,汉语的句子有中心成分吗?如果说有,那要不是屈折范畴的话,是什么?如果说没有,那汉语中是什么成分在给主语指派主格,什么成分充作句子的中心成分呢?换句话说,汉语虽然没有词汇形态意义下的屈折范畴(morphological inflection),但是在我们现有的、经过论证的语法体系下面,这种语言的句子不能没有中心成分。现在的问题仅仅是这个中心成分是什么。

我们在 Xu(1993)中提出并论证了一个观点:汉英两种语言中的句子都有中心成分,所不同的仅仅是二者的内容。汉语没有"呼应态",其

"时态"也是词汇性的,而非功能性的,跟句子中心无关。汉语型的句子中心(称 Ic)所包含的是一个没有外在语音形式的功能项,我们把这个功能项称为"谓素"(predicator)。"谓素"的主要语法功能就是把它的补充成分(动词、动词性短语、形容词、形容词性短语等)转化为一个"谓语",并使之跟主语发生我们一般所说的"主谓关系"(predication relationship)。不言而喻,我们虽然出于尽量减少术语数量的考虑而继续使用 Infl 或 I 这个代号,但是它已经跟它原本词汇形态本意完全脱钩,它现在成了一个用来代表句子的中心成分的符号。

此外,英语型的句子中心(称 Ie)也应该包含"谓素"。但是,跟汉语不同的是,英语句子中心除了"谓素"外,还另外包括"时态"和"呼应态"两项公认的内涵,是三项内容的融合体。我们还认为,两类语言的不同源自一个跟句子中心有关的语言参数在不同语言中的不同赋值。虽然内容不同,但是 Ic 跟 Ie 一样担负给主语指派主格和作句子中心成分两项重要语法职能。

(26) X-阶标层级

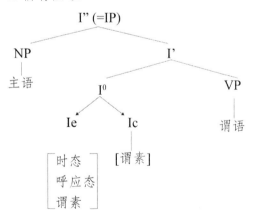

上述分析意见看似奇怪,实则有着广泛的理论和事实根据〔详参 Xu(1993)〕。限于本章的论题,我们这里不能也不必逐一罗列这些论据。但是可以举出一个例子来做旁证。众所周知,汉语里有多种语法单位都可以充当谓语,如动词、形容词,有的句法条件下还有名词等。而与此形成鲜明对比的是英语里只有动词或动词性短语才能充当谓语,形容词和名词不能充当谓语。

	汉语	英语
动词谓语	张先生喜欢新加坡	Mr. Smith likes Singapore
形容词谓语	李小姐很聪明	*Miss Lee very smart
名词谓语	赵教授天才	*Prof. Block a genius

在我们看来,这一差别完全是由两种语言具有性质不同的句子中心造成的。正如 Roberts(1985)和 Larson(1988)所论述的,英语类语言中 I 的补足成分(即我们所说的"谓语")必须是个动词或动词性短语,不然的话,I 所携带的"时态"和"呼应态"等功能语法特征就失去了依托而无法外显。所以,只有动词和动词性短语才能充当这类语言中的谓语,这完全是英语类语言特有的 Ie 性质造成的。要挽救上列各病句的话,必须加进一个没有实质意义的傀儡动词 be 而成下列(27)(28)。

(27) Miss Lee is very smart
(28) Prof. Block is a genius

汉语类语言中的 Ic 仅有一个"谓素"特征,没有"时态""呼应态"语法特征,自然也就不受这个限制,自然不必加用傀儡动词。汉语 Ic 对充当谓语的语法单位的唯一要求是它必须具有[+述谓性](predicative)特征以便跟其 I 本身的"谓素"属性相容。动词、形容词、名词当然都有[+述谓性]特征,所以当然可以充当谓语。

英语中形容词和名词不能充当谓语,是因为这种语言特有的句子中心 Ie 的性质,这一论断在英语本身的所谓"小从句"(small clause)现象中也可以找到支持。所谓的"小从句"指的是下列(29)(30)这类句子。以(29)为例,Miss Lee very smart 就是一个小从句,它的主语是 Miss Lee,谓语是直接由形容词短语充当的 very smart,没有使用傀儡动词 is。这显然是因为英语的小从句是英语中的特殊句子,该类句子的中心成分 I 跟汉语的句子中心成分一样仅仅包含"谓素"(以便建立主谓关系),而没有英语普通句子中心中的"时态""呼应态"等要素。

(29) I consider Miss Lee very smart
(30) I consider Prof. Block a genius

此外,就句子中心成分而言,朝鲜语和日语在类型上跟汉语属于一类,也是一种 Ic 语言,它们的句子中心成分也仅仅是个"谓素"。

5.4 多主语

上面的讨论说明,某语法单位能否充当谓语(亦即"句子中心的补足成分")在汉语类语言中仅仅取决于它有无"述谓性"特征。"述谓性"是语法单位充作谓语的必要而且充分的条件。而在英语类语言中则取决于该语法单位是否是个动词或动词短语,只有动词才能支持英语中屈折范畴中的"时态"和"呼应态"。这一分析方法简洁明快地解释了为什么汉语中形容词和名词也可以作谓语,而英语中却不行。

如果这些分析正确的话,一个有趣的问题是句子本身能否在汉语类语言中充当谓语。从理论上说,答案应该是肯定的,因为句子 IP 本身也有"述谓性"特征。况且在语言事实上,汉语中也确实存在大量此类句子〔邢福义(1982)等〕。

(31) 那棵树叶子大
(32) 水果我喜欢苹果
(33) 张三女朋友很多
(34) 电脑我是外行

在我们看来,上列各例的语法结构中都包含一个递归的句子结构(recursive IP)。全句 IP_1 的中心成分 I 自己又带有了一个句子 IP_2 作它的谓语。

(35)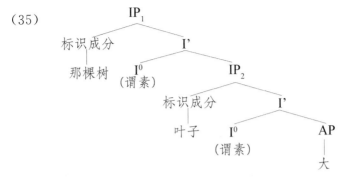

我们将上列这类语法现象的存在跟汉语类语言中句子中心成分的特点相联系。这一分析方法不仅可以解释汉语类语言为什么会允许这类现象，还可以解释英语类语言为什么不允许这种现象。下列(36)—(39)各例在英语中不合语法是因为这种语言的句子中心成分只能选择动词或动词性短语作它的补足成分("谓语")，不能选择另外一个IP作它的补足成分。换句话说，下列各例错误的性质跟前面形容词和名词直接作谓语的句子错误的性质是完全一样的，可以很经济地用同样一条语法规则把它们一并过滤出去。

(36) * That tree leaves are big
(37) * Fruits I like apples
(38) * John girlfriends are very many
(39) * Computers I am a layman
(40) * The books I have read
(41)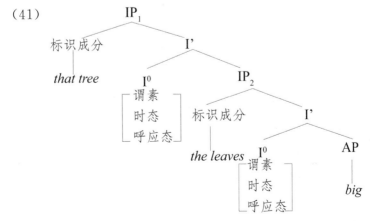

根据这一分析,汉语中的双主语句子背后的原因是一个 IP 句子结构包含另一个 IP 句子结构,亦即俗称的主谓结构作谓语。IP 句子结构跟 NP 名词短语和 VP 动词短语一样可以相互包含,多层递归。双主语事实只是 IP 两层递归所带来的其中一个表面现象。逻辑上,IP、NP、VP 都可以无限递归,而形成"多重主语""多重定语""多重状语""多重宾语"等现象。核心的形式语法系统并没有,也不可能规定递归的最高层数和套叠的主语、定语、状语、宾语的数目。这个数目主要受制于形式语法以外的语用考虑,甚至是人脑记忆限度等因素。就本章所重点关注的主语问题来说,虽然上列各例都只有两个主语,但是更广泛的实际语言材料中还可以轻易找到三个主语的例句。

　　我们有关上列汉语句子的分析结论还可以在日语和朝鲜语平行句式中找到有力的旁证和支持。正如 Xu(1993)所阐述的,在句子中心性质这一特点上日朝两语跟汉语同属一类语言,都是 Ic 语言。① 两种语言跟汉语在相关语法方面也表现出相当高的一致性。日朝两语中一个简单句也可以有两个甚至多个名词短语作主语。值得说明的是,我们把汉语中这类名词短语都分析成主语,并让它们分别对应于不同的谓语,还要挖空心思来去论证,磨破嘴皮子来争辩。而日朝两语中相应的名词短语就明明白白地标着主格,你不想把它们分析成主语都不行。这也正是比较语言学的主要意义

---

　　① 因为日朝两语跟汉语同属 Ic 语言,所以它们跟汉语一样,也容许形容词和名词直接充当谓语而不必使用傀儡动词。
　　(i) John-i　　nwun-i　　khuta.〔朝鲜语,例出 Choi (1988)〕
　　　　 约翰—主格　眼睛—主格　大
　　　　 "约翰眼睛大。"
　　(ii) Ku　ai-ka　　papo-i-ta.〔朝鲜语,例出 Choi (1988)〕
　　　　 那个 孩子—主格 傻瓜
　　　　 "那个孩子傻瓜。"
　　(iii) Zoo-ga　hana-ga　nagai（日语）
　　　　 大象—主格 鼻子—主格 长
　　　　 "大象鼻子长。"

和魅力之所在。不信就请您看下面的例句。

(42) Ray-ka　ttal-i　meri-ka　ppalkahta.〔朝鲜语,例出 Suh(1992)〕

雷易—主格 女儿—主格 头发—主格 红

"雷易女儿头发红。"

(43) Honolulu-ka　hankwuk salam-i　manhta.〔朝鲜语,例出 Choi(1988)〕

檀香山—主格　韩国一人—主格　多

"檀香山韩国人多。"

(44) Taro-ga musume-ga kami-ga akai（日语,例出 Keiko Muromatsu）

太郎—主格 女儿—主格　头发—主格 红

"太郎女儿头发红。"

(45) Watasu-ga mizu-ga hosii（日语,例出 Keiko Muromatsu）

我—主格　水—主格 要

"我要水。"

所以我们说日朝两语中的现象最有意思,最能说明问题。此外。把日语朝鲜语拉进来,不仅可以旁证我们对汉语的分析,还使得我们顺手牵羊般地解决日语语法学、朝鲜语语法学乃至理论语法中一个长期争论不休,长期令人烦恼的老大难问题,亦即日语和朝鲜语中所谓的"多主格结构"(multiple nominative construction)问题的理论分析。其中争议最大,也是最让人头疼的问题是,一个简单句靠什么成分给多个名词短语指派主格格位。一般来说,"格位指派者"和"格位接受者"之间有"一对一"的关系,一个格位指派者对应于一个格位接受者。我们知道,主格是句子中心成分指派的,而表面上看,上列日韩句子都各有一个句子中心,那为什么这一个句子成分可以给多个主语指派主格呢?这个棘手的问题多年来困扰着语法学界,不少人挖空心思想办法,试图在现有语法理论框架下解决这个问题。甚至有时不得不拆东墙,补西墙。其主要观点可以分成两大学派:一派的意见是,一个句子中心在日韩两语中可以给多个名词短语指派主格〔如 Yim(1985),Han(1987)〕;另一派的想法是主格在日韩两语中是一种固有格,或者缺省格(default Case)〔如 Saito(1985),Yang(1985),Yoon(1989)〕。我们不可能在这里深入追究这种种说法的是是非非,但是却要指出这些分析思路的一个致命缺陷:它们没有足够的解释力,而只能将自己全部的理论建立在一个未经论证的假设上:日韩两语有一种特别主格指派方式,而这种派格方式在别的语言中不存在。但是,却完全解释不了为什么会有这种情况。而我们的分析方法却可以简单明快地解释这些现象。我们认为日韩两语中的多重主格现象完全是 IP 句子结构多层递归套叠的一个表面现象。多重主格句式实为多层 IP 结构递归句。主格跟 IP 结构之间有严格的"一对一"关系。那些名词短语的主格是由不同的 I 分别指派的,而不是由一个 I 指派的。

(46)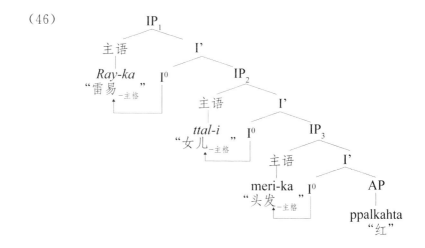

汉语、日语和朝鲜语中谓语动词前面的几个名词短语的句法结构和句法功能完全平行,应该做出平行的分析。它们都是不同层次的主语,分别被不同层次的句子中心成分 Ic 被指派了主格。所不同的仅仅是日朝两语中的主格有明白无误的词形表现,汉语的主格则没有词形表现。而这也正好是两类语言人所共知的一个词汇形态区别,跟句法结构和名词短语在各句式中的地位无关。不论有无外显标记,它们都是同样意义下的主语和主格。对自身特点的分析就可以得出这样的结论,不同语言间平行现象的分析加强了这个结论。不同语言间的平行现象为我们提供一面镜子,让我们直接观察其他办法无法看清的死角和潜在的特点。这就好比有一大群人不管干什么职业,都穿一个样式的便服。长此以往,我们居然弄不清楚他们的职业和身份了。要想弄清的话,我们除了仔细观察他们一天到晚的活动规律外,还可以跟他们穿制服的同行比较。他们不穿制服,有人是穿的。看看他们的同行不就行了呗!

5.5 语法中的"主语"与语用—语法中的"话题"

5.5.1 三种不同的观点

众所周知,有关"那棵树叶子大"一类句子性质的认识,在汉语语法学界分歧很大。正如石毓智(2000)所指出的,主语和话题问题是汉语语法中的核心课题之一。它受到重视程度之高,讨论范围之广,讨论时间之长,分歧之严重,没有其他任何单一问题可与之相比。围绕该问题还有一个有趣现象,"主语"和"话题"这些概念是否有存在的客观根据都受到广泛的质疑和争论。汉语中其他许多语法现象都没有这个根本性的问题。比如,谁都不会怀疑汉语有时体范畴、否定标记、被动式、动补结构等,对于这些结构的探讨主要是弄清楚其结构和功能。主语和话题的争议却更具根本性:到底汉语中有没有"主语"和"话题"这些东西?如果有的话,是只有其中一个呢,还是两者都有?如果两者都有的话,它们是否处于同一层面?

这些观点分歧可以分成如下甲乙丙三个派别。

(甲)汉语语法只有话题,没有主语,其他语言中的主语在汉语中相应的平行成分就是话题,"主语"和"话题"相对于汉语而言是指称同一概念的两个术语,如果有什么不同的话,那大概是叫哪个名称更合适的问题。汉语的主谓结构就是"话题-陈述"结构,汉语没有英语类语言中那种典型的"主-谓"结构,"话题-陈述"本身就是一种句法结构〔如(Chao (1968),徐通锵(1997)〕。在此观念下,汉语跟某些语言的(如英语)主要在于前者有"话题",没有"主语",而后者有"主语",没有"话题"。在汉语中,所谓的"主语"就是"话题"(亦即话题、主语等同说)。

(乙)汉语(乃至各种人类自然语言)语法平面只有主语和主谓结构,没有话题和话题-陈述结构。话题是语用层面的概念。在此共识基础上,有的学者较多地关注语法平面的主语〔如朱德熙(1985a),胡裕树和范晓(1985),陆俭明(1986),范开泰(1985),史有为(1995),袁毓林(1996),杨成凯(2000)等〕,有的则多以语用平面的话题为研究对象〔如屈承熹(2000)〕。但是二者之间完全没有对立关系。同一个句法单位在语法中是主语,丝毫不影响它在语用中是话题,反之亦然。在这个问题上,汉语跟其他语言没有根本性的区别。语法平面有"主语",语用平面有"话题",任何语言都是如此。笔者本人也曾经持这一观点〔Xu(1993b)〕。

(丙)汉语在语法层面既有主语,也有话题,二者是处于同一层面的,相互独立的不同句法成分,至少在汉语中是如此。"话题"是一种占有特定句法位置的,结构上独立的句法成分,性质跟主语、谓语、宾语等平等并列〔如 Li and Thompson (1976),Tsao(1977,1987),Huang (1982),Xu and Langendoen (1985),徐烈炯、刘丹青(1998),Shi(1992)等源自不同理论背景的多家学者〕。

派别	代表学者	语用层面	语法层面
甲	赵元任、徐通锵等	?	话题成分
乙	朱德熙、陆俭明、胡裕树和范晓、史有为、袁毓林、杨成凯等	话题	主语成分

续表

派别	代表学者	语用层面	语法层面
丙	Li and Thompson、曹逢甫、黄正德、徐烈炯和刘丹青、石定栩等	话题	话题成分＋主语成分

在跟话题有关的讨论中,有一个现象十分有趣。正如徐烈炯和刘丹青(1998)两位所指出的,常常看到不同学派(如形式学派和功能学派)在话题问题上观点交叉的现象,即某些形式派学者和功能派学者看法相近,而同属形式学派或同属功能学派的学者却可能有不同看法。这一点行内人士从上列表格中一眼就可以清楚地看出来。

5.5.2 "话题"特征

在上述三种观点中,持第三种观点的学者最多,影响越来越大,几乎形成了一种主流意见,值得我们给予特别的关注。据此分析模式,汉语跟其他语言的区别在于前者中"话题"受到突出,优先强调;而后者中则是"主语"受到突出强调。Li and Thompson(1978)还据此建立了一个语言类型——主语/话题优先语言类型(subject/topic-prominent language typology),早已家喻户晓,深入人心。

如果采取第三种立场的话,我们前文讨论的"那棵树叶子大"一类句子可以说是典型的"话题结构"(topic construction),其中的"叶子"是主语,而"那棵树"则是句子的"话题"(topic)。"话题"在句法结构中占据一个独特的句首位置。Chomsky(1977)是采用生成语法的理论框架较早触及这个问题的论著之一,他就曾提出下列(47)这么一个句法规则。晚近用生成语法模式研究相关现象的论著或明或暗地认定充当话题的名词短语在句法结构中占据的不是CP的标识成分位置(48a),就是挂靠在IP上的位置(48b)。

(47) a. S" ⟶ T　S'
　　 b. S' ⟶ COMP　S

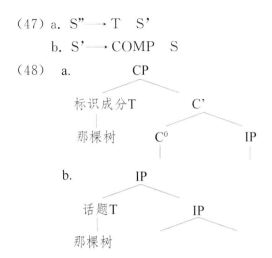

我们不是这么看的。我们认为"那棵树叶子大"一类句子中的"那棵树"也是主语,是全句的大主语(相对而言,"叶子"是小主语)。"话题"根本不是跟主语、谓语、宾语平行的句法成分,在基本句法结构中没有独立的地位。就形式化的句法结构而言,所谓的"话题结构"实为双主语结构。话题本身不是一种独立的句法成分,而跟"焦点"一样,是某些句法成分一个功能特征。这个功能特征在某些语言中可能会驱动诸如"添加"和"移位"等形式语法手段的运用。充当话题的语法单位都另有自己所担负的句法结构职能,都另外独立地属于某种句法成分。在句法结构上,有"话题"特征[＋T]的那些成分一般是主语,但是也不完全是。

如此说来,我们的观点不是跟(乙)种看法非常接近吗？答案既是肯定的,也是否定的。我们的观点跟上列(乙)种观点确实最为接近,但是并不相同,仍有重要的区别。(乙)种观点完全不承认"话题"在句法结构中的地位,而我们认为"话题"在语用平面和语法平面都有一定的地位。无可否认,作为跟"陈述"相呼应的概念,"话题"在最初始的语言层面,确实是个语用概念,但是在句法结构层面,它可以作为一个形式特征(码化为"[＋T]"),进入形式句法结构,并诱发因语言而异的句法操作。其情形跟"焦点"最为相似。"焦点"本来也是一个典型的语用层面的概念,但是它也可以作为某些句法成分的一个形式特征[＋F]，依附于这个句法成分，进入纯形式句法的运行系统并且发挥作用，让语法针对这个特征做些什么（如给携带这个特征的句法成分添加焦点标记（汉语、马来语），或者把带这个特征的句法成分前移（英语、匈牙利语。详参本书第六章）。一句话，"话题"是带有语法效应的语用概念。某句法成分在语法层面上是主语，但是因为它带有[＋T]特征，所以可以有特定的话题标记。这个事实正好说明"主语""话题"分别处于语法和语用两层面的说法虽然听起来很有道理，但是仍然无法完全服人的原因。把"话题"一股脑推到语用层面，硬说它们没有语法地位，缺乏足够的说服力。人们的语感是，"话题"主要是个语用问题，但是它同时在句法结构方面，也是个什么东西，也扮演某个角色（还不是有话题标记词嘛，话题标记词本身就是个纯形式层面的东西）。只是那个东西到底是什么好像不那么容易说清楚。

相对于上列三个"话题－主语"理论，我们这里提出的分析方式还至少有三个突出的优势。

1. 在理论上，我们的分析有更大的解释力。它不仅能够回答"怎么样"的问题，还能回答"为什么"的问题。能够解释汉语（乃至汉语类其他语言，如日语和朝鲜语等）跟其他语言的类型对立。汉语中的"主语"不是"主语"，是"话题"〔上列观点（甲）〕；汉语中一个简单句可以有大小不等的两个甚至多个主语，英语只能有一个主语〔观点（乙）〕；汉语中"话题"是独立的句法成分，英语没有相应的成分〔观点（丙）〕。都只是贴了个标签而已，没有回答为什么的深层问题，甚至没有想到要回答为什么的问题。

在我们看来，"那棵树叶子大"一类句子的存在根本就不是一个孤立现象，而是作为句子中心的 I 特征连带出来的多项语法特征之一。是一种衍生特征，而不是原发特征，是其他原因造成的结果，而不是原因本身。根据我们的重新分析，问题已经不是某种语言能否拥有作为独立句法成分的"话题"，而是这种语言中的 IP（＝句子）能否充当上位 I（＝句子中心）的补足成分（＝谓语）。而根据前文的论证，IP 本身能否作谓语因语言而异，取决于该语言中句子中心 I 的性质。如果那个 I 仅仅包含一个"谓素",那么 IP 就可以作谓语;如果包含"谓素""时态"和"呼应态"三个成分,那么 IP 就不能作谓语。这种分析方式还对学者们有关汉语允许主谓结构作谓语跟汉语缺乏系统的形态变化的朴素看法进行了理论概括和升华。

2. 在分析实践上,我们的分析完全彻底地摆脱了分辨"主语""话题"所带来的无穷无尽的麻烦和困惑。而这正是上列丙种分析方式所难以避免的先天性老大难问题。一个句子谓语前有两个名词性成分时你可以说前面的那个是"话题",后面的那个是"主语",但是要是有三个名词性成分呢,有一个名词性成分呢?个个都是大难题,到最后自己肯定会把自己弄糊涂。问题问错了,当然不可能找到答案。

3. 我们可以解释日语和朝鲜语中的"话题标记"。

上列(乙)种分析方法在语法平面只承认"主语",并认为"主语"有大小之分,把"话题"完全推到语用平面。虽然形式上简单明快,干净利索。但是,它会遇到一个严重的问题:日语和朝鲜语相应于汉语"那棵树叶子大"中的"那棵树"可以带有跟主格标记不同的、明白无误的"话题标记",亦即有着跟主语对立的语法形式特征。如果硬说"话题"是个跟语法无关的语用概念,那就解释不了这个跟"话题"相连的语法形式特征。看例句:

(49) Ku chaekl-un John-i　Mary-eykey el cwuessta(朝鲜语)
那本书—话题标　约翰—主格　玛丽—到　　给
"那本书约翰给玛丽了。"

(50) Kkos-un cangmi-ka ceyilita〔朝鲜语,例出 Suh(1992)〕
花—话题标　玫瑰—主格　最好
"花玫瑰最好。"

(51) Hana-wa bara-ga　ii(日语,例出 Keiko Muromatsu)
花—话题标　玫瑰—主格　最好
"花玫瑰好。"

我们的分析方式是能够解释这种"话题标记"的。它们都是"话题特征"[+T]诱发的语法手段"添加"造成的结果。在语法平面,"话题"虽然不是一种独立的句法成分,但是它是依附于某些句法成分的一种语法特征。语法特征和句法成分不是一回事。就上面的日语和朝鲜语句子来说,带"话题标记"(和"话题特征")的名词短语就句法成分来说句子的主语,获派的格位是主格。话题标记不是一种格位标记。话题标记是一种跟格位无关的,性质跟焦点标记的相近的语法标记。下列现象支持我们的分析。

3a. 已经获派格位的名词短语仍然可以带有"话题标记"。这说明话题标记本身不是一种格位标记,因为同样一个名词短语是不能获得两个不同的格位的。

(52) Na-eykey-nun sensayngnim-i kulipta〔朝鲜语,例出 Choi (1988)〕
我—与格—话题标　老师—主格　　想念
"我想念老师。"

(53) Kooen-ni-wa　risu-ga　　iru(日语,例出 Keiko Muromatsu)
公园—与格—话题标松鼠—主格　有
"公园里有松鼠。"

3b. 日语和朝鲜语中带"话题标记"的语法成分不一定是个名词短语,一个介宾短语也可以带"话题标记"。这一现象也足以说明"话题标记"不是格位标记。我们都知道 PP 等非名词短语是不需要格位指派和格位标记的,格位和格位标记是名词短语独享的专利。

(54) Ku cip-ey-nun　　manun salamtul-i salko issta(朝鲜语)
那个 房子—在—话题标 很多　　人—主格　　住
"在那个房子里住很多人。"

(55) Tokyo-kara-wa John-ga　kitta(日语)
东京—从—话题标　约翰—主格　来
"约翰从东京来。"

3c. 日语和朝鲜语中有些句子根本就没有带主格标记的名词短语，只有带话题标记的名词短语。我们知道，是句子就有中心，有中心就可以指派主格格位。如果那个带话题标记的名词短语真的没有获派主格，我们还真的解释不了这些句子的主格释放给什么句法成分了。

(56) Jay-nun　Mary-lul coahanta〔朝鲜语，例出 Suh(1992)〕
杰伊—话题标　玛丽—宾格　喜欢
"杰伊喜欢玛丽。"

(57) Inu-wa　neko-o oikakete iru〔日语，例出 Kuroda(1972)〕
狗—话题标　猫—宾格　追　　正在
"狗正在追猫。"

3d. "话题标记"常常可以跟主格标记交替使用而不导致意义大变，但是却一般不能跟其他格位标记交替使用。我们对此现象的解释是，带"话题标记"的名词短语获派的本来就是主格，本来就应该带主格格位，只是在某些情况下主语特征没有话题特征那么强烈，话题特征压抑了主格特征的外化。但是主要那个话题特征稍一松劲，它原本的主语特征随时就冒出来了。换个角度看，如果不把这些名词短语解释为带有主格格位，我们很难解释这种交替使用的现象。

(58) a. Sopangswutul-un iyongkanunghata〔朝鲜语，例出 Suh(1992)〕
消防员—话题标　　在
"消防员在。"

b. Sopangswutul-i iyongkanunghata〔朝鲜语，例出 Suh(1992)〕
消防员—主格　　在
"消防员在。"

(59) a. Inu-wa neko-o oikakete iru〔日语，例出 Kuroda (1972)〕

狗—话题标 猫—宾格 追 正在

"狗正在追猫。"

b. Inu-ga neko-o oikakete iru〔日语，例出 Kuroda (1972)〕

狗—主格 猫—宾格 追 正在

"狗正在追猫。"

5.5.3 有关"话题"的语言类型

总而言之，我们对"话题"这个重要概念的理论定位可以概括为下列两点。

1. "话题"相对于"陈述"而言，是言谈的对象和主题。它在本质上是一个语用层面的概念。这个语用概念，在纯形式的语法层面转化为一个形式特征[＋T]，进入形式语法的运行轨道，在某些语言中有可能诱发"添加话题标记"和"移动带话题特征[＋T]的语法单位"一类的语法运算。是否真的诱发语法运算取决于"话题"特征的强度，而跟谓语前面有几个名词短语没有必然关系。"话题"特征[＋T]强的话，即使只有一个名词短语，它也完全有可能带上话题标记或者让它前移至更重要的语法位置。在那种情况下，即使没有名词短语，其他语法单位（如介词短语）也可能带上话题标记。同理，如果"话题"特征不强，即使有两个，甚至三个名词短语，它们也完全可能都不带话题标记，而都带主格标记。其情形极似同样是语用概念的"焦点"转化为形式特征[＋F]，参与形式语法的运作后，有可能诱发"加用焦点标记词"和"前置焦点成分"一类的语法操作。

2. 虽然原本属于语用层面的"话题"可以转化为一个形式语法特征[＋T]，但是这个特征本身不是一种独立的句法成分，不能跟"主语""谓语""宾语"等真正的句法成分平等并列。我们要特别强调"句法成分"和"语法特征"（如"话题"特征[＋T]，"焦点"特征[＋

F]，"否定"特征[＋NEG]，"疑问"特征[＋Q])两类重要语法概念之间根本性的区别：前者是结构性的、线性的、相对独立的，而后者则是超结构的、非线性的、依附于某句法成分的。就句法结构与句法成分而言，带有[＋T]特征的语法单位多数是主语，并获派主格格位。这正是为什么话题标记常常可以跟主格标记交替使用，而不能跟其他格位标记交替使用的背后深层原因。

我们就环绕"话题"和"主语"的相关现象提出了一个新的分析思路和方法。现在有一个颇有意义的问题不能回避：如何从这个角度看待"主语/话题－优先语言类型"(Li and Thompson(1978))？如何处理原本由这个语言类型概括的语法现象？我们对此有两点看法。

1. 我们认为"主语/话题－优先语言类型"所概括的语法现象可以找到独立的解释。比方说，汉语类语言中有"那棵树叶子大"一类谓语前面有两个甚至多个名词短语的现象，而英语类语言中没有平行现象。前文已经指出，这类句子的存在根本就不是一个孤立现象，而是作为句子中心的I特征连带出来的多项语法特征之一。是一种衍生特征，而不是原发特征。是其他原因造成的结果，而不是原因本身。根据我们的重新分析，问题已经不是某种语言能否有作为独立句法成分的"话题"，而是这种语言中的IP(＝句子)能否充当上位I(＝句子中心)的补足成分(＝谓语)。而根据前文的论证，IP本身能否作谓语因语言而异，取决于该语言中句子中心I的性质。

2. 所谓的语言类型，指的是对不同语言之间成系统有规律的差别的概括和提炼。任何一种语言现象，只要进行跨语言的、有深度的合理比较分析，就自然会(而不是刻意)得到一个有用而且可信的语言类型。话题当然也不例外，当然应该存在跟"话题"相关的语言类型。但是，我们认为这个语言类型不会是"话题"跟"主语"比较起来哪个更重要、哪个更优先的问题。"话题"(更准确地说[＋T]特征)是他依性的语法特征，而"主语"则是独立的句法成分，二者根本不能平等并列，根本不应该拿来对比并分辨哪个优先。我们认为,跟"话题"有关的语言类型应该是语法形式对"话题"特征[＋T]是否在语法上有所反应。如果有的话,反应方式有无成系统的类型差别。据我们的观察和分析,[＋T]一类的功能特征总会在语音形式上有所反应,但是在语法形式上不一定总是得到反应。比方说,英语对这个特征就没有明确一贯的语法形式反应。而汉语则有明显的语法形式反应,如"加用话题标记"等形式。除了这种形式外,汉语还可以采用前置带[＋T]特征的句法成分的方式。还可以将"加用话题标记"和"前置带[＋T]特征的成分"两种话题表达形式结合使用。

深究起来,"前置话题成分"可能是最根本的话题表达形式,某句法成分要成为话题成分的话,它都要移至句首位置,但是它可以带话题标记,也可以不带。相反的情形较少。比方说,我们很少看到某个宾语直接带个话题标记却在语序排列上仍然留在句末作话题。

就表达"话题"特征的语法形式而言,除了汉语(以及同类型的日语和朝鲜语)这种"加用话题标记"和"前置带话题标记的成分"两种方式联合使用的语言类型外,逻辑上还存在仅仅"加用话题标记"而无"前置话题成分",和仅仅"前置话题成分"而不"加用话题标记"两类语言。但是,我们暂时没有完整可靠的实例化语言材料来佐证。

"话题"性质	"话题"形式的语言类型	代表语言
"话题"原本是个语用概念,但是在句法平面它转化为一个形式特征[＋T],并以此身份参与形式语法的运行,在某些语言中诱发某些语法活动	无语法形式	英语
	前置带[＋T]特征的句法成分	?
	给带[＋T]特征的句法成分加上话题标记	?
		汉语

跟其他学者的观点比较,我们有关主语和话题的看法有的不同,有的部分相同,概括如下表。

派别	代表学者	语用层面	语法层面
甲	赵元任、徐通锵等	?	话题成分
乙	朱德熙、陆俭明、胡裕树和范晓、史有为、袁毓林、杨成凯等	话题	主语成分
丙	Li and Thompson、曹逢甫、黄正德、徐烈炯和刘丹青、石定栩等	话题	话题成分＋主语成分
丁	本章的意见	"话题"特征 [＋T]	主语成分＋[＋T]特征及其诱发的"添加""移位"等语法操作

5.6 空主语

前文指出，句子中心 I 在语法系统中至少担负两大职能，其一充任句子的中心成分，其二是给主语位置上的名词短语指派主格格位。汉语类语言的句子中心跟英语类语言的句子中心性质不同。不同性质的句子中心在筛选谓语，指派主格等方面可能会有不同的表现。我们看到，不同性质的句子中心对其补足成分有不同的限制。英语类语言中只有动词才能作谓语，而汉语类语言中不仅动词可以作谓语，形容词，名词，甚至句子（主谓结构）都可以作谓语。本节要说的是，不同的句子中心在指派主格方面也有不同的表现。

许多学者都注意到英语类语言在"主语"问题上，还有一个突出的共同特征，那就是不允许主语位置空置，不允许所谓的"无主句"。我们认为这是因为英语句子中心 Ie 对主格格位的指派的必选型的（obligatory），意思是英语类语言中的 Ie 不仅可以指派主格格位，而且必须要这么做，必须把自己的派格能力释放出来，要求主语位置上必须有一个名词短语或者其他相应成分去吸纳它强大的派格潜能。我们认为下列例句中可接受的 a 句与不可接受的 b 句之间的对立就是因为前者的主格派格能力被适当地释放出去了,而后者则没有得到适当的释放。在英语类语言中,不管其意义是否能从上下文推导出来,这些句子的主语位置必须要有个名词短语来吸纳必选型的格位指派。

(60) a. [NP John] Ie bought a book
b. *[空位] Ie Bought a book

(61) a. [NP They] Ie will come
b. *[空位] Ie Will come

(62) a. [NP He] Ie likes apples
b. *[空位]Ie Likes apples

即使意义上不需要主语,也要安排个 it 或者 there 等类只有形式没有内容的"傀儡主语"(dummy subject),去吸纳必选型的格位指派。

(63) a. [NP It] Ie is raining
b. *[空位] Ie Is raining

(64) a. [NP There] Ie is a book on the table
b. *[空位] Ie Is a book on the table

还须指出的是,虽然名词短语可用来吸纳必选型格位指派,但是可以吸纳格位的不限于名词短语。比方说,小句 CP 虽然本来并未要求格位指派,但是可以帮助吸纳格位指派。下列(65)中各例的对比很能说明问题:小句和名词短语纵然有所不同,前者不需要格位指派,所以可以出现于无法得到派格的位置(如 a 中被动动词的后面),而后者需要格位指派,所以不能出现在无法得到派格(b 不能成立)。但是小句和名词短语在吸纳必选型格位指派方面却有同等的效用,所以用名词短语吸纳格位的 c 和用小句吸纳的 d 两例一样都可以成立。e 不能成立,因为它的必选型格位未能释放给任何东西。

(65) a. It is believed [CP that the space shuttle flies very high]
b. *It is believed [NP the young man]

c. [NP the young man] Ie is amazing
d. [CP that the space shuttle flies very high] Ie is amazing
e. *[空位] Ie is amazing

现在回头来看汉语类语言。众所周知,这类语言允许空主语句子。我们因此有理由相信这类语言中句子中心指派主格不是必选型的,而是可选型的,意思是只有在有需要的时候,只有当主语位置有个名词短语需要被指派格位时这个句子中心才去指派一个主格格位。如果主语位置上没有什么需要派格的话,它就可以不派格,根本不需要虚荣地安排一个傀儡主语"充门面"去吸纳它的派格能量。此外,正如本章前文所论述的,格位指派者本来就分为"必选型"和"可选型"两类。总而言之,我们有关英汉两种语言中句子中心在派格特点上的不同可以图示如下。

(66)汉语类语言中主格格位的指派

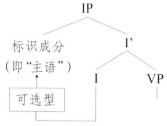

(67)英语类语言中主格格位的指派

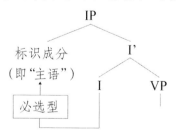

正是因为汉语类语言中主格格位的指派是可选型的,而不是必选型的,这类语言允许所谓的无主句,跟英语类语言对比鲜明。同样原因,汉语也不需要相当于英语 it 和 there 一类的成分充作"傀儡主语"。因是之故,下列例句中主语位置有名词短语的 a 句和没有名词短语的 b 句在语法上同样可以成立。

(68) a. [$_{NP}$张先生] Ic 买了一本书
　　 b. [空位] Ic 买了一本书
(69) a. [$_{NP}$他们] Ic 会来的
　　 b. [空位] Ic 会来的
(70) a. [$_{NP}$我] Ic 喜欢吃苹果
　　 b. [空位] Ic 喜欢吃苹果

站在纯形式语法的立场来看,汉语类语言中主语位置上有无名词短语是完全自由的。只是出于非形式语法的原因(如语义表达的明晰、强调、避免歧义等),有时使用名词短语比不用好,或者相反。形式语法对这个问题没有任何约束。我们也许可以这样形象地理解这个问题:形式语法说,如果语义语用要求在主语位置用一个名词短语,我会通过给这个名词短语指派主格的方式帮助它。如果你语义语用不需要,我形式语法更是乐得清闲,多一事不如少一事。此外,我们这里就汉语空主语总结的说法同样适用于日语和朝鲜语。日朝两种语言同样允许无主句,同样没有"傀儡主语"。①

5.7 结束语

句法结构都是向心结构。句子也是有中心成分的。句子的中心成分是一个功能范畴 I,这个功能范畴在语法系统中除了担负句子中心这一重要语法职能外,还要负责给主语位置上的名词短语指派主格格位。虽然都是句子的中心成分,但汉语类语言中句子中心的性质跟英语类语言大不相同。前者仅仅是个没有语音形式的"谓素",而后者除了"谓素"外还有"时态"和"呼应态"等元素。

---

① 造成空主语现象有两个相互独立的不同原因:其一是主格格位指派的"可选型"(如汉语、日语和朝鲜语等),其二是动词丰富的"呼应态"特征(如意大利语、西班牙语等)。详情可参 Xu (1993b)。

性质不同的句子中心在选择谓语形式和指派主格方面表现不同：汉语由于句子中心仅仅是个"谓素"，它对谓语成分的唯一要求就是"述谓性"，只要有"述谓性"特征的语法单位都可以在汉语中充当谓语，包括动词、形容词、名词和句子。英语的句子中心要求谓语必须是动词或者动词短语，形容词、名词和句子在英语中是不能作谓语的。此外，英语的句子中心指派主格是必选型的，它必须把自己的派格能量释放出去，不允许主语位置空置；而汉语的句子指派主格则是可选型的，主语位置上有名词短语的话，它可以给它指派主格，那里不需要名词短语的话，它也允许主语位置空置。

我们对句子中心性质的基本认识和理论引申为一系列汉语类语言和英语类语言的类型对立提供了简洁明快的解释：形容词/名词能否直接作谓语、话题结构、多主语结构、空主语现象等。重新梳理的语法系统因此而成功地得到大幅度的简化。

语法现象	传统的分析方法	本章的分析方法
形容词/名词直接作谓语	形容词/名词在某些语言中可以直接作谓语	两类性质不同的句子中心（外加"扩充的格位过滤器"等有限的几个有独立存在意义、不是针对眼下问题而随机设立的普遍语法原则）
多主语句子		
话题结构	"主语/话题－优先语言类型"	
话题标记词	"空主语参数"	"话题"语言类型（在语法形式上"话题"特征[＋T]可有可无，可强可弱。呈一定程度的强特征[＋T]在某些语言中可能诱发"加用话题标记"或"前置话题成分"两类语法操作）
话题移位		
空主语句子		

第六章 焦点范畴与焦点形式

6.1 引言

关于汉语中的焦点范畴和焦点形式,许多学者做过精细的观察和深入的分析。本章打算在各家重要研究工作的基础上,遵循本书所倡导的分析思路,讨论与它们有关的问题。最终目的是希望实现对它们分析的简化。

本章主要讨论现代汉语的问题。但是,为了较充分地阐述我们的想法,有的地方引用和比较了英语、匈牙利语、马来语和上古汉语中相关的语言现象,并尝试以此为基础建立一个跟焦点表达有关的语言类型。贯穿本文的一个基本观点是,在最初始的层面,"焦点"是个语用概念。但是这个语用概念在句法层面转化成了一个纯形式的语法范畴,亦即"焦点"特征(码化为[+F])。焦点范畴在不同语言的形式语法系统中会驱动各种不同的语法操作,形成跟焦点相关的种种语法形式,亦即"焦点形式"。

我们先谈"焦点范畴",后说"焦点形式"。

6.2 焦点范畴

6.2.1 焦点

"焦点"在不同领域中本来就可以有多种不同的理解。在语言的形式描述理论中,它是句子中某个句法成分的一种特征,在意义上是说话人认为比较重要、需要通过语言手段强调的成分。表达焦点的句法成分是焦点成分。这些道理似乎都是显而易见的。但在相关文献中,人们对焦点有广义和狭义两种不同的理解。狭义的焦点,一般指的仅是那些用特定的语法形式标明的句法成分。汉语中典型的焦点表达形式当然是由"是"构成的"(准一)分裂句"。这种做法背后的原因显然是把焦点看作一种纯线性结构的语法现象。而对焦点的广义解释则以说话人强调的重点这一语义语用特征作为出发点,来识别焦点成分,归纳焦点特征。

对焦点的广义解释,较早而且最有系统的文献是 Jackendoff(1972)。他明确指出,在某种解释层面上,每个句子都可以分成"焦点"(focus)和"预设"(presupposition)两个基本部分。根据对焦点的这一广义解释,不管下列例句(1)是否用"是",只要"老张"是说话人强调的重点,其焦点和预设都应该分析为(2)。

(1)(是)老张批评了小李。
(2)预设:某人批评了小李。
　　焦点:老张。

每个正常的、用于交际的句子都至少有一个焦点成分,[①]有的句子表面看来没有明显的焦点(如一段话的起始句),实际上它可能是没有预设,它的整句或者整个谓语部分很可能都是焦点成分。有的焦点成分因为使用了特定的语法手段(如加"是"),即使脱离语境也是很明显的。有的脱离语境则不那么明显。但是,某句法成分是不是焦点成分并不完全依赖于它是否由特定的语法手段来标明,而是取决于它是不是说话人要强调的重点。当焦点成分没有通过一定的语法形式表达时,我们仍然可以运用替换、省略等分析方法把它们识别出来〔详参 Cheng(1983)〕。

[①] 这里"句子"指的是用作信息传递行为的句子,不包括其他非信息传递行为的句子。非信息传递的句子是没有"焦点"的,所以可以有多种不同的形式:"你好!""您早!""晚安!""吃了吗?""嗨!"。这种句子即使是问句也无需认真回答。"去哪儿?""到前边。"

6.2.2 焦点类型?

有没有必要和可能对"焦点"进行分类?这是一个国内外语言学界都曾有所触及,但是都没有充分论证的问题。这个问题仍然没有得到很好解决,大有进一步讨论的空间和必要。

较早涉及焦点类型的文献是对焦点的不同理解。不同学者出于不同的理论背景与思考模式对焦点有不同的诠释。本章前面有关"狭义焦点""广义焦点"的划分就间接反映了学术界对"焦点"认识的不一致。此外,还有人从心理、语用、语义、句法等角度对焦点进行了不同的定义。

但是,对焦点不同层面的理解和定义并不是在同一层面上对焦点的分类。我们知道分类学的根本原则要求任何形式的分类都必须在同一平面,运用同一标准进行。分出的类型应该整齐干净。各类焦点应该对内有很高的一致性,对外有较严的排他性。不同类型的焦点之间不能有包含或者交叉关系。本章"广义焦点"和"狭义焦点"的说法也不是对焦点的分类,而是对焦点内涵与外延宽窄不同的界定,二者有包含与被包含的关系。

有的论著字面上说要对焦点进行分类,而实质上做的仍然是讨论焦点的不同含义。这方面最典型的一个例子就是美国学者Gundel新近推出的专题论文"论焦点的不同类型"〔Gundel(1999)〕。她打的旗号明明是对焦点进行分类,而分出的三个类型仍然是对焦点三种不同的理解。

1. "心理焦点"(psychological focus),指的是"听说双方目前注意力的集中点",如下列(3)中的"she"。

   (3) Emily hasn't changed much. She still looks like her mother, doesn't she?

2. "语义焦点"(semantic focus),指的是"陈述话题的新信息",如(4)中的 Bill。

   (4) 问:Do you know who called the meeting?

答：(It was) Bill (who) called the meeting.

3. "对比焦点"(contrastive focus)指的是"建立在对比与强调的目的基础上的语言学重要性"。

(5) 问：I can't decide what to take on the trip. Should I take the coat you bought me?

　　答：Yes. The coat I bought you, I think you should take.

正如作者 Gundel 本人所说,这三种不同的"焦点"相互独立,但是并不互相对立,也不互相排斥,某语法成分可以既是"语义焦点",同时又是"对比焦点"或者"心理焦点"。各种类型的焦点没有稳定的语言表达形式,都可以表现为重音、词序或者焦点标记词。不同类型的焦点可以互相包含和交叉。但是,如果真的是这样的话,那大概就不能算是"焦点的不同类型"了。只能算是对焦点含义的三种不同理解。三者之间也缺少"物以类聚"的共同语言特征。尤其是"心理焦点",它大概真的是"心理学意义下的焦点"。如果是语言学意义下的"焦点",不管我们采用什么标准进行何种再分类,都起码有一个共同的语言特征,即韵律重读(prosodic stress)。而正如 Gundel 自己所注意到的,上述"心理焦点"反倒要轻读。"语义焦点"和"对比焦点"虽然都是语言学意义下的"焦点",但是二者对立的理论基础也相当脆弱。

根据 Gundel 的定义,"语义焦点"是陈述话题的新信息,重在"信息之新";而"对比焦点"则是出于对比和突出而要通过语言手段强调的成分,重在"强调之必要"。我们认为这两个概念之间不存在对立。在语言学意义下,只有一种焦点,亦即作为一种非线性语法范畴的"语法焦点"(grammatical focus)。"语法焦点"是说话人判定为相对重要而决定用语法手段进行强调的对象,亦即语法化了的语用语义特征。语法焦点背后的语义基础是说话人认为某成分"相对重要"(contrastively more prominent)。至于为什么说话人认为某成分相对重要,那完全是出于他们自己的心理判断而跟语法规则系统无关。说话人做此判断的原因可以是各种各样的,既可以是主观的,也可以是客观的。既可以是心理的,也可以是社会的、文化的。可能是因为信息太新,也可能是因为信息太旧。信息之新可以并且常常成为说话人强调的原因,但是也不一定总是如此。举个简单的例子,同样都是回答问题时提供的新信息,(6)因为是好事情,说话人多半会如B式那样把主语当焦点成分来强调和张扬,但是也有人腼腆谦虚,不在主语前面用焦点标记词"是"。而(7)因为是不好的事情,说话人通常会像A式那样心惊胆战,尽可能低调淡化处理,不大可能再把主语当作焦点来强调,但是这也不一定。如果这人正好是个地痞,他也有可能故意破坏这个常态。

(6)问:谁修好的电脑?
　　A答:(谦虚地)我修好的电脑。
　　B答:(得意地)是我修好的电脑。
(7)问:谁弄坏的电脑?
　　A答:(胆怯地)我弄坏的电脑。
　　B答:(霸道地)是我弄坏的电脑。
　　（潜台词是:"怎么？想打架吗？"）

凡此种种现象说明,说话人是否强调某成分都是他们出于各种随机的、主观的、偶然的、因人而异、因事而异的、对事物相对重要性个人化的判断和选择,都是在尚未进入语言状态之前的心理活动。强调与否,取决于说话人非语言学的考虑,跟语言分析无关。语言学所关心是如何通过语言手段处理受到强调的、被赋予了"焦点"特征的语法成分。语言学既不可能,也没有必要对这些导致说话人判定为"相对重要"的不同心理活动进行归纳和概括。本质上看,它尚未成为一个语言学问题。新信息构成的焦点和旧信息构成的焦点不能成为语言学类型。信息的"新"容易(但是不一定)成为说话人强调的原因。但是,绝不是唯一的原因,还可能有别的原因。语言学之外造成焦点的原因可以有多种,但是语言学意义下的焦点就只有一类。语义焦点和对比焦点都是说话人要强调的成分,只是强调的原因不同而异。刘丹青、徐烈炯(1998)指出,"由于说话人态度有主观性,所以我们选择以信息强度而不是信息新旧来定义自然焦点,强度是说话人主观赋予的,而新旧应该是客观存在的。"他们这一说法是正确的。但是,这不仅适用于自然焦点,任何焦点都是如此。

焦点问题的研究近年在国内语法学界形成一个新热点,有很多高水平论著出版与发表。在这些文献中,不少学者直接或者间接触及焦点的分类问题。这其中值得我们特别重视的是刘丹青、徐烈炯(1998)(以下简称刘徐文)提出的一个完整的焦点分类系统。该文明确提出,语言学中存在不同种类的"焦点"。焦点是说话人最想让听话人注意的部分,而所谓"最",总是跟与焦点相对的"背景"(background)相对而言的。根据背景跟焦点的关系,背景可以分成两类:一类是同一小句中焦点外的部分,另一类是在上下文或共享知识中的某个对象或某项内容。该文进而指出,焦点的性质会因背景的呈现方式不同而不同,并把跟句内背景相对应的焦点性质描述为"突出"(prominent),把跟句外背景相对应的焦点性质描写为"对比"(contrastive)。突出和对比是焦点的两大话语功能,但是并不是所有焦点都同时具备这两种功能。他们建议以[+/-突出]和[+/-对比]两对功能为参项,把焦点分成"自然焦点""对比焦点"和"话题焦点"。综合这三类焦点的特征,再把"非焦点"拿来参照对比,我们制成下表。

	[突出]	[对比]
自然焦点	＋	－
对比焦点	＋	＋
话题焦点	－	＋
非焦点	－	－

这是一个非常有新意的、非常有特色的焦点分类系统。首先，它刻意使用"背景"（大体等于"非焦点"）这个概念，巧妙地避开以前人们使用的"预设"〔Jackendoff（1972），徐杰、李英哲（1993），方梅（1995）〕及其可能带来的不必要困扰。而"预设"作为一个逻辑和语义概念有自己特定的定义，借用到语法学中虽然也可以大而化之地使用，但是有可能会带来一些不必要的困扰。其次，更重要的是，它用"二元对立"的两个特征去描述一组相关的概念，简单明快地揭示了它们之间的"异"与"同"。这种做法在现代语言学中颇受崇尚。① 尽管如此，我们发现这个分类系统尚有进一步商榷的必要。其主要问题出在它的核心概念（亦即"突出"和"对比"）缺乏坚实的理论基础和有力的事实支持，存在着不易克服的矛盾和不易解决的问题。

1. "突出"与"对比"赖以存在和对立的全部根据是背景的呈现方式（刘徐文称之为"背景跟焦点的位置关系"）。背景确实有小句以内和小句以外两种呈现方式。但是，呈现方式的这种差别对焦点的性质没有实质性的影响。句法成分的焦点性质都不会因为焦点背景

---

① 如生成语法就用［＋／－V］（动词性）和［＋／－N］（名词性）去描述"名词""动词""形容词"和"介词"四种主要词类的异同。

词类	[V]	[N]
名词	－	＋
动词	＋	－
形容词	＋	＋
介词	－	－

呈现方式的不同而有实质性的差别。还用我们举过的那个例子。

（8）问：谁修好的电脑？
　　A 答：是我修好的电脑。
　　B 答：是我。

非常明显，上列 A 式回答中跟焦点成分"是我"相对的背景"修好的电脑"共现于同一个小句之内，B 式回答中的背景大概也应该是"修好的电脑"，但是这个背景没有出现在同一小句之内，而是出现在谈话上下文的语境中（亦即"问句"中）。照刘徐文的分析，由于其背景跟焦点成分出现的位置不同，A 式回答的焦点"是我"因为以小句以内的其余部分为背景，是"自然焦点"，而 B 式回答的焦点，同样的"是我"则因为以小句之外的东西为背景，是"对比焦点"。但是，显而易见的问题是，两个答句中"是我"都是对同一问句的回答，虽有详略之别，其中一个有省略，另一个没有省略，但是我们看不出焦点本身的性质有任何的不同，看不出把它们分成两类的实质意义。

2. 在刘徐文的分类系统中，"突出"与"对比"无疑是作为两个对立而不能兼容的特征存在的。因为，（用该文原话）"以小句内部其他成分为背景时，焦点的性质可以描述为'突出'，以小句外的内容（不管是话语成分还是认知成分）为背景时，焦点的性质可以描写为'对比'"。分身乏术的同一个背景是不可能既出现在小句之内，又出现在小句之外的。相应的焦点要么具有"突出"的特征，要么具有"对比"的特征，不可能同时有这两个特征。但是刘徐文大概出于要用两个特征去定义三类焦点的目的，把他们的"对比焦点"定义为具有［＋突出］［＋对比］两个特征，这显然是自相矛盾的。那等于说它的背景既在句内，同时又在句外。这在理论上也是站不住脚的。

3. 在此分类系统下，各类焦点各有不同的特征，但是却缺乏一个共同的语法特征使三类焦点"物以类聚"组成一类，既不是"突出"，也不是"对比"。人们的疑问是，为什么把三类成分都叫"焦点"呢？

4. 即使撇开刘徐文对"突出"和"对比"的特有定义不论，而仅就这两个术语的表面意义来理解，我们认为它们也不应该处于同一层面的对立状态，而应该有因果关系。"对比"是个"过程"，而"突出"（实际应为"相对重要"，英文 prominent 也可以译成"重要"）则是这个过程的"结果"，二者不可分割。"对比"就是"比较"。而所谓的"突出"（或者说"重要"）都是相对的突出，是跟"背景"（＝非焦点）比较而言的。脱离"对比"的、绝对的"突出"是不可思议的。"对比"是"突出"的前提和条件。没有对比就无所谓重要与不重要了。刘徐两位自己也说"大略地说，焦点是说话人最想让听话人注意的部分。所谓'最'，总是跟其他部分相对而言。只有一个成分便无所谓'最'。所以讨论焦点还得从与之相对的成分谈起。"此言极是！但是他们如果也这么认为的话，"突出"与"对比"又如何能作为两个对立的特征存在呢？

总而言之，我们仍然认为，焦点在性质上只有一类，那就是说话人基于自己的判断，认为它相对重要并决定通过语法手段强调的成分。不同的焦点只有因受强调的强弱的不同而有强弱的差别，程度的高低（"量"的问题），而没有根本性质的类型对立（"质"的问题）。信息的新旧，背景呈现的不同方式都难以造成语法焦点的类型对立。

刘徐文更让我们感兴趣的是他们对"连"字的分析。我们将在本章后面回到这个问题。

6.2.3 多重焦点和主次焦点

一个简单句可以有两个或多个焦点成分吗？答案应该是肯定的。从道理上讲，如有必要，说话人完全可以在一个简单句中同时强调两个或者多个语法成分。就事实来看，下列包含两个焦点成分的句子，在适当的语言环境下都是可能存在的。

(9) 小刘<u>昨天</u>开车<u>走</u>的。
(10) 小刘<u>今天晚上</u>要在<u>他办公室里</u>等你。

(11) 小刘今天三顿饭都没吃饱。

一个简单句可以包含多个焦点的另一个重要证据是所谓多项疑问句的存在。例句如下。

(12) 谁在那家超市买了什么？
(13) 你什么时候在什么地方见过他？

当一个简单句包含多个焦点时，这些不同的焦点所受到的强调程度可能是不均匀的。自然的情况是其中一个焦点所受到的强调程度高于同句中其他焦点。我们把这一现象称作焦点的强度级差。显而易见的是，焦点的这种强度级差是比较而言的，不存在某种绝对的"值"。这种情形跟语音中主次重音的区分非常相似。因是之故，我们可以把受强调程度高的焦点叫作"主焦点"，强调程度低的则称为"次焦点"。语法中的主次焦点跟语音中的主次重音另一个相似点是主次重音的划分只有在一个单词包含多个重音时才有意义。只包含一个重音的单词其重音是无所谓主次的。同理，主次焦点的划分也只有在一个简单句包含了多个焦点成分时才有意义，句子只有一个焦点时是无所谓主次的。

语法形式要表现焦点的话（详见本章 6.3 及 6.5 节），首先要表现的自然是主焦点，把它放在最受强调的位置上。例句如下（引号''中的代表次焦点）。

(14) 是老赵睡了'一整天'。
(15) 是小王'凌晨两点'才回家。

6.2.4 焦点的强弱与"单一强式焦点原则"

把性质不同的焦点都拿出来比较，我们可以看到，除了多个焦点在同一个简单句中有主次之分外（横向比较），焦点在不同的句子中还可以分出强弱。根据对焦点的广义解释，每个句子都至少有一个焦点。但显而易见的是，有的句子比较突出强调焦点成分，而别的句子虽然也有焦点成分，但是未必突出强调它。我们把这后一种现象称为焦点在不同句子中的强弱差别(纵向比较)。比方说,同样作为对问句(16)的答句,(17)和(18)两句中都有焦点成分,而且两句也都只有一个焦点成分,没有相对的主次问题。这是它们的共同点。但是前句中的焦点成分通过语法手段(亦即加焦点标记词"是")被突出强化了,是强式焦点;而后句中的焦点成分则是没有被强化,是弱式焦点。二者之间的对比非常鲜明。

(16) 谁走了?
(17) 是老王走了。
(18) 老王走了。

跟焦点的主次一样,焦点的强弱也是一对相对的概念,完全是比较而言的。就客观对象而言,焦点从"极强"到"最弱"的强度差别应该是一个没有自然分际的连续体。即使人为地硬性把它切割成"极强－次强－中性－次弱－最弱",那也只是为了分析方便。客观事物本身大概不存在离散的、黑白分明的自然分际。由于那些细微的差别跟本章所关注的核心问题关系不大,只粗略地把焦点分为"强式焦点"和"弱式焦点"两个极性类型。在本章接下来的讨论中,除非特别说明,我们所说的焦点指的是强式焦点。

强式焦点在包含多个焦点的句子里经常跟该句的主焦点重合。一个简单句可以同时拥有多个焦点,但是它要突出强调的一般只有一个。下列(19)(20)一类同时有两个部分受"是"的强调的句子是不能成立的。

(19) *是老赵是半夜才回来的。
(20) *是老赵晚上是在办公室里等你。

我们把这一现象概括为简单句的"单一强式焦点原则"(unique strong focus principle),表述如下。

(21) 当一个简单句包含多个焦点时,专用的焦点语法形式只能突出强调其中的一个。

本章接下来讨论疑问句的焦点问题时,还会对(21)提供更多旁证。这里还应该说明的一点是"单一强式焦点原则"是约束简单句的一个语法条件。带有宾语从句的包孕句不受此限，它可以有多个主焦点通过专用的语法形式表达出来。

(22) 是小王知道[是小刘打碎的那个杯子]。

(23) 是小王知道[老李是昨天亲自告诉校长[是他自己不愿意来的]]。

有意思的是，带定语从句（或曰"关系从句"relative clause）的包孕句却不可能有多个强式焦点。下列(24)不可接受。

(24) *[是老王请来的]客人是昨天到的。
　　　比较：老王请来的客人是昨天到的。
　　　　　　是老王请来的客人昨天到的。

在我们看来，这是因为定语从句只有句子结构而没有独立的句子功能属性，而宾语从句不仅有句子结构而且可以有独立于母句的功能属性。

6.2.5 "焦点"特征[＋F]的指派

刘丹青、徐烈炯(1998)有一段话发人深思：

　　语言学界通常谈论的焦点，本质上是一个语言性的话语功能的概念。从理论上说，焦点可以存在于句子的任何部位，因此不是一个句法结构成分。当然，语言中会存在一些表示焦点的形式手段，这使焦点跟句法也有一定关系，但做焦点的成分总是在句法上另有结构地位，例如有的焦点在句法上是宾语，有的焦点则是状语，等等。所以，讨论焦点的含义，首先要从它的语用性质着手。

我们引用这一段话是因为我们认为其中包含有很多精辟见解。如"焦点"既是语用概念，又跟句法有一定关系。我们要补充说明的是，作为语用概念的"焦点"跟句法的焦点处于不同的层面。在最初始的语言层面上，作为"说话人认为相对重要而要特别强调的对象","焦点"当然是一个纯粹的语用概念,当然跟句法结构没有关系。但是,这个语用概念会作为一个特征进入形式语法系统,会作为一个纯粹的形式语法特征,跟其他各种各样的形式语法特征一起被指派给句法成分〔Jackendoff（1972）,Rooth（1996）〕。到了形式语法这个层次,它就已经跟语用范畴完全脱钩,已经彻底转化为一个纯形式语法的范畴,并作为一个形式语法特征参与句法活动。这一语法特征是主要扮演一个启动器角色,它会驱动语法系统对这一特征作出相应的、因不同语言而异的反应,从而造成各种各样的焦点语法形式。转化为一个形式语法特征后,"焦点"（码化为[＋F]）跟句法就不仅是有一定关系的问题,而是完全属于句法。此外,"焦点"当然不是一个线性句法结构成分,在任何语言层面都不是,而是属于某些句法结构成分的一种特征。我们可以把焦点特征[＋F]跟具体句法成分相联系的过程叫作"焦点特征指派"（feature [＋F]-assignment）。有理由认为,"焦点特征指派"这一过程应发生在句法中的深层结构平面。

6.3 焦点形式之一:焦点标记词

6.3.1 现代汉语中的"是"

深层结构平面指派的焦点特征[＋F]有可能诱发因语言不同而异的句法和语音效应。众所周知,在语音平面上,[＋F]特征常常会造成相对重读〔参见 Jackendoff（1972）,Culicover and Rochemont（1983）等〕。在句法平面上,我们可以想象得到的,最直截了当的反应就是在带[＋F]特征的句法成分（亦即"焦点成分"）前面或者后面添加焦点标记词（且不论这个标记词的性质如何）。现代汉语当然是这类语言的典型代表。先看下列例句〔借自方梅（1995）〕。

(25) a. 是我们明天在录音棚用新设备给那片子录主题歌。
　　　　[用于回答"哪些人"]

b. 我们是明天在录音棚用新设备给那片子录主题歌。
   [用于回答"哪天"]
c. 我们明天是在录音棚用新设备给那片子录主题歌。
   [用于回答"在哪个地方"]
d. 我们明天在录音棚是用新设备给那片子录主题歌。
   [用于回答"用哪种工具"]
e. 我们明天在录音棚用新设备是给那片子录主题歌。
   [用于回答"给哪个片子"]

上列各例显示，在汉语中，我们如要特别强调某个句子成分的话，就可以把焦点标记词"是"加在它前面。上列(25)a—e各例有着共同的基本语义关系。这意味着它们有着相同或者非常形似的线性深层结构。在深层结构平面，这些例句的唯一不同是焦点特征[＋F]在不同句子中被指派给了不同的句法成分。

(26) a. 我们[+F]明天在录音棚用新设备给那片子录主题歌。
     b. 我们明天[+F]在录音棚用新设备给那片子录主题歌。
     c. 我们明天在录音棚[+F]用新设备给那片子录主题歌。
     d. 我们明天在录音棚用新设备[+F]给那片子录主题歌。
     e. 我们明天在录音棚用新设备给那片子[+F]录主题歌。

在由深层结构而表层结构的推导派生过程中，焦点特征[＋F]驱动汉语形式语法系统对它作出反应，亦即在带[＋F]标记的句法成分前面加用焦点标记词"是"，(26)a—e因此而被重写为(25)a—e。

我们把上列各例中的"是"分析为一个焦点标记词。我们当然知道，这种用法不是"是"的唯一用法。"是"还可以当一个普通的判断系词用,如"他是一个学生"。从词类归属来说,判断系词"是"和焦点标记词"是"都属于动词。关于焦点标记词"是"的性质大家是有不同意见的。据我们所知,最早把"是"明确叫作"焦点标记词"(focus marker)的是邓守信〔Teng(1979)〕。黄正德(1989)综合考察了相关事实,对"是"提出了一个新的分析。他慧眼独具地观察到这个"是"表现出一整套汉语普通动词的特征。比方说,它可以进入"V－不－V"正反问句〔例(27)〕;它能够受否定副词的否定〔例(28)〕。更重要的是,尽管任何一个句法成分理论上都可以成为焦点成分,但是这个"是"的分布受到极大的局限,它只能出现在主语之前或者主语和主要动词之间,不能出现在动词和宾语之间〔例(29)〕,也不能出现在介词和宾语之间〔例(30)〕。黄正德因此而得出结论说,"是"不是个单纯的焦点标记词。

(27) **是**不**是**他昨天借了你的书?
(28) 他不**是**怪你。
(29) ＊我昨天在学校碰见了**是**他(的)。
(30) ＊我昨天把**是**他骂了一顿。

这些观察是完全符合汉语事实的。但是它所能证明的只是汉语的"是"除了是个焦点标记词外,在词性上它是动词,还需要接受汉语语法对动词的一般限制。这些语言事实跟把它看作一个以动词身份充当焦点标记词的论断并不矛盾。嵌入"是"的本来目的仅是为了表征焦点。只不过因为被嵌入的碰巧是个动词,所以在把它当作焦点标记词使用的同时,还要保证它能够遵循动词的规则。这种情况跟吃药常有副作用非常相似。病人吃药治病的同时还要准备消除或者容忍药物的副作用。作为一个单词,焦点标记词不可能存在于真空中,它必然属于一定的词类,因而必然要表现出该类词的语法特征,必然要遵循该类词的语法规则。在汉语中是这样,在其他语言中也是如此。

有两个因素共同决定着焦点标记词"是"的线性位置安排:

1. 作为一个动词,"是"的位置安排要迁就汉语对动词的一般语法限制。这正是为什么上列(29)一类例句中即使宾语受到强调,也不能把"是"加在它前面。这一方面因为动词"碰见"不能带一个动宾短语充当的宾语;另一方面因为"动一宾"和"介一宾"之间都是最紧密的语法关系,不允许其他成分介入其间。① 换言之,(29)(30)错误的性质跟(31)(32)是完全一样的。而后者根本就跟焦点标记词无关。

(31) ＊我昨天在学校碰见了**突然**他(的)。
　　　[比较:"我昨天在学校**突然**碰见了他(的)"]
(32) ＊我昨天把**狠狠地**他骂了一顿。
　　　[比较:"我昨天**狠狠地**把他骂了一顿"]

2. 在其他语法条件得到满足的前提下,焦点标记词"是"尽可能靠近焦点成分。下列例(33)中的"是"强调的只能是最紧靠它的"昨天",(34)中的"是"强调的则只能是紧靠它的"用钳子",不可能是别的成分。

(33) 小王**是**昨天用钳子把那张桌子修好了。
(34) 小王昨天**是**用钳子把那张桌子修好了。

6.3.2 疑问代词与强式焦点

我们说焦点特征[＋F]是在深层结构平面指派给各句法成分的。在陈述句中,这个特征可以自由地指派给任何一个句法成分,不受限制。但是,在特指问句中,焦点特征似乎必须指派给疑问代词(如"谁")或者包含疑问代词的语法单位(如"谁的孩子"),而不能指派给特指问句的其他成分,疑问句中的疑问代词一般都自动成为所在句子的强式主焦点。

(35) 你喜欢谁的孩子?
(36) 谁发明的飞机?

---

① 生成语法对此类现象有个技术性的解释。宾语名词的宾格格位是由动词和介词指派的。动词和介词是格位指派者(Case assigner),名词宾语是被指派者(Case assignee)。为了顺利指派格位,格位指派者和被指派者必须紧邻,而不能被其他句法成分隔离开来。这是各种语言共有的普遍现象(比较两个英语句子 I miss you badly, ＊I miss badly you),叫作"格位指派的紧邻条件"(adjacency condition on Case assignment)。

(37) 你在什么地方见过他？

疑问代词会自动成为焦点成分不仅是个语感问题,而且是可以运用郑良伟提出的一套识别焦点的办法证明的〔其中包括"省略法""替换法"等等,详参 Cheng(1983)〕。我们都知道汉语句子中的许多语法单位都可以省略。但是特指问句中的疑问代词是没法省掉的。多年前听过一段相声,幽默风趣,至今不忘。说的是,河南、山东一带老乡性格豪爽,说话简练干脆。很多时候一个字就够了。打的比方是两个人半夜碰面的几"句"对话。

(38) 甲:谁？
　　 乙:我。
　　 甲:Zua(做啥)？
　　 乙:尿！

这种"单字句"已经省到了不能再省的地步,保留下来的一定是句子的焦点成分。大家看,如果那碰巧是个特指问句的话,保留下来的句法成分一定是疑问代词(如"谁""zua")。这个简单事实蕴涵的道理同样是疑问代词一定是特指问句的焦点成分。

特指问句中的疑问代词必然是其所在句子的焦点成分,但它们在形式上却没有明显的焦点标记。鉴于此,我们可以设定这些疑问代词在词库中被规定带有[＋F]焦点特征标记。果如此,在某种抽象层面,上列例(35)—(37)可以改写成(35')—(37')。

(35') 你喜欢"谁的孩子[+F]"？
(36') "谁[+F]"发明的飞机？
(37') 你"在什么地方[+F]"见过他？

这种"胎里带"出来的[＋F]焦点特征随疑问代词本身进入句法结构以后所起的作用跟深层结构指派的[＋F]是一样的,它也可能诱发相应的句法效应,亦即加用焦点标记词"是"。因为之故,特指问句中如果用焦点标记词"是"的话,这个"是"一定会尽量靠近疑问代词〔如下列例(36")和(37")〕。即使因为语法原因不能紧靠疑问代词,它在意义上一定指向疑问代词,强调的一定是疑问代词〔如例(35")〕。如果疑问代词的[+F]特征不是本身固有的,我们就无法解释为什么一定要把这个[+F]特征指派给它。

(35") 你是喜欢"谁的孩子$^{[+F]}$"?
(36") 是"谁$^{[+F]}$"发明的飞机?
(37") 你是"在什么地方$^{[+F]}$"见过他?

在词库中给疑问代词规定带有焦点特征[+F]的做法还可以找到其他独立的论据。

1. 黄正德〔Huang(1982)〕,郑良伟〔Cheng(1983)〕和汤廷池(1984)等学者都注意到汉语特指问句有一个非常有意思的现象,那就是下面这类句子不合语法。

(39) *是张三打了谁?
　　〔比较:张三是打了谁?〕
(40) *谁是买了那么多书?
　　〔比较:是谁买了那么多?〕
(41) *他什么时候是在美国念的书?
　　〔比较:他是什么时候在美国念的书?〕

对于这些不合法的句子,几位学者有不同的解释。黄先生是从疑问代词和焦点成分在逻辑式中的暗移位(covert movement in logical form)的角度解释的。① 汤先生则认为"疑问词问句必须以疑问词为焦点成分,因此焦点标志'是'必须出现于疑问词的前面"。郑

---

① 黄正德先生〔Huang(1982)〕认为,疑问代词在汉英两种语言中都要移至句首。不同的只是英语的疑问代词是明移位(如下列例(i)),而汉语的疑问代词和焦点成分则是逻辑式中的暗移位(如(ii))。据此,黄先生认为(iii)类句子之所以不合语法是因为把"张三"和"谁"都移至句首后(即(iv)),它们所留下的语迹作为一种空语类不能满足"空语类原则"(empty category principle),而后者是一个经过充分论证并广为采信的语法原则。

(i) Who do you like t?　　(ii) 谁〔你喜欢 t〕?
(iii) 是张三打了谁?　　(iv) 张三 谁〔t 打了 t〕?

先生则具体指出,这是因为疑问词必须成为特指问句的焦点〔他把疑问句看成一种"焦点表达式"(focus device)〕,而"是"也是一种焦点表达式。这些带"是"的特指问句等于使用了两种焦点表达式。在这种情况下,两种焦点表达式所强调的对象必须统一,郑先生还因此而提出了一个"焦点统一原则"(principle of unified focalization),(39)—(41)各例不合语法都是因为它们违反了这个原则。

但是,我们考虑到多重焦点和主次焦点等现象的存在事实(一个简单句可以包含两个或多个焦点,是不可能完全统一的。如"谁连这么简单的字都不认识?"一句中就有"谁"和"这么简单的字"主次两个焦点,没有统一),拟于这里提出一个简单明快的解释。我们认为,这种句子不合语法都是因为它们违反了前面论证的"单一强式焦点原则"〔亦即前文(21)〕。疑问代词在词库中已经带有焦点特征[+F],进入句法结构后它们必然自动成为所在句子的强式焦点,要加用焦点标记词"是"的话只能加在它们前面,加在别的句法成分前面的话就制造了两个强式焦点,违反了简单句的"单一强式焦点原则"。所以说,疑问代词的强式焦点特征[+F]是天生的、固有的、不可改变的。与此鲜明对比的是,陈述句和不包含疑问代词的疑问句中的强式焦点是临时指派的,是可以随意指派给任何一个句法成分的,是后天的。这些意思可以归纳概括如下。

词库	句法		表层结构
	深层结构		
	[+F]特征指派之前	[+F]特征指派之后	
她、昨天、去、了、谁[+F]、是[f]	她昨天去了	她[+F]昨天去了 她昨天[+F]去了	是她昨天去了? 她是昨天去了?
	谁[+F]昨天去了	谁[+F]昨天去了 *谁[+F]昨天[+F]去了 *谁[+F]昨天[+F]去了	是谁昨天去了? *是谁是昨天去了? *谁是昨天去了?

2. 汉语中的疑问代词还有非疑问用法〔例句出自汤廷池(1980)〕。

(42) 谁也不许偷懒!
(43) 太累了,我哪里也不想去!

本书第七章指出,疑问代词都带有"疑问"特征标记[+Q]。如果加上本章建议的"焦点"特征标记[+F],那么疑问代词在词库中都被规定带有[+F][+Q]两种特征标记。(42)和(43)两例中的疑问代词虽然并不表达疑问,但是都有明显的强调作用。我们认为这是因为词库中标明的[+Q][+F]两种特征标记有一种(即"疑问"特征[+Q])在非疑问句中没有被激活(inactive)而发生作用,但是它的另一个特征[+F]却实现了。朱德熙(1982)也指出"这样用的疑问代词必须重读"。这更是焦点成分在语音上常见的表现。这也就是传统语法所说的疑问代词的"任指"用法。在下面的"虚指"用法中,它们[+Q][+F]两种特征同时都被压抑了。

(44) 我们好像在哪儿见过面。
(45) 我嘴里总要含个什么东西才舒服。
(46) 她手里好像拿着个什么。

我们如果设定疑问代词在词库中带有两种特征标记,就可以通过正负取值的办法形式化地描述和解释疑问代词的"疑问""任指"和"虚指"几种用法之间的异同。

还有一点,词库中的特征在句法结构中没有实现,或者没有完全实现,只是汉语的一个特点。别的语言不一定都是这样。如英语就跟汉语不同。汉语表"任指"的疑问代词相当于英语中的anybody, anywhere 或 everybody, everywhere 等。而"虚指"疑问代词则相当于 somewhere, something, somebody 等,根本就不是疑问代词。所以,我们的分析方式还可以刻画不同语言之间的异同。

但是有一个问题。一方面,我们说疑问代词因有一个固有的焦点特征标记,所以必须成为疑问句的强式焦点成分;而另一方面,根据"单一强式焦点原则",一个简单句只能有一个强式焦点。从这两点可以合乎逻辑地推出一个结论:一个简单句只能有一个疑问代词。然而,汉语和其他人类语言中都可以找到包含两项、甚至多项疑问代词的疑问句。这种句子在实际的语言运用中虽然不多,但却是客观存在的。

(47) 谁买了什么?

(48) 谁在什么地方打了谁?

我们这样解释这一现象。当一个简单句包含有多个疑问代词时,由于"单一强式焦点原则"的作用,它们中只能有一个成为强式焦点。这一解释是有一定的道理的。首先,当我们在一个简单句中同时对几个方面发问时,我们是有倾向性的,对这几个疑问项的强调程度是不均匀的。一般是第一个疑问代词受强调的程度高。如果再加用焦点标记词"是"进一步强化焦点的话,也只能在一个疑问代词前面加,一般是加在最前面的疑问代词前面。从语言处理过程(language processing)来看,让第一个疑问代词成为全句唯一的强式焦点也是合理的,因为在线性序列上它是首先出现的。

(49) **是**谁买了什么?

(50) * **是**谁**是**买了什么?

(51) * 谁**是**买了什么?

所以我们可以说,当一个疑问句包含一个疑问代词时,这个疑问代词会自动成为该句的强式主焦点。当它有多个疑问代词时,这些疑问代词中只能有一个成为强式主焦点,其他的都是次焦点。这一分析的另一个证据来自英语。英语的特指问句中的疑问代词必须移至主语之前的语法位置(亦即相当于 that 一类词语占据的位置)。语法学家对(52)的分析是(53)(t 代表疑问代词位移后在原深层位置留下的语迹)。但是,当一个英语简单句包含多项疑问代词时,它们中也只能有一个移至句首位置,而且移动的必须是首先出现的那个主语。(54)(55)和(56)违反了这些条件,都不合语法。①

(52) Who bought what?
(53) Who$_i$[t_i bought what]?
(54) * What$_i$[who bought t_i]?
(55) * What$_j$ who$_i$[t_i bought t_j]?
(56) * Who$_i$ what$_j$[t_i bought t_j]?

我们把英语中疑问代词的前置看成跟汉语中"是"的添加一样,是一种对强式焦点的语法反应(详见下文6.5节),而认定这一位移现象跟它是一个疑问代词没有直接关系。二者之间的间接关系是,疑问代词都带有焦点特征标记[+F]。但是并不是只有疑问代词才可以有这种特征标记。在英语中,只要带有这种特征标记,不管是不是疑问代词都要前移,如分裂句。②

6.3.3 马来语中的焦点标记词

前文讨论了跟现代汉语中的焦点标记词"是"相关的种种问题。其实,比汉语"是"更典型,更纯粹的焦点标记词是马来语中的助词"kah/lah"。马来语中同样表达焦点范畴的"lah"和"kah"处于严格的互补分布状态,kah用于疑问句(不管是有疑问代词的特指问句还是没有疑问代词的是非问句),lah用于陈述句。基本例句如下〔借自Kader(1981)〕。

(57) Saya-**lah**　yang　　　　　akan pergi ke Kuala Lumpur.
　　　我—焦标　(关系代词"谁")　会　去　到　吉隆坡
　　　"是我会去吉隆坡。"

---

① 这就是所谓的 superiority condition(主次条件)现象。生成语法学界多数学者是从"空语类原则"的角度解释的。笔者不信。
② 我因此而想到一个比喻。某君有很多特征标记,教师(职业)、男性(性别)、已婚(婚姻状况)、中国人(国籍)、爱集邮(志趣)……但是,他需要方便时是进男厕所而不进女厕所只跟他的"性别"这一个特征有关,跟其他特征都没有关系。

(58) Abu belajar di bilik itu-**lah** tadi.
　　 阿布 学习　 在 房间—那个—焦标　刚才
　　 "阿布刚才是在那个房间学习。"

(59) Abu minum air itu-**kah** tadi?
　　 阿布 喝　　水 那些—焦标　刚才
　　 "阿布刚才是喝那些水吗?"

(60) Anak itu sudah pergi ke sekolah-kah?
　　 小孩 那个 已经 去　 到 学校—焦标
　　 "那个小孩已经是去学校了吗?"

(61) Awak beli kereta yang besar itu-kah kelmarin?
　　 你　 买　 车　　哪个—大—那个—焦标 昨天
　　 "你昨天是买了哪一辆大汽车?"

(62) Siapa-kah guru itu?
　　 谁—焦标　老师 那个
　　 "谁是那个老师?"

值得我们特别注意的是,马来语跟汉语一样,其焦点标记词在不含疑问代词的陈述句和是非问句中可以用来强调任何一个句法成分,而在含有疑问代词的特指问句中则只能用来强调疑问代词。这进一步说明疑问代词的焦点特征是本身固有的、先天的。这个特点是有普遍性的,在汉语中是这样,在其他语言中也是如此。

马来语中的焦点标记词跟汉语中的焦点标记词最大的不同有两点:

1. 焦点标记词性质的不同。我们知道汉语中的"是"是个大类属于动词的判断系词,而马来语中的 kah/lah 就不是个动词,而是个粘附性的语缀(bound clitic)。原因很简单,也很有趣:马来语类似上古汉语,它压根儿就没有系词!没有别的选择,它只好退而求其次,采用助词。上列例(62)就是这样的一个没有系词的判断句。再如:

(63) Kuala Lumpur ibunegara Malaysia
　　 吉隆坡　　　　首都　　　马来西亚
　　 "吉隆坡是马来西亚的首都。"

(64) Azmin pelajar.
　　 阿兹敏 学生
　　 "阿兹敏是学生。"

我们因此而提出一个猜测：一种语言如果有系词的话，其焦点标记词的首选是系词，汉语如此，英语都也是这样（详见下文 6.5 节）。当然，这个猜测必须用更广泛的语言事实进行验证。这是不难做到的。

2. 语序安排的差别。我们知道，汉语中的"是"都要安排在焦点成分前面，并且在其他语法条件许可的条件下尽可能靠近焦点成分。而马来语的 kah/lah 的语序安排正好相反，都是用在焦点成分的后面并且紧靠焦点成分。没有例外。

这一差别的背后原因更简单：汉语基本上是一种"中心语后置型语言"（head-final language），修饰语一般置于中心语之前。① 马来语相反，它本来就是一种"中心语前置"（head-initial language）语言。在马来语中，只要是修饰性成分，都要放在中心语后面。焦点标记词是这样，其他修饰成分也是如此。

(65) Abu minum air **itu-kah** tadi?
　　 阿布 喝　　水 **那些**—焦标 刚才
　　 "阿布刚才是喝那些水吗？"

(66) Awak beli kereta **yang besar itu-kah** kelmarin?
　　 你　 买　车　 **哪个—大—那个**—焦标 昨天

---

① 当然，这本身又是个很有争议性的问题。普通语言学根据中心语和修饰语的语序关系把人类语言分成"中心语前置"（如英语）和"中心语后置"（如日语）两大类。汉语中的状语和定语都出现在中心语前面，应该是日语类"中心语后置"型语言，但是其宾语又用在动词之后，像英语，跟日语不同。因为这个复杂原因，有人说汉语是个混合型语言。这里牵涉到复杂的理论和技术问题，此处不究。

"你昨天是买了哪一辆大汽车?"

也正是由于焦点标记词性质与位序的不同,两种语言在加用焦点标记词时所受到的语法限制自然也就有所差别。正如前文6.3.1节所展示的,有两个因素共同决定着汉语焦点标记词"是"的线性位置安排:其一是作为一个动词,"是"的位置安排要迁就汉语对动词的一般语法限制;其二是在其他语法条件得到满足的前提下,焦点标记词"是"尽可能靠近焦点成分。正是因为"是"在性质上是个动词,当介词宾语和动词宾语充当焦点成分时,这个"是"是不能直接放在它们前面的,而必须分别放在介词和动词前面。这正是为什么在上列(29)一类例句中即使宾语受到强调,也不能把"是"加在它前面,因为"动-宾"和"介-宾"之间都是最紧密的语法关系,不允许其他成分介入其间。由于强调动词宾语和介词宾语的 kah/lah 位于宾语之后,而不是"动-宾"和"介-宾"之间,它们当然可以直接用来标识焦点成分。马来语中的 kah/lah 由于是一个单纯的焦点标记词,使用非常自由,几乎是想强调什么成分就可以直接把它放在那个成分后面。在这一点上,汉马两种语言对比鲜明。

汉语:

(67) *我昨天在学校碰见了**是**他(的)。

(68) *我昨天把**是**他骂了一顿。

马来语:

(69) Abu minum air itu-kah tadi?〔Kader (1981)〕
阿布 喝 水 那些—焦标 刚才
"阿布刚才是喝那些水吗?"

(70) Anak itu sudah pergi ke sekolah-kah?〔Kader (1981)〕
孩子 那个 已经 走 到 学校—焦标
"那个孩子已经是走到学校了吗?"

6.4 焦点敏感式

6.4.1 焦点敏感式

汉语除了专用的焦点标记词"是"外,还有些句法成分比较容易成为所在句子的焦点成分。但是,这些语法形式跟焦点标记词"是"有着本质的不同。在句子中嵌入"是"的唯一目的就是为了表达焦点,是纯粹的焦点标记词,而其他那些语法形式都有着本来的基本职能,它们只不过对焦点特征比较敏感,在没有焦点标记词的情况下,它们比较容易成为焦点成分,是"焦点敏感式"(focus-sensitive operator)〔Rooth(1996)〕。理论上,每一个句子都至少有一个焦点成分。在没有必然是焦点成分的疑问代词和受"是"强调的成分的前提下,句中任何成分都可以成为焦点。在此情形下,那些"焦点敏感式"就比其他中性成分对焦点敏感,更容易成为句中焦点。

1. 跟"就"和"才"相连的句法成分比较容易成为所在句子的焦点成分。

(71) 他<u>上个月</u>就来了。
(72) 他<u>昨天</u>才到上海。

就焦点形式而言,"就/才"跟"是"不同。"是"除了标明所要强调的焦点成分外,没有另外的意义。而"就""才"都有自己独立的,跟焦点无关的意义和功能。"就"的意思是跟常识和期望相较,"太快了"或者"太短了";"才"正好相反,意思是"太慢了"或者"太长了"。

2. 数量词语充当的句法成分比较容易成为句子的焦点成分。

(73) 我昨天晚上睡了<u>12个小时</u>。
(74) 他一口气吃了<u>40个饺子</u>。
(75) 刘师傅昨天等你等到<u>半夜11点</u>。

3. 介词"把"字引导的名词短语也比较容易成为焦点成分。这个名词短语本来的深层位置是在动词之后,它在表层结构中没有留在原位置而移至动词之前,有时是因为句法结构上的原因(如动词后面不能带太多的语法成分,所以不能说"*你带介绍信在身边",而必须说"你把介绍信带在身边")而必须前移。但并不是每个"把"字句所带的逻辑宾语都必须前移的。如下列句子中这个名词短语既可以前移而成(76),也可以留在动词后的初始位置而成(77)。

(76) 老王把那本书扔了。
(77) 老王扔了那本书。

我们的语感是,(76)和(77)两句在功能上的唯一差别是前者更强调"那封信"(=焦点成分),而后者则没有这层意思。因此,从全局来看,如果我们设定"把"字宾语的深层位置是在动词之后,它在表层结构移至动词之前的原因可能有两个:一个是某种句法规则的要求,另一个则是为了强调焦点。关于前一种可能,Huang(1982)和 Li(1985)已有精彩的讨论。我们这里要强调的是后一种可能性的存在。

Tsao(1988)曾就"把"字句从"话题—陈述"的角度提出一个与众不同的分析思路。他的一个观点是,"把"字引导的名词短语是另一种形式的"话题",即所谓的"次话题"(secondary topic)。次话题也是一种话题,只不过没有主话题的话题特征强罢了。在这一点上,本章的分析跟曹文的意见显然不同,我们是把"把"字引导的名词短语当作一种焦点成分看待的。而正如 Cheng(1983)和 Partee(1991)等学者所指出的,"话题"和"焦点"两个概念在很大程度上是处于对立位置的。① "焦点"是说话人所要强调的重点,而"话题"则是属于背景知识的非重点。在这种定义下,我们把"把"

---

① 注意,它们并不是完全对立。它们虽然处于相同的语言层面,并且有着相似的性质,都是句法成分的某种特征(本身不是一种句法成分)。但是它们并不是处于非此即彼的对立状态。跟"焦点"相对的是"背景"(=非焦点);而跟"话题"相对的则是"陈述"。"话题"常常是(但是不一定总是)"背景"的一部分,但是"背景"不一定都是"话题",事实上有很多背景成分不是话题。

字引导的宾语解释为焦点成分而非话题的原因主要有二：(1)话题经常隐而不现，形成所谓的"零话题"(zero topic)或者"话题链"(topic chain)；而"把"字及其宾语却像别的典型焦点成分一样一般是不能省略的。(2)话题因为属于背景知识而不能表现为没有语义内涵的疑问代词，也不能加用焦点标记词"是"，而"把"字宾语可以像其他位置上的焦点成分一样由疑问代词充当，也可以加用"是"。请比较。

典型话题	"把"字宾语
*什么，你写好了？	你把什么写好了？
*是信我写好了。	我是把信写好了。

4. 跟中心成分比较，句子中的修饰成分容易成为焦点成分〔沈开木(1984)〕。所谓的修饰成分指的是"定语""状语""补语"这类修饰和补足成分。这些修饰成分在线性结构上常常是可有可无的。用与不用在很大程度上取决于表达功能上的需要与否。而中心成分往往是线性结构中所必有的，不管是否负载重要的语义信息和表达功能。比方说，在下列例(78)中，状语"往美国"是中心语"寄"的修饰成分，它在结构上可有可无。去掉修饰成分说成"王老师寄了一封信"在语法上照样行。但是，要是省掉中心成分"寄"的话，句子结构就站不住了。

(78) 王老师<u>往美国</u>寄了一封信。
(79) <u>老陈的</u>房子很漂亮。
(80) 他跑得<u>最快</u>。

修饰成分较容易成为焦点成分这一现象，钱敏汝(1990)也注意到了。不过，她把这一现象归结为"'的''地''得'的聚焦作用"。我们不同意这种处理方法。我们认为，这些成分容易成为焦点成分跟这几个结构助词没有直接关系，而是因为它们是修饰成分，而"的""地""得"的使用不过是修饰成分在线性语法中的一种实现方式罢了(而且是限于汉语的)。如上例(78)中"往美国"没有加用这种助词,仍跟(79)(80)中加了助词的修饰成分在同样的意义下成为焦点成分。但是,我们跟钱敏汝的语感显然是一致的。①

5. 在汉语中,位于句子末尾的成分相对容易成为句子的焦点。张伯江、方梅(1996)指出,"由于句子的信息编码往往是遵循从旧到新的原则,越靠近句末,信息内容就越新。"。刘丹青、徐烈炯(1998),沈家煊(1999)也有类似的看法。下列(81)(82)是刘徐文用的两个例子。

(81) 他三十年来一直住在芜湖。
(82) 他在芜湖一直住了三十年。

"焦点敏感式"跟汉语专用的焦点标记词"是"是两类性质根本不同的焦点形式。二者本质的区别在于焦点标记词"是"的首要和唯一表达功能就是标明强式焦点,"是"没有独立于"焦点"而存在的语法意义。而各类"焦点敏感式"都有自己特定的,跟焦点无关的核心表达功能。对焦点敏感只是这些句法结构众多的特征之一,是一种边际效应(side effect),不是专门的焦点表达式。那些焦点敏感式即使不必凸现某些特定的焦点成分,仍然要使用这些句法形式。而正是因为有焦点要强调,所以才用"是"。此外,"是"跟各类"焦点敏感式"没有对立关系。"焦点敏感式"还可以另外使用焦点标记词"是"。

(72') 他是昨天才到上海。
(73') 我昨天晚上是睡了12个小时。
(76') 老王是把那本书扔了。
(78') 王老师是往美国寄了一封信。
(81') 他三十年来一直是住在芜湖。

---

① 钱敏汝的文章还对比了许多很有启发性的、带不带"的""地""得"的句子在"聚焦"上的对立。如"他讲得不具体"和"他讲不具体"之间的差别。但我们的感觉是这两个句子的对立在于"事实/可能"的不同(这一不同正好是用与不用"得"的结果),而跟焦点没有什么关系。钱文也指出了前者,但是她似乎更强调两句在焦点方面的不同。至于其他的证据,我们就没法在此一一展开讨论了。

既然这些句法形式并不是专门为了表达焦点而存在的,一个自然的问题是,我们是根据什么标准和理由把他们跟焦点相联系,说它们是"焦点敏感式"呢?我们有两个主要理由。

1. "焦点"跟"否定"和"疑问"是一组三个非线性的、超结构的语法范畴,其中"焦点"处于中心地位。一个句子可以没有否定,也可以没有疑问,但一般来说它都会有个焦点,不管这个焦点是强是弱,也不管它是否由特定的语法或语音形式表现出来。在有关疑问句的讨论中,"疑问焦点"(或称"疑问中心")也是个颇受注目的课题。不少论著都曾程度不同地涉及疑问焦点的识别,探讨过它的语法特征。但是我们认为所谓的"疑问焦点"并没有独立存在的意义。"疑问"是对句子的疑问,而"焦点"则是包括疑问句在内的各种句子的语义重心。所以,我们认为所谓的"疑问焦点"实际上就是一般的"句子焦点"在疑问句中的具体化和实例化。一个成功的交际活动总是要求发问人对"焦点"进行提问,答问人针对"焦点"进行回答。不然就会出现所谓的"答非所问"的情况。这一点在特指问句中表现得特别明显。发问人问的是疑问代词,答问人也是针对代词进行回答。正如前文所述,这显然是因为疑问代词是特指问句的焦点成分。在没有疑问代词的是非问句中,受"是"强调的成分和其他的"焦点敏感式"就会成为问话人发问的对象和答问人要回答的对象。在我们看来,这正好印证了"是"作为焦点标记词的特征和那些焦点敏感式的焦点特征。

(83) 问:你<u>是去年夏天</u>来美国的吗?　["是"字强调的成分]
　　答:A. 不对,我<u>是前年夏天</u>来美国的。
　　　　B. ? 不对,他<u>是</u>去年夏天来美国的。
(84) 问:他<u>上个月</u>就来了吗?　　["就"字强调的成分]
　　答:A. 不对,他<u>这个月</u>才来的。
　　　　B. ? 不对,我<u>上个月</u>就来了。

(85) 问：他昨天才到上海吗？　［"才"字强调的成分］
　　　答：A. 不对，他前天就到上海了。
　　　　　B. ？不对，我昨天才到上海。
(86) 问：你昨天晚上睡了12个小时吗？　［数量成分］
　　　答：A. 不对，我昨天晚上只睡了6个小时。
　　　　　B. ？不对，他昨天晚上睡了12个小时。
(87) 问：你把那本书扔了吗？　［"把"字的宾语］
　　　答：A. 不对，我把那把椅子扔了。
　　　　　B. ？不对，他把那本书扔了。
(88) 问：你打扫干净了吗？　［修饰成分］
　　　答：A. 不对，我没打扫干净。
　　　　　B. ？不对，他打扫干净了。
(89) 问：他三十年来一直住在芜湖吗？　［句尾成分］
　　　答：A. 不对，他三十年来一直住在上海。
　　　　　B. ？不对，我三十年来一直住在芜湖。
(90) 问：他在芜湖一直住了三十年吗？　［句尾成分］
　　　答：A. 不对，他在芜湖一直住了四十年。
　　　　　B. ？不对，我在芜湖一直住了三十年。

2. 句子的焦点在一般表肯定的陈述句中是强调的重点，在否定句中就是否定的中心。句子焦点和否定中心是一回事，后者是前者的一种实例化。这一点在上列带焦点标记词"是"的句子和各种"焦点敏感式"体现得也很清楚。不管否定副词"没（有）/不"在线性语序上出现在什么位置，否定中心一般都落在"是"强调的成分和各种焦点敏感式所强调的成分上。这也从另外一个侧面旁证了"是"和各种焦点敏感式的焦点功能。基本例句如下〔详参徐杰(2001)的专题讨论〕。

(91) 是老王没来。（其他人来了）　["是"字强调的成分]
(92) 他并非昨天才到上海。（早就到上海了）　["才"字强调的成分]

(93) 他没等到晚上11点。(等还是等了的) ［数量成分］
(94) 他没把那本书扔了。(他把别的东西扔了)
　　　［"把"字的宾语］
(95) 他没扫干净。(扫还是扫了的) ［修饰成分］
(96) 他对这件事不热心。(对别的事倒是常起哄)
　　　［修饰成分］
(97) 他三十年来一直没住在芜湖。(住在别的地方)
　　　［句尾成分］

6.4.2 现代汉语中的"连"

现代汉语中,跟"连"字相关的用法有很多有意思的语法现象。许多学者就此做过专题研究〔较重要的有白梅丽(1981),崔希亮(1990),周小兵(1990),崔希亮(1993),方梅(1995),张伯江、方梅(1996),刘丹青、徐烈炯(1998)等〕。我们曾从焦点形式的角度触及过跟"连"字有关的问题〔徐杰、李英哲(1993)〕。我们认为受"连"字修饰的成分跟受"就""才"修饰的成分和"把"字引导的宾语一样都比较容易成为所在句子的焦点成分(当时没有使用"焦点敏感式"这个概念)。正因为如此,它跟那些焦点成分一样在疑问句容易成为疑问的中心,在否定句中容易成为否定的中心。当时用过的例句如下。

疑问句:

(98) 问:你连小刘都不认识?
　　答:A. 不,我连小王都不认识。
　　　　B. ? 不,我连小刘都不喜欢。

否定句:

(99) 你连你弟弟也不认识了!

针对我们这一分析,刘丹青、徐烈炯(1998)专门为文提出批评。他们的批评集中在两个方面。

1. 在语言事实上，刘徐文指出我们的分析失误，我们认为合格的(98)A句其实也是答非所问的。他们请一些人判断(98)，都认为答句(98)A"答非所问"。而被调查人给出的对(98)中问句的合格否定性答句都是(100)的A或其同义句。

(100) 答：A. 不，我认识小刘。
　　　　B. 不，小刘我认识。
　　　　C. 不，我认识。
　　　　D. 不，认识。

刘徐文没有提到和评论"你<u>连你弟弟</u>也不认识了"一类否定句中的焦点问题。

2. 在理论概念上，刘徐文认为我们的分析失误并不是一般的用例不当，而是由语言学界在焦点概念方面目前还存在的一些含糊认识所导致的，这些含糊认识并不是我们所独有的。问题的关键在于语言中存在着不同种类的"焦点"，每种"焦点"的语言学含义并不相同，而"是"和"连"是两类不同焦点的标记。其中"是"是对比焦点标记，而"连"则是话题焦点标记。

此外，刘徐文用他们的话题焦点理论重新分析了汉语"连"字句，指出"对话题焦点句来说，肯定性的回答可以省略话题焦点，却不能省略述题，纠正性的否定回答应该纠正述题，话题本身不变并可以省略。(98)A不纠正述题却去纠正话题焦点，造成答非所问。""'连'是一个有特殊预设的话题焦点标记"。

大体而言，刘徐文的分析很有见地。他们对事实的推敲也比我们细腻而且准确。尤其是我们当时全神贯注于"连"的焦点属性，而忽略了这个虚词特有的预设话语功能。我们仿照其他"焦点敏感式"用"连"造句时给的答句(98)A不恰当。现在，我们学习刘徐两位的做法，也就有关语言现象调查其他人的语感，结果发现，刘徐文提供的答句(100)ABCD确实比较好，至少比我们原本提供的答句要自然得多。但是有意思的是，不少受访人都说，虽然(100)各句相对而言比(98)A要好，但是仍然不是对"你连小刘都不认识?"这个疑问句最自然、最贴切的答句。下列(101)AB一类才是最自然贴切的答句。

(101) 问:你连小刘都不认识?(真是不合常理!)
　　答:A.(纠正、惊奇地)认识啊,怎么不认识?
　　　　B.(纠正、惊奇地)认识啊,当然认识,谁说不认识?

这倒真是我们当初所完全没有想到的!现在仔细琢磨一番发现,之所以出现这种现象,恐怕并非刘徐文焦点分类那么简单,而是因为"连"字特有的语用特征。正如多位学者所指出的,"连"字句含有"不寻常"意义的附带信息,含有"最不"意义的预设信息,还含有"更加"意义的推断信息〔白梅丽(1981),周小兵(1990),崔希亮(1990,1993),方梅(1995)等〕。除此之外,我们还觉得"连"字句蕴涵"居然/竟然"的语气。我们知道,"居然/竟然"语气用在疑问句中常常形成"问而不必答"的反问句。即使提供答句,也不会像在非反问句中那样对其中的疑问中心(＝焦点)提供信息,而是使用整个句子或者句子结构的中心成分"谓语"进行肯定、否定、辩解。所有这些都跟"连"和"连"字句无关。

(102) 问(反问):你居然没去给王科长拜年?
　　(隐含:你不给谁拜年也都应该去给王科长拜年)
　　答:A.(低头不语)
　　　　B.我去给王科长拜年了,谁说没有去?
　　　　C.去了,谁说没有去?

由此可见,用"问而不必答"的"反问句"的答句作为识别"连"字句中的焦点成分的测试手段这一做法不够恰当,因为不管句子的焦点成分是什么,答句都是一样的。换句话说,"连"字句特有的语用特征覆盖了其焦点成分在答句中可能有的表现形式。但是,这并不能否定"连"字句固有的焦点特征(构成我们所说的"焦点敏感式")。虽然不宜用是非问句的答句形式测试"连"字句中的焦点成分,但是我们可以通过别的办法分析"连"字类似"就"和"才"的焦点特征。跟"就/才"构成的句式一样,"连"字句也是一种"焦点敏感式"。

1. 否定句。我们知道,句子的焦点在一般表肯定的陈述句中是强调的重点,在否定句中就是否定的中心。句子焦点和否定中心是一回事,后者是前者的一种实例化。我们曾用否定句旁证"连"字句的焦点成分,用的例子是(103)。这里的否定词"不"在语义上明显指向它前面的"连你弟弟"。

(103) 你<u>连你弟弟</u>也不认识了!

2. 预设句。"连"字句有多种隐含的预设。这些预设句也能间接反应焦点成分,帮助我们识别焦点。

(104) 你<u>连你弟弟</u>也不认识了,更不会认识<u>小学的同学</u>了。
(105) <u>连经理</u>她都敢骂,更何况<u>你</u>呢。(更敢骂你了)

此外,刘徐文的整个分析模式是建立在他们把"焦点"分成"自然焦点"([＋突出][－对比])"对比焦点"([＋突出][＋对比])和"话题焦点"([－突出][＋对比])的理论基础上的。本章6.2.2节已经论述,以"突出""对比"两个特征二元对立为基础的这个焦点分类系统存在原则性的问题,目前还无法贸然采信。三类焦点中的"话题焦点"是他们的新提法,问题也最多。正如他们自己在文章开头所说的,"在早期的句法和话语研究中(其实现在还是——引者),焦点被看作跟话题相对的述题的一部分,甚至被等同于述题,'话题焦点'几乎是一个自相矛盾的表述。"但是,刘徐文仍然坚持话题是焦点的一个类型,是只有"对比",没有"突出"的焦点。"话题焦点只能以句外的某个话语成分或认知成分为背景,在本句中得到突出,而不能以本句中其他成分为背景。在本句中,话题焦点并不比句子的其他成分突出,句子可以另有突出的部分。话题焦点的强调作用只表现在跟句外成分的对比上。特别需要强调的是,带话题焦点的句子的整个表达重点仍然在话题后的成分即述题上"。该文一直强调话题焦点是跟"句外"成分的对比。我们前文已经说明,句内句外的句法成分不会直接影响句法成分的焦点属性。焦点的本质特征是"相对重要"(即刘徐文的"突出"),任何焦点都必须满足这个起码条件才能成为焦点。离开这个根本原则来谈焦点意义不大。所谓的"对比"仅仅是获得特征的过程,而不是特征本身。"话题焦点"的[－突出]特征(基本上等于"相对不重要")从根本上否定了它的焦点属性。

最后,针对我们提出的"焦点选择序列",刘徐文有所评论和批评。我们当时重在提供一个思考框架,其中的不周不妥,粗疏之处是难以避免的,也是预料之中的。刘徐两位提出了一些十分中肯的意见,将来肯定还会发现其更多的问题。这一问题值得将来在占有更多材料的基础上,进行更系统的理论归纳和通盘考虑。我们目前暂无更多的意见。

6.5 焦点形式之二:焦点成分的移位

语法中的焦点形式除了给带[＋F]标记的焦点成分加用焦点标记词这种常见的、直观的形式外,还可以把焦点成分移走,移至一个相对来说更重要的语法位置。至于哪个位置相对更重要则可因语言而异。这就是所谓的"焦点成分的移位",亦即俗称的"焦点前置"(focus-fronting)。用这种方式表达焦点最典型的代表语言是匈牙利语和上古汉语。

6.5.1 匈牙利语

先看匈牙利语。这种语言有丰富的形态变化。但其基本格式跟现代汉语非常相近,也是一种"主－动－宾"型语言(S-V-O language)。下面是两个普通陈述句的例子〔Horvath(1986)〕。

(106) Attila felt a foldrengestol.
　　　 阿提拉 怕　(冠词)　地震
　　　 "阿提拉怕地震。"

(107) Mari az asztalra tette az edenyeket.
　　　 玛丽 (冠词) 桌子上 放　(冠词) 盘子
　　　 "玛丽把盘子放在桌子上。"

但是，如果宾语是疑问代词或者其他受强调的成分，它就不能留在动词后的原位置，而必须前移至动词之前、主语之后的位置〔如下列(108)(109)，大写字母代表重读〕。否则造成的句子就会不合语法〔下列例(110)(111)〕。

(108) Attila　A　　　FOLDRENGESTOL$_i$　felt　t$_i$.
　　　阿提拉（冠词）　地震　　　　　　怕
　　　"阿提拉是怕地震/阿提拉怕的是地震"

(109) Mari　mit$_i$　telt　az　　asztalra t$_i$?
　　　玛丽　什么　放　（冠词）桌子上
　　　"玛丽是把什么放在桌子上了？"

(110) *Attila　felt　A　　　FOLDRENGESTOL.
　　　阿提拉　怕　（冠词）地震

(111) *Mari　telt　az　　asztalra　mit?
　　　玛丽　放　（冠词）桌子上　什么

这是典型的焦点成分前置现象。这种语言的形式语法系统并不管是什么性质的焦点成分，不管是不是疑问代词，只要是焦点成分，就一律移至动词之前。

6.5.2 上古汉语

无独有偶，上古汉语也有与当代匈牙利语非常类似的现象。从基本语序看，上古汉语跟现代汉语的差别不大，也是"主－动－宾"型的。但是学者们早就注意到上古汉语的一个重要特点：即宾语成分有时要前置到动词或介词的前面。有助动词的话，还要放在助动词的前面，尤其是疑问句和否定句中的代词宾语。经常提到的有下面这些类型〔王力(1958)等〕。[①]

[①] 有关上古汉语中所谓"宾语前置"的语法性质，学术界有不同看法。有关争论详情和我们采取宾语前置说的理由，参看石毓智、徐杰(2001)。

1. 疑问句中疑问代词宾语前置。

(112) 吾谁欺？欺天乎？(《论语》)
(113) 臣实不才,又谁敢怨？(《左传》)①
(114) 吾谁使正之？(《庄子》)
(115) 尔何知？(《左传》)
(116) 沛公安在？(《史记》)
(117) 宋何罪之有？(《墨子》)
(118) 姜氏何厌之有？(《左传》)
(119) 责(债)毕收,以何市而反？(《战国策》)
(120) 公子何为知之？(《史记》)
(121) 子归,何以报我？(《左传》)

2. 否定句中代词宾语多数前置〔例(122)－(131)〕,有时不前置〔例(132)(133)〕。

(122) 子产相郑伯以如晋,晋侯以我丧故,未之见也。(《左传》)
(123) 昔君之惠也,寡人未之敢忘。(《国语》)
(124) 尚恐其不我欲也。(《史记》)
(125) 以国之多难,未汝恤也。(《左传》)
(126) 未之思也,夫何远之有？(《论语》)
(127) 我无尔诈,尔无我虞。(《左传》)
(128) 日月逝矣,岁不我与。(《论语》)
(129) 不吾知也。(《论语》)
(130) 三岁贯汝,莫我肯顾。(《诗经》)
(131) 然而不王者,未之有也。(《孟子》)

---

① 此例转借自都人(2000)。"都人"是两位在北美从事科技工作的学者的联合笔名(首都人？北京人？),他们在新加坡《联合早报》等报刊发表过内容广泛、见解深刻的国际政治评论文章。其独到见解和一腔爱国热情让笔者十分敬佩。一个偶然机会看到他们讨论语法问题的这篇文章。惊喜之余,特专门引用,以示敬重。

(132) 且人之欲善,谁不如我?(《左传》)
(133) 圣人不爱己。(《荀子》)

有意思的是,即使同一个作者、同一篇文章、同一句话里,同样的述宾结构,被否定的宾语前置,没有否定的宾语不前置。对比鲜明。

(134) 吾问狂屈,狂屈中欲告我而不我告。(《庄子》)
(135) 谓上不我知,黜而宜,乃知我矣。(《左传》)

3. 否定句中名词宾语不前置〔例(136)(137)〕。用代词"是"和"之"复指的名词则前置〔名词前面往往加用"唯"字,如例(138)—(143)〕。

(136) 未绝鼓音。(《左传》)
(137) 虽不得鱼,无后灾。(《孟子》)
(138) 当臣之临河持竿,心无杂虑,唯鱼之求。(《列子》)
(139) 君亡之不恤,而群臣是忧,惠之至也。(《左传》)
(140) 今周与四国服事君王,将唯命是从。(《左传》)
(141) 寡人将帅敝赋以从执事,唯命是听。(《左传》)
(142) 余虽与晋出入,余唯利是视。(《左传》)
(143) 帅师以来,惟敌是求。(《左传》)

假定基本事实就是这个样子,描写语法就算完成了任务,即可到此为止了。① 但是我们如果再仔细想想就会发现,把这些现象放在一块,规则是很混乱的。到底是什么原因使得这些宾语前置?具体来说,一个解释性理论至少可以提出如下三个"为什么"。

---

① 实际情况可能比这还要复杂。如王力(1958)就指出,在否定句中不同的否定词和不同的代词都会对宾语前置有影响。此外,王力先生一再强调这些句子都不是"倒装句"。这跟我们的分析没有必然的矛盾。在我们的理论框架下面,王先生指的是表层结构。我们也认为在表层结构上,这些受强调的宾语的正常位置也是在动词前面。但是深层不是这样。

1. 为什么单单这些宾语前置,而别的宾语却不前置?
2. 为什么否定句中的宾语有时前置,有时不前置?
3. 为什么宾语前置常跟代词相联系?

从本章的分析来看,上古汉语中的宾语前置都是跟焦点的表达相连的。用代词"是""之"复指名词明显是对这个名词的强调,使该名词成为句子的焦点成分。名词前面再加用有明显强调作用的"唯"字更进一步强化了这个名词的焦点特征。下列(144)和(145)两例同出自《左传·宣公十五年》,宾语在动词前还是在动词后完全看它是否受到特别强调。

(144) 去我三十里,唯命是听。
(145) 筑室反耕者,宋必听命。

此外,疑问代词本身固有[＋F]焦点特征,都是所在句子的强式焦点成分,当然都要前移。否定句中的代词有时前置,有时不前置也很容易理解。我们认为否定词都带[＋F]焦点标记,它会对句子原有的焦点进行强化。但是,否定句的焦点不一定都是宾语,它也可以是主语或别的句法成分。当焦点成分是宾语时,这个宾语就前置。否则,这个宾语当然不会前置。如上列例(132)"且人之欲善,谁不如我?"(《左传》)就是一个特指问句,主语是个疑问代词。该句的强式焦点必然是这个由疑问代词充当的主语,而不可能是宾语。

我们用下面一条简单的规则来概括和解释上古汉语中的宾语前置现象。

(146) 把强式焦点成分移至动词之前。

由此可见,上古汉语中的宾语前置现象跟当代匈牙利语是非常相似的,都是对焦点的语法表达方式。它跟疑问代词、疑问句和否定句都没有直接的关系,而只有间接的关系。这个意思可表示如下。

(147) 带[+F]特征标记的疑问代词
　　　 受带[+F]标记的否定词强调的成分 →强式焦点成分→前置
　　　 其他受强调的成分

我们的分析已经回答了上述三个"为什么"中的前两个。至于为什么上古汉语的宾语前置常跟代词相联系,尤其是在否定句中,我们认为背后的原因跟焦点、疑问和否定都没有直接关系,而是因为代词是一种所谓的"轻"语法单位,便于移动。这也正是为什么我们常常要在一些前置的宾语前面添加表强调的"唯"字,如例(142)"余虽与晋出入,余唯利是视。"(《左传》)。这个"唯"字就是强化焦点特征的。不用"唯"字而前置的非代词宾语,一般都有个疑问代词定语,如上列例(117)"宋何罪之有?"(《墨子》)和例(118)"姜氏何厌之有?"(《左传》)就是如此。"疑问代词"的焦点特征也比较强。普通名词短语太重了,仅仅是焦点[+F]特征还不足以拉动其移位,还要另外借助表强调的语气词和带有词汇焦点标记的疑问代词。

此外,代词是轻语法单位不是汉语所特有的现象。以现代法语为例,它的基本语序为 SVO,但是所有的宾格代词必须移到动词之前和主语之后,即句子的"第二位置"〔石毓智、徐杰(2001)〕。①

(148) Il　la　ferme.
　　　 他　它　关闭
　　　 "他关闭了它。"
(149) Il　vous　voit.
　　　 他　你　看见了
　　　 "他看见了你。"

---

① 其实不仅是法语,英语中某些现象也可以看作同样道理的另外一种体现方式。英语中有些熟语性的动词短语由主要动词和助词构成,如"wake up"等。当这些动词短语再另外带上宾语时,如果宾语是代词,那个代词宾语可以放在动词和助词之间,如"In case I fall asleep, please wake me up";如果宾语是名词短语,它则只能放在助词的后面,如"A cool shower wakes up the body and boosts circulation"。

6.5.3 汉语史上焦点形式的类型转变

上古汉语和现代汉语代表的是同一个语言的两个历史发展阶段,二者之间当然有传承关系。一般认为,古今汉语的基本语法结构也是大同小异。① 但是,有意思的是在焦点表达的语言形式上,古今汉语却分别代表了两种截然对立的语言类型。上古汉语跟当代匈牙利语一样,采用的是"前置焦点成分"的方式,而现代汉语却跟马来语一样,采用的是"加用焦点标记词"的方式。

我们面对下列两个重要问题:

1. 作为同一种语言的两个不同历史阶段,上古汉语和现代汉语为什么会在焦点表达式上采用了截然不同的方式?

2. 这一重要的类型转变在汉语语法发展史上是什么时候,在什么因素的驱动下,以及如何实现的?

我们认为"加用焦点标记词"和"前置焦点成分"两种焦点表达式中前一种比后一种经济直观,使用方便,易于成为优选和首选的对象,因为它只是简单地加一个语法单位,在线性语法序列上不影响既有的其他语法单位。因是之故,在其他条件相等的前提下,自然语言倾向于采用"加用焦点标记词"的方式表达焦点范畴。如此一来,我们就不难理解为什么现代汉语采用"加用焦点标记词"的方式(因为它能够采用这种方式),也不难理解上古汉语没有采用"加用焦点标记词",而采用"前置焦点成分"的方式。上古汉语没有采用"前置焦点成分"的原因很简单,这种语言没有判断系词,而判断系词是充当焦点标记词的最自然、最常用的词语。在此前提下,上古汉语只好退而求其次,采用"前置焦点成分"的方式。

众所周知,上古汉语中没有典型的判断系词。对此,王力(1980)归纳得最清楚:"主格同表明语的关系,在中国语里,也不必

---

① 赵元任先生说"咱们可以说,中国话其实只有一个文法,即使把文言也算在内……"(《中国话的文法》丁邦新译本)。吕叔湘先生也说"总起来看,如果把虚词除外,古今语法的变化不如语汇的变化那么大。"(《语文常谈》)。

用系词来表示。严格说来,中国上古是没有系词的"。"在先秦的史料中,肯定的句子,主语同表明语之间没有系词,乃是最常见的事实。"(见《龙虫并雕斋文集》所收之《中国文法中的系词》)。上古汉语的判断句在句末使用判断语气词"也"或者在句中和句末分别使用语气词"……者,……也"方式表达判断。有时也用非典型的"准判断系词""为"表达判断。

(150) 南冥者,天池也。(《庄子》)
(151) 城北徐公,齐国之美丽者也。(《战国策》)
(152) 荀卿,赵人。(《史记》)
(153) 伯夷、叔齐何人也?(《论语》)
(154) 诗、书、执礼,皆雅言也。(《论语》)

上古汉语有"是",但是那是一个指示代词(近指,相当于现代汉语"这""这个")和形容词(表示对某一事物的确认,有时还可有意动用法,表示"认为……对",还常与"非"对举,构成固定短语"是非"〔马文熙(2000)等〕。

(155) 吾不能早用子,今急而求子,是寡人之过也。(《左传》)
(156) 知之为知之,不知为不知,是知也。(《论语》)
(157) 妻不以我为夫,嫂不以我为叔,父母不以我为子,是皆秦之罪也。(《战国策》)
(158) 是吾师也。(《左传》)
(159) 偃之言是也。(《论语》)
(160) 仁之实,事亲是也。(《孟子》)
(161) 无是非之心非人也。(《孟子》)

上古汉语(主要指"先秦")中指示代词"是"和形容词"是"都是后来的系词"是"的历史源头〔郭锡良(1990)、马文熙(2000)等〕。指示代词"是"跟后来的系词"是"的传承关系主要体现在结构分布上,而形容词"是"跟系词"是"的关系则主要反应在意义上。指示代词"是"常常用来复指较复杂的主语,出现在主语和谓语之间,其结构位置跟系词正好相似。同时又因为形容词"是"的意义影响,判断句中复指代词"是"的指示性意义逐渐弱化,说明性意义逐渐增强。一系列细小语法变化的逐渐累积,由量变而质变,最终造成了系词"是"在西汉初年的出现。

石毓智、徐杰(2001)指出,汉语语法史在从上古到中古的历史演变过程中发生了两件对汉语的语法体系深远影响的重大事件,一是宾语前置的消失,二是原为指示代词的"是"演化成为一个判断系词,并进一步演化为一个焦点标记词。这两件事都经历了四五百年的时间。更为重要的是,它们变化的时间还有明显的契合关系和因果关联。

还值得一提的是,在中古汉语时期,作焦点标记词使用的"是"一度发展到登峰造极的地步,其句法分布包括并超过现代汉语中的焦点标记词"是"。连现代汉语不能使用焦点标记词"是"的句法位置(如"动词－宾语"之间),中古汉语都可以〔例句借自石毓智、徐杰(2001)〕。

(162) 即问言曰,汝为是谁？不见其形,而但有声。(《贤愚经》)
(163) 我即仰问,汝为是谁。(《贤愚经》)
(164) 今此骨山,复为是谁？(《贤愚经》)
(165) 此为是谁？(《贤愚经》)

我们知道,这种用法在北方方言中早已消失。但是,还可以在闽南方言中见到〔黄丁华(1963)〕。

(166) 是谁在内面在唱歌？
(167) 外面在拍门兀是是谁？
(168) 或本册着找是谁借则借有里？
　　　(意思:"那本书得找谁借才借得到呢")

此外,更能说明问题的是,现代汉语中"什么"经历了"是何物＞是物＞什么"的历史发展过程,本身就融合了一个焦点标记词"是"〔吕叔湘(1985b),石毓智、徐杰(2001)〕。江苏省北部沭阳、东海、新沂等地汉语方言至今仍用"是物(勿)"。"是物"的词汇意义与语法作用跟北方方言中的"什么"完全对等。也有"物"单独使用的,但是一般只能用在动词"做/作"后的宾语位置〔方环海(1998)〕。

(169) 小张,你来看看是物站在那里?
(170) 如果这也是假的,那是物不是假的?
(171) 你手里拿的是是物? 我猜是本书。
(172) 王主任昨天下午做是物? 连上班都迟到了。
(173) 冬梅是谢家是物人?
(174) 我想问问刚来的这个年轻老师叫是物名字。
(175) 你今天早上做物的? 我在街上好像看到你了。
(176) 昨天姚老师作物了? 上课时连半点精神都没有。

6.6 焦点形式的语言类型

6.6.1 英语

我们根据古今汉语、现代匈牙利语和现代马来语的事实归纳概括出表达焦点范畴的两种语言类型:"加用焦点标记词"和"前置焦点成分"。如果这些分析对路的话,一个自然的问题是这两种方式能否在一种语言中结合使用。我们认为英语的分裂句(cleft sentence)就是这种逻辑可能性的表现。例如:

(177) It is the new house$_i$ that John will buy t$_i$ for his mother.
(178) It is for his mother$_i$ that John will buy the new house t$_i$.
(179) It is John$_i$ t$_i$ who will buy the new house for his mother.
(180) It was your cat$_i$ that I found t$_i$ in the park.
(181) It is not Bill$_i$ that Mary hates t$_i$ badly.

上列各例分裂句中受到强调的句法成分(焦点成分)在表层结构所处的位置都不是它们原本的深层位置。作为焦点成分,它们被移至句首,前面又另加 to be 系动词充当的焦点标记词。跟汉语中的"是"一样,英语的 to be 因为也是个动词,所以在作为焦点标记词使用的同时,还得遵循动词的规则(但是不随后面的名词单复数变化)。它也可以被副词否定〔如例(181)〕,并有跟其他动词一样的时态变化(was,is)。

当然,英语中与动词有关的规则跟汉语又有所不同。一个重要的差别是,英语加进这个动词后,它又无端地额外制造了一个谓语。英语不允许无主句。所以在加进这个动词后,还必须跟着再配备一个傀儡主语来满足一个跟这里所关心的问题完全无关的条件。这里 it 的用法跟它在 It is raining 和 It is said that he won't make it 中完全一样。

但是,有两个相关问题需要解释:

1. 我们前文说,疑问代词本身固有焦点特征[+F],它们因此都会自动成为所在句子的强式焦点成分,并诱发相应的句法变化,如匈牙利语前移疑问代词,马来语给疑问代词加上焦点标记词,等等。英语的疑问代词也会前移,这是我们都知道的事实。但是,英语的疑问代词前移的同时,有时另外加用焦点标记词 to be,有时不加。加用的时候疑问代词还要再行移动,最后仍要落脚到句首位置〔例(183)〕。(183)与(184)之间的对立不难解释。我们可以说,英语类语言中只有表层主句的句首最高位置才是能够受到特别强调的位置,所以最终必须移到那个位置,而不能留在句中〔例(185)〕。分裂句是这样,其他句子也是如此〔比较下面的(186)和(187)〕。这里的问题是,既然英语表达焦点时选择的是前置焦点成分和加用焦点标记词两种方式的联合使用,而疑问代词会自动成为强式焦点成分,那么为什么疑问代词可以像在(182)句中那样仅仅是只前移,而没有同时加用系动词?

(182) Who does Mary love?
(183) Who is it that Mary loves?
　　 (或者:What is it that you bought yesterday?)
(184) *Is it who Mary loves?
(185) *It is who does Mary love?

(186) Who do you believe Mary loves?

(187) * Do you believe who Mary loves?

我们的答案是,英语中的疑问代词都是以字母"wh-"开头的〔所以俗称 Wh-移位(Wh-movement)〕,这个 wh 至少已经部分起到了焦点标记词 to be 的表征作用,除非特别的强式焦点,一般情况下就不用再另加 to be 了。其情形类似汉语中的"什么"中融合了一个"是"字。

2. 从跨语言的角度来看,焦点表达有"加用焦点标记词"和"前置焦点成分"两种方式。但是,一般来说,一种语言只选用其中的一种方式,这是符合语法手段使用的经济原则的。一个显而易见的问题是,为什么英语采用了两种方式?两种方式中似乎有一个是多余的(redundant)。

这个问题不易回答。我们目前设想到的一个可能的原因是,英语要强调诸如下列(188)一个句子中的时间状语 tomorrow 时,本来大概仅仅想嵌入系动词 is 充当的焦点标记词就够了。但是嵌入之后却发现制造了一个新的谓语,而英语又不允许在句子中间另外存在一个谓语,下列例(189)不合语法。为了挽救这个不合法的句子,所以只好把这个新谓语整个移至句首,并照例在它前面另加傀儡主语 it,最终造成(190)。

(188) Mary will leave for New York City tomorrow.

(189) * Mary will leave for New York City is tomorrow.

(190) It is tomorrow when Mary will leave for New York City.

如果是这样,英语的焦点表达式主要是"加用焦点标记词"。而"前置焦点成分"不过是用以补救"加用焦点标记词"所带来的问题的方式,是个副产品(by-product),一种伴随式(follow-up),是下游的语法操作。这在不包含疑问代词的分裂句中尤其明显。

6.6.2 再论马来语

将"前置焦点成分"和"加用焦点标记词"两种焦点表达式结合

使用的似乎还不仅仅是英语。本章前文说过,马来语类似现代汉语,使用"加用焦点标记词"的方式表达焦点,跟汉语的主要不同在于马来语选用的焦点标记词不是系动词,而是后缀性的助词"lah/kah"。除此之外,马来语跟现代汉语还有一个重要不同:后者加用焦点标记词后肯定不会再前置焦点成分了,而前者却像英语,加标后还有可能同时再前置焦点成分,亦即将两种焦点表达式结合使用。例如:

(191) Kucing-kah awak nampak di situ tadi?
　　　猫—焦标　　你　看见　在　那里　刚才
　　　"你刚才在那里是看见了猫吗?"　或者
　　　"你刚才在那里看见的是猫吗?"

(192) Pada esok-lah akan saya pergi ke Kuala Lumpur.
　　　在　明天—焦标　会　我　去　到吉隆坡
　　　"我是明天会去吉隆坡。"

(193) Die-lah yang saya berjumpa di kampus kelmarin.
　　　他—焦标　(关系代词)我　遇到　在校园　昨天
　　　"我昨天在校园里是遇到他。"　或者
　　　"我昨天在校园里遇到的是他。"

但是,虽然马来语和英语都将两种焦点表达式结合使用,两种语言仍然至少有两大明显的差别。

1. 英语要在焦点标记词前面加傀儡主语 it,而马来语则不加这种傀儡主语。这一差别的原因很容易解释:正如前文所述,英语加进的焦点标记词是个系动词 is,额外制造了一个新谓语,因此必须相应地给这个新谓语配备一个主语。而马来语的焦点标记词压根就不是个系动词,而是一个后缀性助词,当然不必另外配备主语。

2. 英马两种语言都要加用焦点标记词,这个加了标的焦点成分在英语中必须移走(obligatory movement),而在马来语中却可移,可不移(optional movement)。

(194) Dia membaca di perpustakaan-lah kelmari (Kader (1981))

他 看 在 图书馆—焦标 昨天

"他昨天是在图书馆里看书"

(195) Dia membaca buku-kah tadi?

他 看 书—焦标 刚才

"他刚才是看书吗？" 或者

"他刚才看的是书吗？"

我们也可以解释这两个差别。英语必移是因为该语言不允许句中出现一个新谓语，而马来语可以不移是因为它没有制造新谓语。马来语前移是出于语用原因，而不是像英语那样出于句法原因。这个语用原因就是为了进一步凸现最强式的焦点。马来语中的焦点成分前置的性质跟英语和汉语中疑问代词另外加系动词焦点标记词性质相似，英汉两语中的疑问代词本身已经融合一个焦点标记词，不加用焦点标记词就已经是焦点成分了，所以常常不加。另外再加系动词则是为了进一步加重和强化该焦点成分。

(196) 你是什么时候买的房子？

(197) What is it that you bought in the supermarket?

6.6.3 有关焦点形式的语言类型

焦点特征[+F]在自然语言中会诱发各种各样的语音语法变化。它在语音形式上的反应在不同语言中都是使用强调重音。可以说简单明了、整整齐齐。而焦点特征[+F]在语法形式上的反应表面上形形色色、杂乱无章，但实际上也是简单而且有限的。从语言类型学的角度看，焦点特征在语法形式上有两种表现形式：一个是"加用焦点标记词"；另一个是"前置焦点成分"。不存在第三种可能性。

此外，本章前文指出，诱发此两种语法变化的虽然无一例外地都是焦点特征[+F]，但是不同的句法成分获得焦点特征[+F]的方式有别。我们认为,"谁""什么""怎么"等疑问代词早在词库(lexicon)中就带上了这一特征,并随身携带这一特征进入句法运算。其他词语在词库中不具备这一特征,但是可以在深层结构层面被赋予这一特征。这就是为什么在不含疑问代词的句子中任何成分都可以成为焦点成分,而在含有疑问代词的句子中只有疑问代词才可以(并且一定会)成为焦点成分,这也是为什么某些闽南方言中疑问代词"谁"前面必须加用"是"〔黄丁华(1963)〕。

总而言之,我们可以把古今汉语、现代英语、现代匈牙利语和现代马来语等语言的焦点表达形式概括起来,并把焦点特征[＋F]的不同来源考虑进去,制成下表。我们认为这在语言类型学上有一定的意义。

指派焦点特征 [＋F]的语言层面	焦点形式类型		代表语种
词库(疑问代词)	前置焦点成分	至句首	英语(必移)、马来语(可移)
		至动词前	匈牙利语、上古汉语
深层结构(非疑问代词)	加用焦点标记	加用系词	现代汉语、英语
		加用助词	马来语

站在这个角度观察问题,我们说各种不同的自然语言在表达焦点的形式方面表面上五花八门,实际上居然仅仅是对这有限的两种方式的不同选择和拼盘配组的结果,简单而且规整。别的差别都可以用模组方法来"肢解"并分别处理。

"一个好的语言类型是一个好的语言理论的副产品"(A good language typology is a by-product of a good linguistic theory——大意如此)是麻省理工学院 K. Hale 教授及其高足黄正德教授多次强调的一个重要观点。当然,这里的理论分析和引申出来的类型归纳是不是真的对、真的好还很难说。但是就语言类型归纳和语言理论的密切关系,尤其是前者对后者的依赖关系而言,我们跟两位教授是有同感的。

6.7 结束语

"焦点"一词在不同的领域中,甚至在同一领域中的不同层面可以有不同的含义。作为语用概念的"焦点"跟形式语法系统中的"焦点"有关但是又不完全相同。在最初始的语言层面上,作为"说话人认为相对重要而要特别强调的对象","焦点"当然是一个"语义－语用"概念,当然跟句法结构没有关系。但是,这个语用概念会转为一个形式特征进入形式语法系统,会作为一个纯粹的形式语法特征(亦即[＋F]),跟其他各种各样的形式语法特征一起被指派给句法成分。到了形式语法这个层次,它就已经跟语用范畴完全脱钩,已经彻底转化为一个纯形式语法的特征,并以此种身份进入形式语法的轨道,参与句法活动。它在形式语法系统中可以扮演一个启动器的角色,驱动语法手段对它做出相应的反应。有的语言选择"前置焦点成分",有的语言选择"加用焦点标记词",还有的语言把两种方式结合使用,从而造成各种各样的焦点语法形式。

"焦点"有强弱主次之分,但不存在诸如"自然焦点""对比焦点"和"话题焦点"等等所谓的类型差别。语言处理系统根据焦点的强弱把焦点一分为二,之后把表达弱式焦点的任务让给语音系统,把表达强式焦点的任务留给语法系统。线性的语法系统接到强式焦点的特征信号后,并不管它是疑问句的焦点,否定句的焦点,还是一般肯定句的焦点。它知道那是个焦点,而对它进行"力所能及"的语法处理。这里所说的"力所能及"有清晰的内涵,它指的是任何一种语言的语法处理方式都是有限的。在以"原则与参数"为基础的当代语法理论看来,一种语言所具有的语法处理能力严格受制于三大因素。

1. "普遍语法的一般原则"(UG principles)的约束;
2. "普遍语法的参数"(UG parameters)在该语言中的赋值所提供的可能性;
3. 该语言的词汇(lexicon)和词法(morphology)特点。

焦点特征的表达形式当然也不会例外。自然语言表达焦点特征有"加用焦点标记词"和"前置焦点成分"两种方式。前者指的是直接在焦点成分前或后加用焦点标记词。至于具体用哪个词语作为焦点标记词以及用在哪个位置则可以因语言而异。但是多数语言都是直接把系动词用作焦点标记词。"前置焦点成分"指的是把焦点成分移至一个相对来说更重要的句法位置,至于什么位置是相对更重要的位置则因语言而异。

面对这两种基本的焦点表达形式,各具体语言会从中选择一种方式,或者两个联用。但是不管以哪种方式表达焦点范畴,都要遵守那些虽然不是专门为它们设置,但是却对它们适用的语法规则和条件。比原则上说,英语可以在前置焦点成分之后,再在它前面加个焦点标记词 to be,但是加了 to be 后还得接着给它配备个傀儡主语。汉语的"是"可以强调焦点,但因为它同时还是个动词,结果使得我们不能想强调什么就随心所欲地把"是"直接加在它前面。马来语中的焦点标记词不是系动词,所以它当然不受这种限制。英语、上古汉语和马来语都选用了"前置焦点成分"的表达式,但是它们的操作方式又有所不同。英语中由于加用的焦点标记词是个系动词,前置焦点成分时必须把它移至句首,而古代汉语没有焦点标记词,现代匈牙利语有焦点标记词但是不是系动词,前置时把焦点成分移至动词之前主语之后的位置。当然,这中间可能还有复杂的限制和条件。但是在我们心目中,"焦点"特征在不同语言中的表现形式的基本面貌大致就是这个样子。

第七章 疑问范畴与疑问形式

7.1 引言

句子可以从不同角度进行不同的分类。语法学中最常见的是从"结构"和"功能"(或称"语气")两个角度进行分类。根据功能,句子通常分为四类:陈述句、祈使句、感叹句和疑问句。① 在这几种功能句类中,疑问句长期以来一直是语法学界的热门问题,而热门问题中的热点话题则是疑问句式的分类和描述,并在此基础上形成了各家各派的分类理论。如有的分三类;有的分四类;有的在基本疑问句式外又分特殊疑问句式;疑问句式的大类下面还可以再分细类;等等。其中广为接受的做法是把疑问句分成是非问句、特指问句、选择问句和正反问句四类。各类例句如下。

(1) a. 是非问句:今天星期三吗?
         快开车了?
    b. 特指问句:谁昨天去广州了?
         他昨天去哪儿了?
    c. 选择问句:你们今天去还是明天去?
         你喜欢北京还是上海?

---

① 这四种所谓的"功能句类"是一般语法书中的说法。拙作〔徐杰(1987)〕指出,让"感叹句"跟"陈述句""疑问句"和"祈使句"平等并列是一个错误,在理论上和实践都是站不住脚的。前者谈的是"表情"的强弱,后者说的的是"达意"的类型。我们认为根据"表情"的强弱,所有的句子都可以分成"强感句"(意思是带强烈感情色彩的句子)和"弱感句"两类;根据"达意"类型,全部的句子应该分成"陈述句""疑问句"和"祈使句"三类。先后采用这两个标准给句子进行功能分类,我们将得到六个句类:"强感陈述句""强感疑问句""强感祈使句""弱感陈述句""弱感疑问句"和"弱感祈使句"。

d. 正反问句：你去不去？
   你喜不喜欢上海？

语法学家对各类疑问句式的描写和归纳是非常精细的。这些研究工作向我们展示了丰富多彩的语法规则和语法特征，加深了我们对疑问句式的认识，是很有价值的。疑问句及其各细类的规则和特征显然已经构成了汉语语法规则系统中一个庞大的子规则系统、一个重要组成部分。但是，这里有问题。疑问句是从句子功能角度分出的句类，而我们所见到的疑问句式的分类和再分类却完全是以结构特征为依据的。仅凭这一点，我们就有理由怀疑所谓的"疑问句式"在核心的语法体系中是否真的有那种仅仅跟"疑问"相连的、独立于其他语法规则的语法地位。所谓的"疑问句式"大概不过是具有普遍适用性的句法格式在一定的语法环境中表达了跟疑问有关的意义范畴。结构上完全一样的句式也可以用来表达的非疑问的意义。

本章将根据这一思路重新考察跟疑问范畴和疑问句式相关的句法问题。我们将运用模组语法中的一些重要观念和分析方法剥离和肢解"疑问句式"。我们将会看到，所谓的"疑问句式"的"语法特征"实际上是某些词汇项的些许词汇特征跟"针对疑问范畴的语法处理方式"以及其他有独立存在意义的语法规则相互作用所造成的现象。剥离和肢解之后，我们可以把那些词汇特征归入语法系统之外的词库，同时让独立的语法规则跟"疑问范畴"和"疑问句式"脱钩而独立存在。语法中所保留的、跟疑问句直接有关的规则仅仅是一个简单的"针对疑问范畴的语法处理方式"。这样一来，我们将有可能把所谓的"疑问句式"及相关语法规则从形式语法系统中抹掉，从而在相关方面简化这个规则系统，降低羡余度。

7.2 疑问范畴与"疑问中心"

本书第六章指出，"疑问"和"否定""焦点"是一组三个跟"主谓结构""动宾结构"和"偏正结构"等句法结构性质完全不同的语法范畴。后者体现的是线性的语法关系,而前者表达的是非线性的、超结构的语法范畴。语法学中的线性和非线性关系跟音系学中的线性(如音节结构关系)和非线性关系(如轻重音、声调、语调)完全平行。其中,"疑问"是一种属于全句的功能范畴,可表示为[+Wh]。疑问范畴的作用域(= 疑问范围)自然也是全句。这个"句"既可以是个主句〔即直接疑问句,如下列例(2)〕,也可以是个宾语从句〔间接疑问句,如(3)〕。

(2) [+Wh][谁借了我的书]?
(3) 我刚才还在琢磨[+Wh][谁借了我的书]。

我们这里要补充的是,这一看法跟多数生成语法学家有关疑问范畴性质的基本论点是完全一致的,只是他们中有些人的表述方式略有不同而已。此外,生成学派中有些学者在形式化的道路上往前再走一步,把全句的"疑问"属性更具体地解释为源自句子中心"C"(Comp)的一个特征。即(4)。

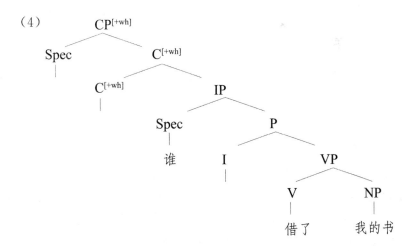

"疑问"是全句的功能范畴是语言事实,但是进而把它归结为源自句子中心"C"的一个特征则是一个有待证实的理论假设。后者推广至汉语仍有许多问题要回答:"C"真的是句子的中心吗?汉

语有作为句子中心的"C"吗？这都是悬而未决的问题。我们没有必要在此深究这些问题。要指出的仅仅是这种观念跟我们把"疑问"看作一个属于全句而不是其中某个成分的功能范畴的做法是一致的。

此外，正如 Huang（1982）等学者所指出的，带[＋Wh]疑问功能的从句作宾语时对主要动词有限制。如果某个动词不符合那些限制（如"相信"），即使宾语从句中有疑问代词，真正的疑问域也不是这个宾语从句，而是包括宾语从句在内的整个句子。如在下列例（5）中，就是因为动词"相信"的原因，疑问域是整个句子，而不是其中的宾语从句"谁买了书"。

（5）[＋Wh][张先生相信谁买了书]？

分布在不同语法位置上的从句能否有独立的疑问范畴，以及要受到哪些条件的限制是一个非常有意义的课题。问题虽然没有完全解决，但是 Huang（1982）、汤廷池（1981）和林裕文（1985）等学者的研究工作已经奠定了良好的基础。

"否定""疑问"和"焦点"是一组三个非线性的、超结构的语法范畴。我们这里要特别强调的是，其中的"焦点"处于中心地位。一个句子可以没有否定，也可以没有疑问，但一般来说它都会有个焦点，不管这个焦点是强是弱，也不管它是否由特定的语法或语音形式表现出来。在有关疑问句的讨论中，"疑问焦点"（或称"疑问中心"）也是个颇受注目的课题。不少论著都曾程度不同地涉及疑问焦点的识别，探讨过它的语法特征。但是我们认为所谓的"疑问焦点"并没有独立存在的意义。"疑问"是对句子的疑问，而"焦点"则是包括疑问句在内的各种句子的语义重心。所以，我们认为所谓的"疑问焦点"实际上就是一般的"句子焦点"在疑问句中的具体化和实例化。疑问句和非疑问句在焦点表达上是完全一致的。它们所遵循的完全是同一套焦点选择序列。

此外，在特指问句中，句子的焦点就是疑问代词（如"什么"）或包含疑问代词的语法成分（如"谁的孩子"）。这一点不少学者已经不约而同地注意到了。"疑问焦点"就是一般的句子焦点在疑问句中的体现,这在特指问句中表现得最为明显。

(6) 谁昨天没来?
(7) 你喜欢谁的孩子?
(8) 你在什么地方见过他?

疑问代词是疑问句的焦点不仅是个语感问题,而且可以用郑良伟提出的一套有关焦点识别的办法证明〔包括"省略法""替换法"等,详见 Cheng(1983)〕。众所周知,汉语句子中许多语法成分都可以省略。但特指问句的疑问代词是没法省掉的。还有,疑问代词充当的焦点跟别的焦点有个重要的不同。"焦点"是"说话者认为不是听说双方共有的,因而需要强调的信息"。在非疑问句中,这种信息是说话者所有,而听话者所无的。但在疑问句中,情况刚好相反。疑问句中的这种信息是说话者所无,但他预设听话者所有的。

7.3 疑问句式

现在我们来看看几类疑问句式的问题。首先,疑问句都带有"疑问"范畴。这是它们一致的地方,这个特点不会造成它们之间类的对立。语法学家们把疑问句分成不同的句式,主要是说它们在句法结构上有所不同。经常提到的、各类疑问句式的语法特征有,特指问句要带有疑问代词;是非问句不带疑问代词,但是常在句末使用疑问语气词;选择问句一般用"还是"连接两个供选择的部分;等等。我们现在来看这些特征就不难发现所谓的"疑问句式"在结构形式方面的对立其实跟"疑问范畴"及其语法表达毫无关系,而是对"焦点"的不同表达方式,把它们改称"焦点句式"可能更为恰当。是非问句没有特定的焦点表达形式,所以它的焦点选择取决于独立的焦点选择序列。特指问句的唯一特点就是包含带[+Q](即"疑问")和[+F](即"焦点")双重标记的疑问代词。但这种特征应该在词库中而不是在语法中做出规定。它在本质上是一个词汇特点,而不是一个语法特点。所以说特指问句在形式语法上也没有独立的特征。选择问句是把焦点的备选对象明确列举出来。跟同样列举备选对象的非疑问句比较,选择问句的唯一特点是使用了"还是"。表选择的"还是"(暂不论"还是去吧"中的语气副词"还是")的最大特点是带有"疑问"因素,因此只能用在疑问句中。对此,我们也同样只要在词库中规定它带疑问标记[+Q]就可以了。

马来语中的相关现象非常支持上述论点。该语言有一个专用的纯净焦点标记词"kah"(陈述句中相应写为"lah"),所有焦点成分的后面都带有这个焦点标记词。该语言中特指问句中疑问代词后面有焦点标记kah,选择问句中两个备选项后都带有kah,是非问句中某受到强调的成分也带kah。〔详见Kader(1981)〕

(9) 特指问句:

Dengan siapa-kah dia tinggal di Kuala Lumpur tahun lalu?
跟　　谁—焦标　他　住　　在吉隆坡　　　　去年
"他去年跟谁住在吉隆坡?"

(10) 选择问句:

Kamu mahu kopi-kah atau the-kah?
你　　要　　咖啡—焦标　还是　茶—焦标
"你是要咖啡还是要茶?"

(11) 是非问句:

Dia itu Abu-kah?
他　定冠词　阿布—焦标
"他是阿布吗?"

这些现象的存在更进一步证明,所谓的各类疑问句式之间的对立实质上是焦点的不同表达方式在疑问句中的反应。

总而言之,就形式语法来说,所谓的"疑问句式"之间的对立,以及各类疑问句式绝大多数的语法特征,实际上跟"疑问"本身没有直接的关系。它们都另有独立存在的意义。其中,是非问句本来就是一个非常普通的句子。汉语的句子本来就常在句末带有语气词。只不过是非问句句末的语气词是"疑问语气词"。但是还有很多是非问句并没有带语气词。比较下列"是非问句"和相应的非疑问句。

(12) A. 是非问句:他是个大学生(吗)?
　　 B. 一般陈述句:他是个大学生(呢)。

特指问句更没有"语法特点"可言。它的"特点"是选用了疑问代词。而这是个来自词库的词汇特点。所谓的"特指"在我们看来只不过是把已在疑问句中实例化为"疑问点"的"焦点成分"特别指出来,有时还在这个疑问焦点成分前面加焦点标记词"是"。而我们现在知道,可以被特别指出来的远远不限于疑问代词,也不限于疑问句。比较:

(13) A. 疑问句中的"特指":是谁昨天才走?
　　 B. 一般陈述句中的"特指":是刘老师昨天才走。

一般认为选择问句是并列几个项目,让回答的人从中选择。但是用"选择句式"也不一定要"问"。如:

(14) A. 疑问句中的"选择":你是明天来还是后天来?
　　 B. 一般陈述句中的"选择":我不是明天来就是后天来。

由此可见,我们完全可以把只属于疑问的"句式"从句型系统中抹掉,从而简化形式语法的规则系统,降低羡余度。几种"疑问句式"的对立实际上是在形式语法规则的约束下对"焦点"的几种不同表达方式。而"焦点表达方式"和"形式语法规则"都有独立存在的意义,在疑问句中的运用只是其实例化的一种形式。

在上述各种"特征"中,跟"疑问"直接有关的是加用疑问语气词。① 一个带上疑问语气词的句子不可能不是一个疑问句。据此我们可以说"加用疑问语气词"是汉语的形式语法对功能范畴"疑问"的直接反应,是汉语针对"疑问"范畴的语法处理方式。"加用疑问语气词"跟其他"疑问句式的特征"性质是完全不同的。此外,汉语运用"加用疑问语气词"这种方式处理功能范畴"疑问"时要面对一个条件的限制:它对句子中是否已经包含来自词库的特征[+Q]("疑问")敏感。当发现句中有某个词汇项带有这个标记,它就不能运用这种方式处理疑问范畴。设置这一限制条件可以解释许多学者注意到的一个重要语法现象〔如朱德熙(1982)〕:疑问语气词"吗"只能用在是非问句的后面〔如下列例(15)〕,而不能用在特指问句和选择问句的后面〔分别为例(16)和(17)〕。在我们看来,这是因为后两句中某词汇项带有[+Q]标记,而前一句则没有。

(15) 刘老师去广州了吗?
(16) *谁$^{[+Q]}$去广州了吗?
(17) *刘老师是去广州了还是$^{[+Q]}$去上海了吗?

汉语形式语法的相关机制在对"疑问范畴"进行处理时对词汇特征[+Q]敏感并不是理所当然的,更不是每一种语言都有的普遍现象。跟汉语"加用疑问语气词"可比度最高的是日语的"加用疑问语气词"。而日语在使用这一方式对"疑问范畴"进行语法处理时就根本不管句子中有无任何成分已经带有[+Q]词汇标记,只要句子带有"疑问范畴",就要加用疑问语气词 ka,例句如下。②

---

① 关于汉语的疑问语气词,陆俭明先生(1984)曾做过专题研究。他得出的结论是"现代汉语中的疑问语气词有两个半:'吗''呢'和半个'吧'"。这其中的"呢"和"吧"都不纯净,可暂时存而不论。汉语中疑问语气词最典型的代表是"吗"。

② 新加坡国立大学日本研究系陈连东和郭俊海两位先生时常跟作者讨论日语语法问题,并给作者提供很多宝贵的语料。特此致谢! 为了便于排版和称说,本书引用的非汉语语料均采用罗马字母注音。

（18） Anatawa honwo kaimasu-ka?
　　　 你　　　 书　　 买—疑问语气词
　　　 "你买书吗？"
（19） Anatawa naniwo kaimasu-ka?
　　　 你　　　 什么　　买—疑问语气词
　　　 "你买什么？"
　　　（原句直译应为："你买什么吗？"其中"什么"表疑问，而非虚指）

英语中的"主语－助动词倒装"（subject-auxiliary inversion）在功能上相当于汉语和日语中的"加用疑问语气词"，也是对"疑问范畴"的语法处理方式。英语在对"疑问范畴"进行语法处理时对[＋Q]这一词汇标记也不敏感。这一点本章后面在跟英语对比时还要专门讨论。

7.4 正反问句

本章对疑问句的分析到目前为止尚未把所谓的"正反问句"（又称"反复问句"）考虑进去。近些年来，主要是由于朱德熙和黄正德两位著名学者及其著作的引导和影响作用，对这一特定疑问句式的研究在海内外形成了一个热点。当然，海内外对这个问题关注的重点并不相同。国内描写语法学派最关心的是它的归类，而海外生成语法学派劳神的则是它的派生过程以及是否涉及隐性移位等。在这些丰富的文献中，我们认为朱德熙（1985b,1991）有关方言分布的讨论和黄正德（1988）的模组分析和理论引申最具代表性和启发性。争议主要集中在对这一句式的归类方面。较早的时候，范继淹（1982）从交际功能的角度着眼，认为"用'吗'提问和用'V 不（没）V'的各种形式提问也以归入一类为宜"。朱德熙（1985）则指出"反复问句也是一种选择问句，区别在于一般的选择问句要对方在 X 与 Y 里选择一项作为回答，反复问句则是让人在 X 和非 X 里选择一项作为回答。"汤廷池（1981）和吴振国（1990）也认为正反问句虽然跟选择问句有所不同，但应同属一类。黄正德（1988）运用模组方法分析正反问句，首先把它们分为"A 不 AB""AB 不 A"，认为正反问句有两个不同的来源。"A 不 AB"型是一种带有疑问曲折词组的单句结构，在句法上与一般特指问句相同。"AB 不 A"型则是由含有并列谓语的深层结构经"照应删除"得到的结果。

且不论上述各种论断的是非曲直，首先可以明确的一点是正反问句确实有许多特点与众不同。语法学家给予它更多的关注是很有道理的。沿用本书的思路，把正反问句跟别的疑问句式比较时（暂且仍管它们叫"疑问句式"），我们看到的一个重要差别是前者不能独立成为一个相应的非疑问句。正反问句好像跟"疑问"有着某种天然的联系。下列（20）A 句是个普通的正反问句，但是我们却无法套用同样的形式制造一个非疑问句。所以（20）B 句如果不表达"疑问"，我们就简直不知道它要表达的是什么意思。

(20) A. 疑问句：你来不来？
　　 B. 非疑问句：*你来不来。

正反问句有时可以充当宾语从句而不造成疑问句。但是它这时必然要求主句的谓语动词是"琢磨""管"一类动词或"想知道"一类动词短语。其他类型的动词如"相信"就不可以。而我们知道带疑问从句宾语正是"琢磨"类动词和"想知道"类动词短语的特点。这倒从反面对我们上述有关正反问句不能成为非疑问句的论断提供了新的支持。

(21) A. 我刚才还在琢磨你来不来呢。
　　 B. 我才不管你来不来呢。
　　 C. *我相信你来不来呢。

概括起来看，如果把表达"疑问"的句子和不表达"疑问"的句子跟几种所谓的"句式"的关系排列成下列表格，我们会发现一个奇怪的"空格"（gap）：正反问句没有相应的非疑问句，它不能不表达"疑问"。①

句式	表达"疑问"	不表达"疑问"
一般句	＋	＋
特指句	＋	＋
选择句	＋	＋
正反句	＋	－

正反问句还有一个与众不同之处。它虽然必定是个疑问句，但我们却无法在词库中像给特指问句中的疑问代词和选择问句的"还是"规定带有[＋Q]疑问标记一样，给它的任何一个语法成分规定带[＋Q]标。比方说，"你看不看这本书"一定是个疑问句。但是孤立地看，"你""看""不""这本书"都跟"疑问"沾不上边。这些现象说明，汉语中的"A 不/没 A"类正反并列表达式本质上是一种动态的，"针对疑问范畴的语法处理方式（syntactic process）"。跟它平行的不是任何一种静态"句式"，而是前面谈到的，动态的"加用疑问语气词"语法处理方式。这里所谓"针对疑问范畴的语法处理方式"（记作 P）可以这样理解：如果某语言形式 X 本来不是一个疑问句，用语法处理方式 P 对它进行处理后，X 必定是一个疑问句，那么 P 就是一种"针对疑问范畴的语法化方式"。虽然 P 的运用结果会给初始句子形式带来某种改变，但它本身并不是一种"句式"，所以我们不应该把它看作静态的"正反问句"或"反复问句"，而应该把它改称为动态的"正反叠用"。这样处理正反叠用可以自然地解释所谓的"正反问句"为什么不能像其他"疑问句式"那样有相应的非疑问形式。"正反叠用"必然造成一个疑问句跟"加用疑问语

---

① 某些正反叠用形式似乎可以不必是疑问句：如"可怜我们这些人，从死人堆里爬出来，靠山没靠山，门路没没路，落个这等下场"和"瞧你这身打扮，人不人鬼不鬼的"。但是，我们认为这些句式不是典型的正反叠用，而是复句的紧缩形式。"靠山没靠山"的紧缩前基础形式是"需要靠山的时候找不到靠山"。"人不人鬼不鬼"的意思是"说是人却不像人，说是鬼却不像鬼"。所以，这些句子并不能构成本章论断的反例。感谢西北大学杨炎华博士提醒作者上述现象的存在！

气词"必然造成一个疑问句的道理是一样的。

综上所述,汉语语法针对疑问范畴的处理有两种基本方式:"正反叠用"和"加用疑问语气词"。它遇到"疑问范畴"(记作[+Wh])时将促动相关语法机制从这两种方式中选择一种(下表中的(A)或者(B)),但不能两种都用((C)不合语法)。可以两者都不用(如例(D))。用与不用,用哪一种方式,取决于语用上的考虑,跟形式语法无关。形式语法的唯一限制是,在进行上述处理时对句中是否包含来自词库的[+Q]疑问标记敏感。如果发现这种标记,它就自动启动预先设定的"自毁"系统,不再进行任何的 P 处理(所以(E)可以说,而(F)和(G)却不能说)。相关例句如下。

语法输入	针对"疑问"的语法处理方式(P)		语法输出
	加用疑问语气词	正反叠用	
A. [+Wh]你看这本书	你看这本书吗	—	你看这本书?
B. [+Wh]你看这本书	—	你看不看这本书	你看不看这本书?
C. [+Wh]你看这本书	你看这本书吗	你看不看这本书	*你看不看这本书吗?
D. [+Wh]你看这本书	—	—	你看这本书?
E. [+Wh]你看什么[+Q]	—	—	你看什么?
F. [+Wh]你看什么[+Q]	你看什么吗	—	*你看什么吗?
G. [+Wh]你看什么[+Q]	—	你看不看什么	*你看不看什么?

形式语法提供了这些可能性。具体选用哪一种方式,可能因人而异,因事而异。同样一个问题,有人可能喜欢用"加用疑问语气词"的形式提问,有人则偏爱"正反叠用"。甚至同一个人初稿时用某种方式,改笔时又换成另外一种方式。同功能的语言形式可以互相替换是个普遍规律。下列例句取自作家改笔实例〔例句转借自倪宝元(1992)〕。

(22) 原句:我们来弄点东西吃,不好吗?(巴金《电》甲版)
改句:我们来弄点东西吃,好不好?(同名,见《巴金选集》第四卷)

(23) 原句:国王那边你们已经去报告过没有?(郭沫若《虎符》,甲版)
改句:国王那边你们已经去报告过吗?(同名,见《沫若文集》第三卷)

"正反叠用/是非问句""特指问句"跟"选择问句"之间是不可能有互相替换关系的。比方说,一个特指问句("谁来晚了?")是不太可能换成一个选择问句的。

这一分析模式可以统一地解释几种疑问句式表面上的对立。比如为什么正反问、选择问和特指问虽然都是疑问句,但却不能运用针对"疑问"的两种语法处理方式。正反问句本身也不能再加用疑问语气词。所有这些都是词库中对几个单词项带{+Q}疑问标记的规定跟语法上针对"疑问"的处理方式及其运用条件几方面因素相互作用促成的结果。作为一种语法处理方式,正反叠用的特殊性质从根本上规定了无论把它归入哪一种疑问句式都可以找到证据,不管把它归入哪一种句式都会遇到麻烦的结局。虽然黄正德(1987)在给正反问句归类上最后的结论跟我们不同,但是他已经把正反问句看成某种"疑问屈折范畴"的表现。朱德熙(1991)也说"'A 不 AB'也许可以看成是由双音节复合动词的词根形式造成相应的疑问形式的一种形态变化。"这些重要观念其实已经在某种意义下蕴涵了上述分析思想。

系属汉藏语系藏缅支系的彝语中的一些有意思的现象与此有关。这种语言经常使用"叠用"手段表达"疑问"范畴。下面的例子取自倪大白(1982)。

(24) nɯ^{33}　bo^{33}　bo^{33}?
　　　你　　去　　去
"你去吗?"

(25) nɯ³³　dza³³　dzɯ³³　dzɯ³³　o³⁴？
　　 你　　饭　　吃　　吃　　了
　　 "你吃饭了吗？"

(26) nɯ³³　nɔ³³　su³³　ŋɯ³³　ŋɯ³³？
　　 你　　彝　　族　　是　　是
　　 "你是彝族吗？"

(27) ʑi³³　ts'i³⁴　gɯ³³　ndʐa⁵⁵　ndʐa³³？
　　 房子　这　　些　　漂亮　　漂亮
　　 "这些房子漂亮吗？/这些房子漂亮不漂亮？"

(28) ts'i³³　mu³³　kɯ⁵⁵　kɯ⁵⁵？
　　 他　　做　　会　　会
　　 "他会做吗？/他会不会做？"

(29) ts'i³³　bo³³　t'a⁵⁵　ɕi³³　ɕi³³？
　　 他　　去　　应　　该　　（重叠"应该"一词的后一音节）
　　 "他应该去吗？"

跟汉语不同的是，彝语不是"正反叠用"而是"正正叠用"。如果把汉语和彝语统一处理的话（从它们的分布和特征看，我们应该这么做），那我们就更不能把正反问句归入选择问句了，就更能看清它们之间没有联系了。彝语中两项都是"正"，"选择"什么呢？！彝语不是完全没有"正项"和"反项"相叠的句式。但是在那种情况下〔如下列例(30)(31)〕，叠用的两项之间要用选择问句的连词 da²¹（亦即"还是"）。但是请注意，正如汉语使用选择连词"还是"，彝语使用选择连词 da²¹ 后已经造成了完全不同的句法形式。我们前面指出，使用选择连词是选择问句的唯一规定性形式特征，带 da²¹ 的句子已经是典型的选择问句，而不是正反问句。二者分别独立存在，相互之间没有推导派生关系。不带 da²¹ 的句子并不是带 da²¹ 的句子省略造成的。可以说两者之间表面上"差之毫厘"，实际上已经"去之千里"。

(30) nu³³　　bo³³　　da²¹　　a²¹　　bo³³？
　　 你　　 去　　 还　　 是　　不　　 去
　　"你去还是不去？"

(31) ts'ɿ³⁴　　gu³³　　va⁵⁵　　da²¹　　a²¹　　va⁵⁵？
　　 这　　　 些　　　好　　　还　　 是　　不　　 好
　　"这些好还是不好？"

其实,汉语中也有类似上列(30)(31)一类现象。汉语中当然也可以说"你去还是不去""这些东西好还是不好"。但是,这两句话虽然分别跟"你去不去""这些东西好不好"意思相近,但是也是没有推导关系的不同句法形式,也不能说一种是由另一种省略派生出来的。理由之一是,有些正反叠用句式压跟就不能通过加用"还是"直接"还原"为选择问句。

(32) 你羡不羡慕王先生？——*你羡还是不羡慕王先生？

此外,汉语"正反叠用"的"反项"只能以"不/没+正项"的形式构成,而不能用"正项"的反义词。这也说明这里其实压根就不存在"选择问题"。

(33) 这些房子漂亮不漂亮？——*这些房子漂亮难看？

更有意思的是,以"正正叠用"的方式表达疑问这一现象其实不仅存在于彝语中,汉语中也有。只是不见于普通话中,而是存在于某些方言中。罗福腾(1996)指出,现今胶东半岛的招远市和长岛县等地方言中有以"V + VP"重叠方式表达疑问的现象。其特点是,如果提问部分是单音节,则直接重叠该音节,如果是多音节或短语,则只重叠第一个音节。中间一律不带否定词。

山东招远汉语方言〔罗福腾(1996)〕：

(34) 你去去？(你去不去？)
(35) 这是是你的东西？
(36) 你肯肯给他？
(37) 你能能矣？

(38) 愿愿意吃干饭?

山东长岛汉语方言〔罗福腾(1996)〕:

(39) 你会会?(你会不会?)
(40) 花儿香香?
(41) 长得苗苗条?
(42) 家干干净?
(43) 电影好好看?

此外,谢留文(1995)和黄伯荣(1996)也分别指出,江西于都和福建长汀的客家方言中也存在相似语言现象。

江西于都客家方言〔谢留文(1995)〕:

(44) 明朝你去去赣州?(明天你去不去赣州?)
(45) 绳子猛猛?(绳子长不长?)
(46) 这条裤子短短?(这条裤子短不短?)
(47) 你食食酒?(你喝酒不喝酒?)
(48) 这件衫缩缩水?(这件上衣缩水不缩水?)
(49) 这扇墙坚坚固?(这堵墙坚固不坚固?)
(50) 你看扫得干干净?(你看扫得干净不干净?)

福建长汀客家方言〔黄伯荣(1996)〕:

(51) 粥食食?(稀饭吃不吃?)
(52) 要要纸票?(要不要钱?)

在这些事实面前,也许有人会说这种"正正叠用"是省略了否定词造成的,本来也是"正反叠用"。朱德熙先生(1991)就有类似的看法。他说有的"V-Neg-VO"型方言里"V-Neg-VO"经常紧缩成"VV形式",并列举福州话、连城(新泉)客家话、绍兴话和嵊县话里"V-Neg-VO"与"VVO"两种说法并存的事实来说明"VVO"就是"V-Neg-VO"省略(或"融合")了否定词后紧缩而成的。但是即使上述各汉语方言中的"正正叠用"是由"正反叠用"省略否定词紧缩而成的,这并不能证明任何方言(或语言)中的"正正叠用"都是从

"正反叠用"省略来的。正如罗福腾(1996)所指出的,前面提到的山东方言中就没有"V＋不＋VP"正反式叠用跟正正式叠用同时存在,这说明这里的"V＋VP"式至少在这些山东方言中不是"V＋不＋VP"式删去否定词紧缩的结果,而是一种独立的、用重叠形式表达疑问的语法手段。退一步说,即使在福州话等方言中"正正叠用"跟"正反叠用"并存这一现象本身就很值得深思。大家知道,在汉语中,在任何语言中可以省略的只能是那些没有携带多少语言信息的、可有可无的次要语法成分。句子的否定词是语义的焦点,绝对不是这种不重要的成分。它可以省略,说明它在这里已经虚化了,弱化了,已经不是典型的否定词了。因此,在我们看来,福州话等汉语方言中疑问句中的否定词可以省略其实不仅不跟我们的论断相矛盾,反倒是提供了另外一种有力的旁证。

7.5 "疑问"范畴在不同语言中的语法表达手段

7.5.1 语法手段

语法手段,顾名思义指的是在语法形式上所能够采用的手段方式。它作用于以深层结构为代表的语法基础形式,作用的结果将导致这种基础形式的改变。跟"语法手段"相对的是"词汇手段"和"语音手段"等。任何语言所拥有的语法手段都是有限的。语法学家认为,语法手段可以划分成有限的四个大类:

(53)(A)加进没有词汇意义而只有语法功能的所谓"虚词"。
(B)重新安排某语法成分在句子中的位置。
(C)重复某语法成分。
(D)删除某语法成分。

这四类语法手段可以分别简称为"添加"(adjoining)、"移位"(movement)、"重叠"(reduplication)和"删除"(deletion)。这概括性的四大类语法手段在不同自然语言中,跟不同的语法范畴匹配时会有不同的实例化方式。

7.5.2 表达"疑问"的语法手段

这四类语法手段中有三类在表达"疑问"范畴上都有表现（唯一没有使用的是"删除"），它们在不同语言中有不同的实例化方式。

首先是"重叠"。"重叠"有两种实现形式，一是"正正"式重叠，代表语言是彝语和某些汉语方言。一是"正反"式重叠，代表语言是汉语普通话和绝大多数汉语方言。我们前面说过，"正正"式重叠有多种功能，表达疑问只是其中一种。其实"正反"式重叠也一样，除了表达疑问外还有别的功能。如合肥话没有"正反"式疑问句，但是"正反"形式却有别的作用，可以构成非疑问句的"正反"式。如"好不好都要""好不好不要紧"（好不好没关系）等〔参看朱德熙(1985)，李宇明(2000a)〕。

其次是"添加"。这一类型的典型代表语言是日语。如本章前面所指出的，在日语中，只要是个疑问句，都可以在句子末尾添加疑问语气词 ka。我们这里要补充说明的是，在运用"添加"语法手段表达"疑问"范畴时不一定要用语气词，也不一定非要用在句末。我们知道汉语也可以用"添加"手段表达"疑问"，并且常用句末疑问语气词。但是这不是唯一的方式。正如朱德熙(1985)所指出的，有许多汉语方言都采用在 VP 前边添加一个疑问副词的方式造成一个疑问句(即朱文所谓的"K-VP"句式)。这个动词前疑问副词在苏州话中是"阿"，昆明话中是"格"，合肥话中是"克"。例句如下。

(54) 苏州话：耐<u>阿</u>晓得？（你知道不知道？）
　　　　　　耐看<u>阿</u>好？（你看好不好？）
　　　　　　<u>阿</u>要吃点茶？（要不要喝点茶）
(55) 昆明话：你<u>格</u>认得？（你认得不认得？）
　　　　　　这条裙子<u>格</u>漂亮？（这条裙子漂亮不漂亮？）
　　　　　　他<u>格</u>是你弟弟？（他是不是你弟弟？）

(56) 合肥话：你<u>克</u>相信？（你相信不相信？）
　　　　你<u>克</u>喜欢看电影？（你喜欢不喜欢看电影？）
　　　　你来闻闻这朵花<u>克</u>香？（你闻闻这朵花香不香？）

朱德熙(1985,1991)反复强调指出，这类所谓的"K-VP"句式与"正反"式疑问句"VP 不 VP"互相排斥，不在同一种方言里共存。有些汉语方言只有"KVP"式(如某些吴语，某些东南官话，大部分西南官话)，其他的只有"VP 不 VP"式。因此可以作为从语法上区分汉语方言类型的一种根据。在我们看来，这种互相排斥现象的存在其实一点都不奇怪。它所体现的正好是语法手段的一个重要特征：一种语言或者语言变体(方言)在处理同一种语法范畴时一般倾向采用同一种语法手段。而"K-VP"和"VP 不 VP"所代表的正好是"添加"和"重叠"两类语法手段。在面对"疑问"这一语法范畴时，一种语言或者语言变体一般只选用一种语法手段。如彝语选择的是"重叠"，日语选择的是"添加"。我们下面就要谈到，英语选择是"移位"。各种语言都选择一种语法手段，这是常规。我们认为，出现这种现象的原因应该跟"避免羡余原则"(redundancy-avoiding principle)有关。说到这里，人们应该马上会联想到汉语的情形。汉语似乎是这一"常规"的例外，因为汉语表达疑问时，既采用"添加"手段（即加用句末疑问语气词，如"你喜欢武汉吗？"），又采用"重叠"手段（即所谓的"正反问句"，如"你喜欢不喜欢武汉？"）。但是值得注意的是，汉语只能"交替"使用其中一种手段，不能"同时"使用两种手段表达疑问，如不能说"*你喜欢不喜欢武汉吗？"。所以可以说，"重叠"和"添加"在汉语中表达疑问也是互斥的、互补的。相应地，我们可以把上述原则修改如下：表达同一语法范畴的语法手段处于互补状态。为了降低语法形式的羡余度，一种语言或者语言变体(方言)一般不能"同时"(在一定条件下"交替"是可以的)采用两种或多种语法手段表达同一种语法范畴。

最后是"移位"。其典型代表语言我们知道是英语。英语表达疑问范畴的语法手段就是"主语－助动词倒装"。在运用条件方面，英语的"移位"跟日语的"添加"相似而跟汉语不同，前者对句中是否已经包含[＋Q]疑问标记的词汇项不敏感。英语不管是特指问句,是非问句,还是选择问句,不管句子中是否已有疑问代词,只要句子带疑问范畴[＋Wh],只要是疑问句,就一律强制性地执行主语和助动词倒装。干脆利索!

(57) 是非问句:Will John buy the house?
(58) 特指问句:What will John buy?
(59) 选择问句:Will John buy a new house or a new car?

英语当然没有采用正反叠用和加用疑问语气词的手段表达疑问范畴,因为这种语言已经采用了功能上相当于汉语加用疑问语气词和正反叠用的"主语－助动词倒装"。在该语言中,"主语－助动词倒装"是造成疑问句必要而充分的条件("有之必然,无之必不然")。一个句子如果没有"主语－助动词倒装"就不会是个疑问句,而如果有"主语－助动词倒装"就不能不是个疑问句。

英汉两种语言在疑问句的构造上表面似乎还有疑问代词语序安排上的不同。英语要把疑问代词前移至句首〔如上列(58)中的what〕,而汉语的疑问代词却留在原位置。但是,我们认为这一不同跟全句的功能范畴"疑问"没有直接关系。疑问代词前置在英语中是具有独立存在意义和广泛适用性的"焦点前置"(focus-fronting)在英语特指问句中的实例化表现。疑问代词要前置是因为英语中只要是焦点成分(不论是不是疑问代词)就前置,而从词库中带进焦点标记[＋F]的疑问代词一定是疑问句的焦点成分。此外,"倒装"是一种朴素通俗的说法。在现代语法学中有特定的理解和诠释。"倒装"实为一种"移位",一种"中心语移位"。在英语中,"主语－助动词倒装"和"疑问代词移位"虽然同见于特指问句中,但是它们毫无直接联系。它们是语法规则系统对不同性质语法范畴的不同反应,应该脱钩并分别处理。就语法手段的运用来说,二者都是"移位",一个是"中心语移位"(head-movement),另一个是"短语移位"(phrase-movement)。这些意思可以图示如下。

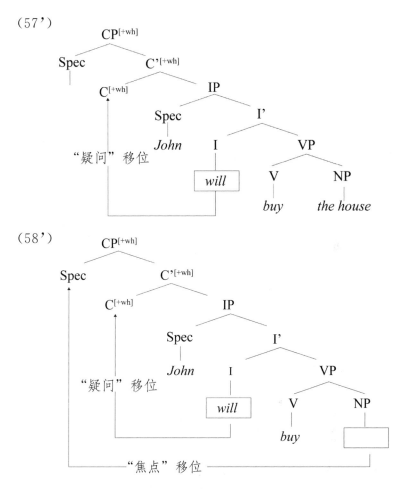

这个观念跟理论语法界的一般看法大不相同。多数学者都把疑问代词前置跟疑问句的构成不可分割地联系起来，或明或暗地把前者看作后者的一部分内容。我们这里却要割断疑问代词前置跟疑问范畴和疑问句的直接联系。将英语的这些现象跟汉语相关现象比较，英汉两种语言在所谓的"特指问"一类句子有关方面的对应关系可作如下分析。

	汉语	英语
"焦点"特征的语法表达手段("焦点"在特指问句式中实例化为疑问代词代表的"疑问中心")	加用焦点标记词"是"	焦点成分前置
"疑问"范畴的语法表达手段	加用疑问语气词或者正反叠用	主语－助动词倒装

还有一些语言现象强烈支持我们就汉语的"正反叠用"和"加用疑问语气词"跟英语的"主语－助动词倒装"都是疑问范畴的语法表达手段的论断。

1. 英汉两种语言中跟"附加式疑问句"(tag question)有关的现象也支持上述分析。由于该类疑问句的唯一功能就是表达疑问,而不涉及焦点,所以应该最能纯净地体现"疑问"范畴的语法表达手段的本色。请看例句。

(60) 张教授昨天走得晚,是吗?
(61) 张教授昨天走得晚,对不对?／是不是?
(62) ＊张教授昨天走得晚,谁走得晚?
(63) ＊张教授昨天走得晚,张教授走得是早还是晚?
(64) John does not like New York, does he?

2. 石毓智(2000a)指出,从句是句子内部的一个成分,它的构造不受句子以外的各种语境因素的影响,代表的是汉语的基础性的、核心的、自然的、无标记的句子结构。跟无标记结构相对的有标记句子结构则是因应各种外部语境因素而通过改变语序或者添加语法标记词等手段产生的各种灵活多变的格式。把这一判断标准运用于本章讨论的问题,我们发现汉语的"正反叠用"和"加用疑问语气词"和英语的"主语－助动词倒装"都不能进入从句。这跟特指问句明显不同。

(65) ＊你买吗的新房子很漂亮?
(66) ＊你买不买的新房子很漂亮?

（67）谁买的新房子很漂亮？

（68）＊The new house which will you buy is very beautiful?

（69）Is what you bought very beautiful?

这些现象说明：

1. 汉语的"正反叠用"跟"加用疑问语气词"相当，而跟所谓的"特指问句"和"选择问句"对立。前二者可以用作"附加式疑问句"，而后二者不行。

2. 汉语的"正反叠用/加用疑问语气词"跟英语的"主语－助动词倒装"相当，都是"针对疑问范畴的语法处理方式"，都可以用作"附加式疑问句"。而这些都正是我们上面要表达的意见。

总而言之，对比分析之后，我们面前呈现出一个跨语言的类型学意义下的归纳。人类自然语言的语法运算系统有下列三种基本手段处理疑问范畴"。

（1）汉语和日语式的"加用疑问语气词，亦即"添加"。

（2）汉语式的"正反叠用"和彝语式的"正正叠用"，亦即"重叠"。

（3）英语式的"移位"。三种类型及其代表语言可归纳如下表。

"疑问"范畴处理方式的语言类型	（1）添加	（2）重叠	（3）移位
代表语言	日语	彝语	英语
	汉语		

不同的语言在表达"疑问范畴"方面表面上千差万别，而实际上仅仅是对这有限的三种手段不同的选择和搭配，并跟各具体语言中的其他语法规则和词汇特征相互作用所造成的现象。重要的是，这种种现象仅仅是我们研究的初始对象，而不是研究的最终结果。

7.5.3 语法手段与词汇手段和语音手段的互补

"语法手段"是跟其他语言手段如"语音手段"和"词汇手段"相对而言的。就拿语音手段来说，它跟语法手段就明显不同。如果说语法手段是语法单位的"移位""添加""重叠"和"删除",那么语音手段则主要是轻重音类型(stress pattern)和升降句调(intonation)。语法手段跟语音手段既相互独立,又相互关联,从而在表达语法范畴方面形成种种复杂有趣的拼盘配套。同一种语法范畴在一种语言中用语法手段表达,而在另一种语言中可能用语音手段表达。即使在同一语言中,有些情况下用语法手段,另外情况下用语音手段。

更有意思的是,不仅是语法手段之间是互补的,语法手段跟语音手段之间也常常是互补的。如在本章关心的疑问范畴方面,汉语跟其他语言一样,除了语法手段外还常常使用语音手段,那就是上升语调。其基本特点是,当某疑问句中没有词汇或者语法的表达形式,它一定要使用上升语调,如果已有词汇或语法形式,它可用可不用上升语调,一般不用,用的话是加强疑问语气〔陆俭明(1984)〕。

(70) 他是位教授?〔升调〕

(71) 他是谁?〔降调或者升调〕

(72) 他是位教授吗?〔降调或者升调〕

(73) 他是不是位教授?〔降调或者升调〕

如果接受乔姆斯基等人的观点,我们还可以进一步说词汇手段、语法手段和语音手段的运用是有先后次序的:如下图(72)中箭头方向所示,(1)先使用词汇手段(以"词库"为"输入INPUT",以深层结构为"输出OUTPUT"),(2)再启动语法手段(以"深层结构"为输入,以"表层结构"为输出),最后才动用(3a)语音手段和(3b)语义解释手段。它们像接力赛一样,前者作用的结果("终点")自动成为后者作用的对象("起点")。这一观念在生成语法的一些论著中常常做如下表达〔如Chomsky and Lasnik(1993)等〕。

(74)
```
                         1
        深层结构 ←──────── 词库
        (D-Structure)    (Lexicon)
              │
              │ 2
              ↓
语音式 ←─3a── 表层结构
(PF)         (S-Structure)
              │
              │ 3b
              ↓
            逻辑式
            (LF)
```

就前面的几个具体例子而言,谁都可以看出那几个极其普通的疑问句有一些跟"疑问"有关的特征,亦即我们常说的疑问句的"特点":"他是位教授?"使用上升语调。"他是谁?"使用疑问代词"谁"。"他是位教授吗?"使用语气词"吗"。"他是不是位教授?"以正反方式重叠"是"。但是应该明确的是,这些"特征"是来自不同的层面的,有的是词汇的,有的是语法的,有的是语音的,必须拆卸开来并分别进行处理。

(75)

	词汇手段(1)	语法手段(2)	语音手段(3a)
他是位教授?	—	—	升调
他是谁?	使用疑问代词"谁"	—	—
他是位教授吗?	—	添加语气词"吗"	—
他是不是位教授?	—	"是"的正反式重叠	—

如果把上列(74)和(75)两图结合起来,并跟可比的英语现象对照,呈现在我们面前的将是下列(76)一幅画面。我们由此可以清楚地看出所谓疑问句的"特征"所处的不同层次以及整个推导派生过程的流程作业。

(76)

语法运算过程 \ 词库中的部分词汇项及相关特征 \ 运算结果	词汇/语法手段		语法手段		语音手段	
		深层结构		表层结构		语音形式
他、是、个、教授、谁[+Q]、…[+Wh]…	组词成句	[+Wh]他是谁[+Q]	—	[+Wh]他是谁[+Q]	—	[+Wh]他是谁[+Q]?
		[+Wh]他是个教授	—	[+Wh]他是个教授	加上升语调	[+Wh]他是个教授?
			添加	[+Wh]他是个教授吗	—	[+Wh]他是个教授吗?
			重叠	[+Wh]他是不是个教授	—	[+Wh]他是不是个教授?
John、will、buy、apples、what[+Q]、…[+Wh]…	组词成句	[+Wh]John will buy what[+Q]	移位	[+Wh]what[+Q] will John buy	—	[+Wh]what[+Q] will John buy?
		[+Wh]John will buy apples	移位	[+Wh]Will John buy apples	—	[+Wh]Will John buy apples?

上图(76)有两点需要解释:

1. 为什么把运算过程的第一步叫作"词汇/语法手段"?

我们的意思是组成"他是位教授"一类基础句式主要是个词的选择问题,唯一的一点"语法"是 X-阶标程式(X-bar schema),X-阶标程式的实质是语法单位组合的层次性。

2. [+Wh]和[+Wh]有什么区别?

不加底线的"[+Wh]"代表的是无形的、尚未通过某种语言手段实现的功能范畴"疑问"。无形的功能范畴必须通过某种有形的语言手段实现出来。这种手段可以是词汇的,可以是语法的,也可以是语音的。实现了的语法范畴下面加底线表示,亦即"[+Wh]"。

尤其值得我们注意的是,真正的语法手段经此分辨提取后清晰可见:针对"疑问"功能范畴的语法手段在汉语中是"添加"和"重叠"交替使用(也可以二者都不用),而在英语中则一律是"移位"。

7.6 英汉儿童语言习得中的一些事实及其蕴涵的理论意义

与上述论断有关,英语中还有一个很有意思的语法现象。根据 Hyams(1986)和 Weinberg(1991)提供的儿童语言习得事实,我们发现在英语语法习得的过程中,幼儿知道在疑问句中给主语和助动词调换位置的时间明显晚于知道把疑问代词前置的时间。前者在 38 个月以后小孩的语言中才能找到,而 28 个月大甚至更小的幼儿一看是个疑问代词就知道把它搬到前边去。下列三个例子取自 Hyams(1986),都是从 28 个月大的幼儿语料中搜集来的。

(77) What doing?
（相应的成人说法:What are you doing?）

(78) What cowboy doing?
（相应的成人说法:What is the cowboy doing?）

大约在 28—38 个月这段时间内,幼儿经常造出诸如下列这种只有"疑问代词前置"而没有"主语—助动词倒装"的句子〔实例取自 Weinberg(1991)〕。

(79) What you are gonna wear?
（相应的成人说法:What are you gonna（going to）wear?）

(80) What the mouse is doing?
（相应的成人说法:What is the mouse doing?）

这些语言事实有着多方面的意义。沿用本章的分析思路,我们至少可以作两点演绎：

1. 在英语儿童语言习得的过程中，"焦点"的语法处理方式和"疑问"的语法处理方式也是被当作不同的概念分别处理的。这进一步旁证了二者属于不同的范畴，支持了我们的分析。

2. 把英汉两种语言的对应关系联系起来考虑，我们这里可以引申出一个有待证实的"猜想"：汉语幼儿学会使用疑问语气词和正反叠用的时间应该明显晚于学会使用焦点标记词"是"的时间。李宇明和唐志东两位（1991）专门研究过汉语儿童对问句系统的习得问题，发现了很多有意思的现象，难得而可贵。他们的结论是，"二至三岁是儿童习得反复问句的关键期……两岁左右反复问句开始发生，三岁儿童的反复问句已趋成熟"。而"吗"问句与反复问句几乎是同时出现。"吗"问句在 2:0（两周岁）时发生，2:11 时进入成熟期。"如果本章对英汉两种语言对应关系的分析正确的话，这个时间接近英语儿童对"主语－助动词倒装"的习得时间但略早。果如此，我们的"猜想"可以这样表达：汉语中"焦点"的语法处理方式（即加用焦点标记词"是"）的习得则应该明显早于这个时间。

这是必须而且不难由实际的语言事实来证实或证误的！

7.7 结束语

疑问和疑问句式长期以来是语法研究中的热门课题。传统语法理论认为，疑问句式的类型和各类疑问句式的语法特征是语法规则系统的一个重要组成部分。本章以"原则本位"的语法体系为理论基础，重新考察了跟疑问范畴和疑问句式相关的种种语法问题。我们的基本结论是，所谓的静态"疑问句式"并没有独立的语法地位，不应该是语法系统的一部分，应该而且可以从语法系统中分离出去。形式语法的规则系统中根本不存在所谓的"疑问句式"。语法学家所说的各类疑问句式及其种种语法特征实际上是三个相互独立的因素在表达"疑问"范畴方面实例化的结果，是它们交叉发挥作用所造成的现象。这三个因素分别为：

1. 汉语"针对疑问范畴的语法处理方式"是"加用疑问语气词"与"正反叠用";

2. 汉语"针对焦点范畴的语法处理方式"是"加用焦点标记词"(即"是"),而疑问代词不管加不加"是"都会自动成为所在句子的焦点成分;

3. 疑问代词"谁""什么"和表达疑问的连词"还是"在词库中被规定带有[＋Q]疑问标记。

上述三项中只有一项(1)跟形式语法中的"疑问"范畴直接相关,只有它才是"疑问句"的真正语法规则。这些结论可图示如下。

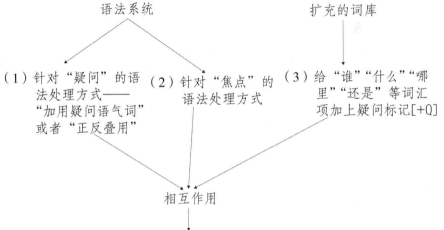

为了充分阐述我们的论点,本章在对汉语成人语法的讨论中引用和比较了日语、彝语和英语,以及英汉两种语言儿童习得中的相关语法现象。对比分析的结果是:

1. 跟汉语"正反叠用"功能相同的彝语"正正叠用"现象侧面说明汉语的正反问句跟选择问句表面相似,其实毫不相干。

2. 英语"针对疑问范畴的语法处理方式"是"主语－助动词倒装",它在功能上相当于汉语的"加用疑问语气词/正反叠用"。英汉两种语言在对"疑问范畴"进行语法处理时受到不同的限制。汉语对句子中是否包含来自词库的[＋Q]疑问标记敏感,而英语则不敏感。此外,本章还"肢解"了英语的特指问句,认为其中的疑问代词前置是独立的"焦点前置"一种实例化结果,本质上跟"疑问范畴"无关。

3. 英语幼儿对相关语法规则习得的时间先后不同旁证了本章提出的、与传统看法大不相同的分析模式。我们还以此为基础提出了一个有待证实或证误的、有关汉语儿童习得问题的"猜想"。就此,我们还可以看出在传统描写语法学中本来互不相干的成人语法研究和儿童语法研究之间何以在生成语法学中形成那么紧密的逻辑联系。

4. 本章还从跟汉语比较的角度,初步考察了"疑问"在不同语言中的语法处理手段,进而归纳出自然语言处理"疑问范畴"的三种基本类型:"添加""重叠"和"移位"。各具体语言都从这一通用"菜单"上"点出"自己所要的"菜品"。多数语言都是点一种"菜",选择一种方式。汉语居然在这个问题上"搞特殊化",它点两种"菜",选择(交替但不是同时使用)"添加"和"重叠"两种语法手段处理"疑问"一种语法范畴!

第八章　描写语法研究
与普遍语法研究的接轨

8.1 引言

我们的汉语描写语法研究可以而且应该跟当代西方语言学主流理论之一的普遍语法研究"接轨",并最终实现双向交流的良性循环。汉语描写语法研究要跟普遍语法研究接轨必须首先找到二者的"接口"。

8.2 两种不同的语法研究

不言而喻,汉语描写语法学要描写的对象是汉语客观存在的语法事实和语法规律。

语法本身具有语法形式和语法意义两个方面。这两个方面的具体内容可以因语言而异。就汉语来说,语法形式大致包括语法单位线性排列的语序,语法单位排列组合后所形成的各种语法层次和各种语法关系以及语法词的运用等等。语法意义指的是语法化了的语言意义。广泛的语言意义包罗万象,是无穷的;而语法化了的语言意义经过了抽象和概括,是有限的。在一定意义下,我们可以认为这两个方面相对独立而各成自己的系统,可以分别探索它们的各种聚合和组合关系(即下列图 A 和图 B)。但是,描写语法研究归根结底的研究目的则在于揭示语法形式和语法意义这一体两面之间错综复杂的对应关系(即图 C)。

(A) 语法形式系统　　　　　(B) 语法意义系统
　　　1　2　3　　　　　　　　　a　b
　　4　5　6　　　　　　　c　d　e　f
　　　7　8　　　　　　　　　g　h

(C) 语法形式和语法意义之间错综复杂的对应关系

　　语法形式：a - b - c - d - e - f - g - h - ....
　　　　　　　　　　　　↓P　↑Q
　　语法意义：1 - 2 - 3 - 4 - 5 - 6 - 7 - 8 - ....

　　为了达到对上述(C)的刻画,理论上有两条殊途同归的道路可供选择。其一是首先从言语材料中切割出某语法片段,进而分析它所能包容的语法意义(亦即上面的 Q——从外到内);其二则首先归纳出某语法意义,再以此为立足点,考察它所对应的语法形式(亦即 P——从内到外)。这两种途径的选择和使用主要取决于研究对象语法层次的高低不同。从形式到意义和从意义到形式两种办法在实际的研究过程中经常交替使用,互相旁证,从而把对问题的讨论逐步引向深入。

　　普遍语法(又称"转换生成语法""解释语法")当然有着迥然不同于上述描写语法的研究对象和研究目的。它以儿童在很短的时间内借助有限而零乱的语言经验、可以轻而易举地习得一种或数种自然语言,以及人类语言虽然表面上千差万别但在许多方面却表现出高度的一致性等一些基本而简单的事实为依据,认定人类而且只有人类先天性地具有一种语言机制。这种与生俱来的、可以支持各种具体语言的语言机制在自然的语言环境中可以"成长"为一种或多种人类自然语言。其成长过程,先后次序和时间安排是生物学意义下预先规定好了的。幼童出生时,其大脑并不是白板一块,而是具有某种语言初始状态。普遍语法的研究对象就是这个幼童语言初始状态(initial state),而所谓的"普遍语法理论"也正是对这个幼童语言初始状态的理论描述。它是人们认识客观真理,逐步逼近客观真理的一个阶段性理论总结。

　　普遍语法的最终研究目的有二：

　　1. 完整而准确地描述幼童语言初始状态；

2. 解释这个初始状态是如何在既定条件下"成长"为各种各样的成人自然语言的(在此意义下,该理论也常被称为"解释语法")。

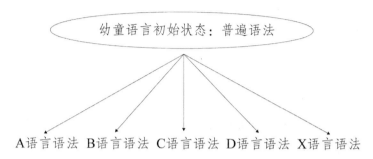

在方法论上,普遍语法的基本做法是首先进行各种自然语言的断代比较研究,并最大限度地找出它们的共性(即求最大值的公约数),并认定这些"共性"是属于普遍语法的特征。其次,它还要运用幼童语言习得的实际事实材料来验证上述方法得出的结论是否可靠。此外,普遍语法还要尽可能地运用失语现象和语言病症等材料进行旁证。

8.3 两种语法研究的交叉关系

对描写语法和普遍语法各有一个总括的了解之后,现在让我们来看看它们二者之间的关系。从以上简短的讨论中我们不难看出,无论是就研究对象还是就研究目的来说,描写语法与普遍语法都不可能如下面图 A 所示,具有完全重合或大体重合的关系。它们之间也不可能就像两个完全不同的学科一样,完全没有关系(如下列图 B)。我们认为它们之间是部分重叠的交叉关系(即图 C)。它们既有相同的地方,也有不同的方面。它们(最终的)"志"虽不同,但"道"却(部分)相合,"殊归却同途"。要找出我们的描写语法研究跟普遍语法研究之间的"接口",就是要找出它们之间的不同点和交叉点。在充分承认二者各有自己的理想与追求的前提下,尽可能多地找出它们的共同点。只有这样,两个方面才有可能相互充分了解,相互体谅对方跟自己不同的目的和需要，才有可能消除或者减少二者之间长期存在的，因彼此误断而形成的隔膜。只有这样，双方才能各为自己的目的互相吸收，充分利用，求同存异，并肩前进。这就好比有两个人坐火车出门旅行一样。张三从广州到北京，李四从武汉到沈阳。两人虽然有着不同的起点站和终点站，也肯定有不同的旅行目的。但是这都没有关系，重要的是他们有缘在"武汉－北京"段相逢而部分同途。如果双方愿意的话，他们完全可以把各自的不同放在一边，而珍惜这段缘分。在这一段共同的旅程中，互相关照，守望相助，这对双方都有好处。

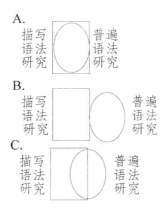

研究对象和研究目的的交叉关系决定了研究方法和角度的交叉关系。要理清描写语法与普遍语法在研究方法和角度方面的交叉关系，让我们先来看看它们之间的不同点，之后再来讨论它们的共同点。

我们的描写语法研究以既成的成人语法事实和语法规律为研究对象。为了实现对这些事实和规律全面而深入的描写，我们很有必要从不同的角度和侧面观察现象和分析问题，在对语法问题的探讨中常常需要联系该语言存在其中的社会和文化因素，追究影响语言现象的心理和认知因素，还要探索跟言语表达有关的种种语用因素。中国一批优秀语法学家近年积极倡导的"语义/语法/语用三个平面的语法观"即为这一学术思想的典型代表。与此截然不同的是，普遍语法不仅不追求语法跟文化、认知和语用的种种联系，而且还要尽可能在一开始就把这些因素分离出来。那情形就像在实验室中做化学实验一样，它首先要净化和纯化研究对象，首先要尽可能地将核心的语法形式规则系统从混沌芜杂的自然状态中分离和析取出来。这无疑是二者之间的一大重要差别。

从另一方面来看，普遍语法研究基于其特定的研究对象和目的，不可避免地要将成人语法规则跟幼童语言习得过程中呈现出来的现象相联系。根据成人语言的语法事实总结出来的有关语言初始状态的结论（亦即有关普遍语法性质特征的论断），必须接受儿童实际语言习得材料的验证、补充和修改。也正因为如此，儿童语言习得的容易性（相应地要求语法系统必须简单）和成人语法规则表面上的复杂性（相应地要求语法系统必须复杂）的矛盾几十年来一直是，还将继续是推动普遍语法理论不断革新换代的根本动力。普遍语法理论认定，成人自然语言所表现出来的复杂语法现象应该是相对简单的形式语法内部各分支规则系统相互作用，以及这些形式语法规则跟外部的认知和语用因素相互作用所造成的结果。但，形式语法系统本身必须是相对简单的。一个包含了成千上万条规则的语法系统将同儿童在极短时间内掌握一种或多种语言的基本事实相矛盾。"简洁性"因此而成为普遍语法理论自身成果评价的重要标准。与此不同的是，以成人语言的形义对应关系为研究对象的描写语法研究则完全没有这个包袱。我们根本不必考虑儿童母语习得的容易性。我们理所当然地可以把成人语言的语法现象当作既成的、自成体系的事实现象，而对它进行平面的描写和分析。毫无疑问，这样描写出来的语法规则，只要符合客观实际，就越多越好！越详细越好！！

普遍语法研究在讨论任何一种语言的语法现象时还要考虑这种语言跟其他语言的异同和联系，还要进行跨语言的比较。根据对一种语言的研究得出的结论还必须接受其他人类自然语言事实的检验。这个道理很简单：普遍语法理论既然要解释成人语法跟儿童语言初始状态的关系，那么你从普遍语法理论的角度研究一种语言并总结出语法规则之后，人们必然要问，你总结的这些具体语言的语法规则是如何从儿童语言初始状态(亦即普遍语法)推导出来的。基于语言习得的容易性,你是不能把什么都说成是这种语言的语法所特有的东西的。在大多数情况下,普遍语法理论的学者都会设法证明具体语言的语法规则是普遍语法的原则在这种语言中的运用,或者普遍语法的参数在该语法中的赋值所带来的结果。这样一来,问题自然就来了:既然普遍语法是各种自然语言语法规则共有的"源头",既然你说某种语言的某些现象是从普遍语法推导出来的结果,那你就有责任说明其他语言是不是也有同类的现象。如果有,棒极了!如果没有,你就必须解释为什么没有。这就是为什么有关普遍语法研究的论著在讨论一种语言的现象时常常忽然间跟另一种在类型上可能互不相干的语言联系起来。同理,我们的描写语法研究也没有这个包袱。当然,我们在描写汉语的语法现象、总结汉语的语法规律时,可以跟外语中的同类现象进行比较。但是,从原则上说,我们也没有责任非要这么做。我们可以根本不管其他语言的现象,只要把汉语的问题说清、说透即可。

8.4 两种语法研究的相互补充和相互促进

描写语法研究和普遍语法研究在研究方法上既有上述一系列不同点,也有下面许多重要的共同点。弄清前者,意义在于相互理解、相互交流;找到后者,目的在于相互利用、携手合作、共同前进。

首先,不难看出,尽管目的不同,描写语法和普遍语法都非常重视为各种具体语言总结出一个明确一贯的语法规则系统。这个系统包括大小不等的语法单位,这些语法单位的聚合类型以及它们排列组合的基本规则。所不同的是普遍语法在此基础上将这个具体语法的规则系统跟儿童语言初始状态相联系,跟普遍语法相联系;而描写语法则将语法形式的规则系统跟语言意义相联系,跟语言运用相联系。但是,更进一层努力方向上的不同并不妨碍它们在最初层面上找到广泛的共同语言,找到足够多的合作基础。

其次,描写语法和普遍语法都十分重视寻求和总结世界上各种不同语言的通则和共性。大家都知道普遍语法非常强调归纳不同语言的普遍法则。其实,这既不是它的发明,更不是它的专利。早在这一语法学说问世之前,语言学史上早就有很多学派的语法学家与语音学家大力倡导和推动语言普遍法则的研究并取得了丰硕的成果。所不同的是,普遍语法在此基础上往前再走一步,将这类语言的通则和共性跟语言初始状态相联系,而描写语法重视语言的通则是为了更深入、更全面地认识自身。但是,同理,它们在较高层次上的不同追求不应该影响它们在较初层面上的合作。本书第六章中分析的一个有关焦点表达式的实例有助于我们了解这个道理。

众所周知,在上古汉语中,疑问代词宾语、某些否定句中的代词宾语以及受强调的名词宾语经常前置到动词前面,例如"吾谁欺？欺天乎？"(《论语》)"我无尔诈,尔无我虞"(《左传》)和"余虽与晋出入,余唯利是视"(《左传》)。但是到底是什么原因造成这些宾语前置并不十分清楚。从表面上看,上古汉语中的宾语前置好像跟否定句、疑问句和疑问代词有关,但是仔细分析后我们发现这是个假象。上古汉语中的宾语前置都是跟焦点的表达相联系的,都是焦点成分的前置。而且焦点成分的前置并不是上古汉语所特有的现象。现代匈牙利语也有非常相似的现象。匈牙利语也是一种"主—动—宾"型语言。但是,如果宾语是疑问代词或是因强调而重读的成分(即焦点),它必须像上古汉语那样前移至动词之前主语之后的位置上。更有趣的是,在焦点表达方式上,上古汉语和现代匈牙利语站在一边,共同跟现代汉语所代表的另一种焦点表达方式——加用焦点标记词(如现代汉语中的"是")对立。而英语则结合使用前置焦点成分和加用焦点标记词两种方式,从而造成"It is Bill that Mary hates"一类的分裂句。总而言之,世界上的语言在表达焦点成分的方式上表面似乎千差万别,但深入分析之后发现,它们竟然仅是对区区两种方式不同选择和组合的结果！回到本章的议题，不管是描写语法还是普遍语法，都非常重视不同语言的通则和共性，都非常重视类型学上的归纳和概括。但是出于不同的目的（主观为自己）而对语言普遍法则进行归纳和概括的需要并不影响这个归纳和概括本身（客观为别人）。归纳出焦点表达的两种通用方式后，我们描写语法研究可以用它来支持、旁证和深化我们对古今汉语有关焦点的分析。而普遍语法理论则要把这两种方式跟普遍语法的原则和参数相联系，并进一步探索它所关心的根本问题。描写语法和解释语法一路形影相伴，互相协助。为了达到各自不同的目的地，它们在此互道珍重，执手而别！

描写语法与普遍语法不仅在上述诸方面有着基础性的共同点，更为重要的是它们还在其他许多方面互相补充、互相促进。这突出地表现在下列两个方面：

1. 普遍语法的理论和方法有助于我们解决用别的方法解决不了或解决不好的问题，有助于我们观察到从别的角度注意不到的语法现象；

2. 反过来，我们对任何一种具体语法的描写研究成果，都将跟其他各种语法的描写研究成果一起构成普遍语法理论赖以存在的语言事实和语言规则基础。

汉语语法中有一个看似简单但实际上并不是很容易解决的具体问题：在下列例句中，(1)中动词后"他 a"的语法地位似乎可作两种不同的分析：

1. "他 a"跟(2)中的"他 b"一样，是名词短语宾语"他 a 四个橘子"中的定语，修饰中心语"四个橘子"。道理也很容易说通。"他 a"跟"四个橘子"有语义上的领有关系，而这正是名词性定语跟名词性中心语之间的典型语义关系。形式语序上，"他 a"用在"四个橘子"之前，也正好是汉语语法中"定语＋中心语"的基本语序。这里定语和中心语两个名词之间没有使用结构助词"的"的事实也不应该影响这一分析，因为汉语中的这种结构助词本来就常常可以省略，丝毫不足为奇。

2. 这个代词"他 a"又似乎应该跟(3)中的"他 c"作同样的分析,即都是动词后的宾语。(1)跟(3)唯一的不同在于,"他 a"是动词的间接宾语(该句中的直接宾语是"四个橘子"),而"他 c"则是直接宾语。这两种分析似乎都很有道理,都站得住脚。但是,毫无疑问这两种分析是不相容的,不能同时都是正确的,"他 a"到底是定语还是宾语呢? 到底哪一个分析正确呢? 确实不易取舍。

(1) 老刘吃了他 a 四个橘子。
(2) 老刘吃了他 b 的四个橘子。
(3) 老刘批评了他 c。

当今普遍语法理论中的约束理论为我们解决这个问题提供了一个新的思考角度和明晰可靠的判断方法。运用这个方法,我们发现,就代词"他"的语法性质而言,上列例(1)跟例(3)平行,而跟例(2)不同。因是之故,(1)中的"他 a"只能跟(3)中的"他 c"作同样的分析,是动词的宾语,而跟作定语的"他 b"语法性质不同。何以见得? 约束理论三原则中的 B 原则规定,代词必须在它的管制范围内自由(即不受约束)。在上列三个例句中,(1)中的"他 a"跟(3)中的"他 c"一样,都不能跟全句的主语名词"老刘"有语义同指关系(即"他 a"和"他 c"都只能指除"老刘"以外的某个人,而一定不能指称"老刘")。这跟(2)中的"他 b"不同,"他 b"可以(当然不一定非要)跟"老刘"同指。这正好说明(1)和(3)中的代词"他 a"和"他 c"在语法功能上有着平行的性质,而跟"他 b"不同。说得更具体一点,根据约束理论的基本原理,这里同指关系的不同说明了有关代词在各自语句中的语法地位不同,"他 a"和"他 c"不能跟主语同指这一语言事实说明这两个代词的"管制范围"都是整个句子,说明它们没有被包含在宾语名词短语中,说明它们是宾语,而不是定语;而"他 b"可以跟主语同指则表示这个代词的"管制范围"是宾语名词短语"他 b 的四个橘子"而不是整句,表示它被包含在宾语名词短语中,表示它是定语而不是宾语。详见本书第四章的详细讨论。

普遍语法还可以让我们观察到别的角度注意不到的语法现

象,尤其是那些表面上毫不相干语言现象背后的内在联系。正如本书第三章所说的,汉语中有一种我们可以称为"保留宾语"的语法现象。在下列例(4)和例(5)一类的被动语句中,受事成分并没有整个儿从动词之后移动到动词之前,动词后面仍然保留着名词性成分。稍作分析,我们不难证明这类句子是经由领有格名词成分((4)和(5)中分别为"老刘"和"老张")从深层结构中充当宾语的名词短语的定语位置上移动到全句主语位置造成的("t"代表原深层位置)。深层宾语成分中仅仅是定语成分移走了,中心语((4)和(5)中分别为"父亲"和"一个钱包")被留在了动词后面。

(4) 老刘被打死了　t　父亲。
(5) 老张被抢了　t　一个钱包。

很明显,这类句子的生成过程涉及一个语法规则的运用,即"领有名词提升移位"。普遍语法理论认为,语法规则应该是高度概括化了的、超结构的、跨语言的。换句话说,如果我们在某种语法结构中观察到某种语法现象,要注意的是这种语法现象不应该天造地设地仅仅属于该种具体语法结构所特有,它很可能是某种更一般性的规则在这种句法结构中具体运用的结果。如果规定的条件能够得到满足,我们应该可以看到同一条规则在其他语法结构上表现出来。上述领有名词提升移位的运用也是有条件的。条件是相应的语句必须提供一个可以指派格位但不能指派论元角色的语法位置作为被移出的领有名词的着陆点。被动句的主语位置当然可以指派格位(亦即"主格"),而它指派论元角色的能力又被被动语素吸纳了,正好满足这样的条件,所以自然可以充作领有名词提升移位的着陆点,被动句因此而表现出上述领有名词提升移位现象。但是,这条规则不应该属于被动句。如果条件许可(即提供一个合乎要求的,可以指派格位但不能指派论元角色的着陆点),同一条规则应该可以作用于其他任何句法结构。顺着这个思路,我们联想到下列汉语语法现象。

（6）老刘死了　t　父亲。
（7）老张烂了　t　一筐梨。

　　这是汉语语法史上一个尽人皆知的著名例句，早就受到了学者们理所当然的注意和研究。但这些研究大多局限于对它的语法性质进行孤立的描写，未见有人深究其从深层至表层的推导过程，更未见有人将它跟上面讨论的（4）和（5）一类的被动句联系起来。这也难怪，（4）（5）跟（6）（7）表面上毫无关系，前者的动词是及物动词，句式是被动句；后者的动词是不及物动词，句式也不是被动句。但是仔细观察之后，我们发现这两类句式有一系列相似的语法特征。如动词前后的两个名词性成分之间有广义的"领属"语义关系，动词后名词都不能受某些成分修饰等。所以，一个理想的分析模式应该不仅能够解释这些特征，而且能够将两种句式联系起来，统一地解释它们所共有的这些特征。运用普遍语法的有关理论进行分析之后，我们发现同样一条语法规则"领有名词提升移位"以同样的方式运用于两类句式中，并以同样的方式将领有名词从动词后宾语的定语位置上移动至句首主语位置。根据普遍语法理论中的"非宾格假设"，传统的所谓不及物动词应该一分为二，一类是真正的不及物动词，如"咳嗽""睡觉"等；另一类是潜及物动词，如"死""烂""沉""来"等。二者的重要区别在于：前者的表层主语也是其深层主语，而后者的表层主语是它的深层宾语。换句话说，表层句子"老刘死了"在深层是个无主句"死了老刘"，该句由深层到表层的生成过程使用了名词移动规则。总之，这样分析的结果，"老刘被打死了父亲"和"老刘死了父亲"两句话表面上没有关系，但是实际上却有着非常相似的深层结构，并运用了同样一条语法规则从深层生成到表层结构（如下列（6'）（7'）所示）。而这种内在联系用我们纯粹的描写程序和方法是不太容易看出来的。在此意义下，我们说普遍语法理论有助于我们发现以前注意不到的重要语言现象和不同语言现象之间的深刻联系。

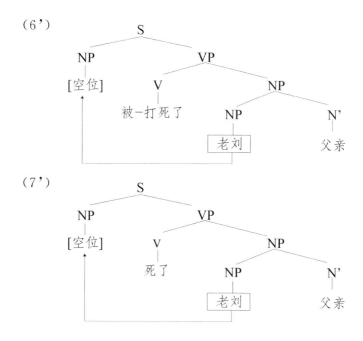

汉语语法的理论问题以及语法理论跟语法事实之间的关系问题是长期困扰汉语语法学界并常常引起讨论和争论的重要问题之一。我们认为,在语法理论本身不清楚的基础上讨论具体语法的理论问题,讨论语法事实跟语法理论之间的关系问题是没有多少实际意义的,是不可能取得结果的。普遍语法的理论和方法当然也不可能完全解决我们汉语语法的理论问题。但是,我们怀着极大的兴趣注意到普遍语法理论,尤其是普遍语法的原则与参数理论为我们重新考虑这个问题提供了一个崭新的角度。从这个角度看汉语语法的理论问题,至少对象是清晰的。

普遍语法理论有时也被称作"原则与参数理论"。大家知道,人类各种不同自然语言既有相同的地方,也有不同的地方。原则与参数理论是对语言初始状态亦即普遍语法的一种理论描述,其思想精髓在于用"原则"去概括不同语言所共同遵守的法则,而把它们的"异"解释为具有普遍意义的一套"参数"系统在不同语言中不同赋值所带来的结果。在这个理论之下,一种具体语言的语法(如"汉语语法")所有的事实和规则都必须是如下三种因素之一或者三者相互作用所造成的结果:(1)普遍语法的原则在汉语具体语法中的应用(批发式);(2)普遍语法的参数在汉语中的具体赋值(批发式);(3)属于汉语特有的词法特征和汉语不规则语言现象(零售式)。所谓汉语语法的理论问题,也就是汉语语法的事实和规则跟普遍语法的派生对应关系问题。

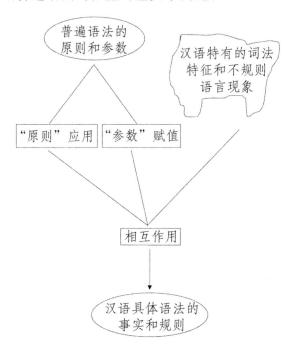

8.5 结束语

通过以上的讨论,我们不难看出,普遍语法的理论和方法有助于我们解决用别的方法解决不了或解决不好的问题,有助于我们观察到从别的角度注意不到的语法现象。反过来看,我们必须指出对任何一种具体语法的描写研究成果,都将跟其他各种语法的描写研究成果一起,构成普遍语法理论赖以存在的语言事实和语言规则基础。普遍语法理论不是虚无缥缈的海市蜃楼,它本来就应该扎扎实实地建立在对各种语言的事实和规则的归纳和概括之上。后者是前者的基础。但是必须承认,各种不同语言的描写研究成果对普遍语法的影响和贡献是不同的,这取决于多种因素。令人感到无比欣慰的是,近一二十年来,在一批中外学者的艰苦努力下,汉语语法的研究对整个普遍语法理论的发展和进步做出了卓越的贡献,取得了公认的成就。它大大地丰富语法理论本身的内涵,有力地推动了语法理论本身的发展。汉语的有关重要研究工作在空语类(empty categories),逻辑式(logical form),反身代词(reflexive)和中心语/修饰语相对语序类型(Head-Initial/Final Language Typology)等一系列当今热点领域对普遍语法理论本身进行了根本性的修正,并得到了广泛的采信。一个显而易见的标志是,任何对语法理论的实质性修正和改变都不能不自觉地顾及汉语的事实,都不得不联系汉语的特征。打开任何一本有关现代语法理论的著作,不管它是用什么语言写成的,也不管它是在世界哪个角落出版的,读者都不难看到对汉语语法现象大量的引用和讨论。汉语已经以其鲜明而丰富的个性特征成为一种在许多方面跟英德等印欧系语言有类型对立的代表语言,受到了普遍的重视。汉语研究对主流语言理论产生如此巨大的影响在汉语语言学史是不多见的。实实在在地,汉语语法的研究已经进入了当今世界跨国界的语言学主流。前途一片光明!

我们的汉语描写语法研究可以而且应该跟当代西方语言学主流理论之一的普遍语法研究"接轨"。

二者的"接口"就在于此!

参考文献

中文部分

白梅丽(1981)汉语普通话的"连…也/都…",《国外语言学》第3期。
——(1987)现代汉语中"就"和"才"的语义分析,《中国语文》第5期。
储泽祥(1994)交融中的VVA叠动动结式,陈恩泉主编《双语双方言》(三),汉学出版社。
崔希亮(1990)试论关联形式"连…也/都…"的多重语言信息,《世界汉语教学》第3期。
——(1993)汉语"连"字句的语用分析,《中国语文》第2期。
崔永华(1984)"连…也/都…"句式试析,《语言教学与研究》第4期。
丁声树等(1961)《现代汉语语法讲话》,北京:商务印书馆。
都　人(2000)从语法上看"中国"之名——中国杂谈之一,新加坡《联合早报》2000年8月31日。
方环海(1998)"什么"语源的方言补正,《中国语文》第4期。
范继淹(1982)是非问句的句法形式,《中国语文》第6期。
——(1984)多项NP句,《中国语文》第1期。
范开泰(1985)语用说略,《中国语文》第6期。
方　梅(1995)汉语对比焦点的句法表现手段,《中国语文》第4期。
冯胜利(1997)管约理论与汉语的被动句,黄正德、张洪明、冯胜利、徐杰等编《中国语言学论丛》第一辑,北京:北京语言文化大学出版社。
——(1997)《汉语的韵律、词法与句法》,北京:北京大学出版社。
龚千炎(1994)由"V给"引起的兼语句及其变化,《语言文字探究》,北京:北京语言学院出版社。
顾　阳(1996)生成语法及词库中动词的一些特征,《国外语言学》第3期。
郭继懋(1990)领主属宾句,《中国语文》第1期。
郭　锐(2000)表述功能的转化和"的"字的作用,《当代语言学》第1期。
郭　熙(1986)"放到桌子上""放在桌子上""放桌子上",《中国语文》第1期。
郭锡良(1990)关于系词"是"产生的时代和来源论争的几点认识,《汉语史论集》106—123页,北京:商务印书馆。
何乐士(1989)《左传虚词研究》,北京:商务印书馆。

何乐士(1990)《敦煌变文》与《世说新语》若干语法特点的比较,程湘清主编《隋唐五代汉语研究》,济南:山东教育出版社。
胡明扬(1989)当前国内外语言研究的趋向,《语言教学与研究》第3期。
胡裕树、范　晓(1985)试论语法研究三个平面,《新疆师范大学学报》第2期。
黄伯荣主编(1996)《汉语方言语法类编》,青岛:青岛出版社。
黄丁华(1963)闽南方言里的疑问代词,《中国语文》第4期。
黄正德(1988)汉语正反问句的模组语法,《中国语文》第4期。
——(1989)说"是"和"有",《李方桂先生纪念论文集》,台北。
蒋冀骋、吴福祥(1997)《近代汉语纲要》,长沙:湖南教育出版社。
蒋　平(1986)形容词谓语祈使句,《中国语文通讯》第1期。
孔令达(1994)影响汉语句子自足的语言形式,《中国语文》第6期。
李临定(1980)"被"字句,《中国语文》第6期。
——(1984)双宾句类型分析,《语法研究和探索》第二辑,北京:北京大学出版社。
——(1985)主语的语法地位,《中国语文》第1期。
李向农(1992)前加特定词的"一X,就Y"句式后项否定式,《华中师范大学报》第5期。
李小凡(1998)《苏州方言语法研究》,北京:北京大学出版社。
李行健(1982)"救火""打扫卫生"和"养病"的结构,《中国语文》第2期。
李亚非(2000)核心移位的本质及其条件——兼论句法和词法的交界面,《当代语言学》第1期。
李宇明(1996a)非谓形容词的词类地位,《中国语文》第1期。
——(1996b)领属关系与双宾句分析,《语言教学与研究》第3期。
——(1998)动词重叠的若干句法问题,《中国语文》第2期。
——(2000a)复叠与体貌,汉语重叠问题国际研讨会论文,2000年1月,武汉:华中师范大学。
——(2000b)汉语复叠类型综论,《汉语学报》第1期。
李宇明、唐志东(1991)《汉族儿童问句系统习得探微》,武汉:华中师范大学出版社。
李子玲、柯彼德(1996)新加坡潮州方言中的三种正反问句,《语言研究》第2期。
李钴娘(Alice Cartier)(1987),罗慎仪译,出现式与消失式动词的存在句,《语文研究》第3期。
林裕文(1985)谈疑问句,《中国语文》第2期。
刘丹青(1986)苏州方言重叠式研究,《语言研究》第1期。
——(1988)汉藏语系重叠形式的分析模式,《语言研究》第1期。
刘丹青、徐烈炯(1998)焦点与背景、话题及汉语"连"字句,《中国语文》第4期。
刘宁生(1983)汉语口语中的双主谓结构句,《中国语文》第2期。

陆丙甫(1985)关于语言结构的内向、外向分类和核心的定义,《语法研究和探索》第3辑。

陆俭明(1984)关于现代汉语里的疑问语气词,《中国语文》第5期。

——(1986)周遍性主语句及其他,《中国语文》第3期。

——(1990a)汉语句法成分特有的套叠现象,《中国语文》第3期。

——(1990b)《现代汉语句法论》,北京:商务印书馆。

——(1993)《陆俭明自选集》,郑州:河南教育出版社。

——(1997)关于语义指向分析,黄正德、张洪明、冯胜利、徐杰等编《中国语言学论丛》第一辑,北京:北京语言文化大学出版社。

——(1993)《八十年代中国语法研究》,北京:商务印书馆。

陆俭明、马真(1990)《虚词》,北京:人民教育出版社。

陆镜光(2000a)句子成分的后置与话轮交替机制中话轮后续手段,《中国语文》第4期。

陆镜光(2000b)重叠、指大、指小,《汉语学报》第1期。

吕叔湘(1948)"把"字用法的研究,《中国文化汇刊》第八卷,又见吕叔湘《汉语语法论文集》(增订本,1984,北京:商务印书馆)。

——(1965)"被"字句、"把"字句动词带宾语,《中国语文》第4期,又见吕叔湘《汉语语法论文集》(增订本,1984,北京:商务印书馆)。

——(1985)肯定、否定、疑问,《中国语文》第4期。

——(1985)《近代汉语指代词》,上海:学林出版社。

罗福腾(1996)山东方言里的反复问句,《方言》第3期。

马清华(1986)现代汉语的委婉否定格式,《中国语文》第6期。

马庆株(1983)现代汉语的双宾语构造,《语言学论丛》第十辑,北京:商务印书馆。

——(1992)《汉语动词和动词性结构》,北京:北京语言学院出版社。

马文婵(2000)系词"是"的产生和演变,国际中国语言学学会第九届年会论文。新加坡:新加坡国立大学。

倪宝元(1992)《汉语修辞新篇章》,北京:商务印书馆。

倪大白(1982)藏缅、苗瑶、侗傣诸语言及汉语疑问句结构的异同,《语言研究》第1期。

钱敏汝(1990)否定载体"不"的语法—语义考察,《中国语文》第6期。

裘锡圭(1979)谈谈古文字资料对古汉语研究的重要性,《中国语文》第6期。

屈承熹(2000)话题的表达形式与语用关系,《现代中国语研究》第1期。

饶长溶(1988)"不"偏指前项的现象,《语法研究和探索》第4辑,北京:北京大学出版社。

邵敬敏(1989)语气词"呢"在疑问句中的作用,《中国语文》第3期。

邵敬敏（1996）《现代汉语疑问句研究》，上海：华东师范大学出版社。
沈家煊（1993）语用否定考察，《中国语文》第4期。
——（1999）《不对称与标记论》，南昌：江西教育出版社。
沈　阳（1996）汉语句法结构中名词短语部分成分移位现象初探，《语言教学与研究》第1期。
施关淦（1988）现代汉语的向心结构和离心结构，《中国语文》第4期。
石毓智（1992）《肯定与否定的对称与不对称》，台北：台湾学生书局。
——（1996）试论汉语的句法重叠，《语言研究》第2期。
——（2000）《语法的认知语义基础》，南昌：江西教育出版社。
——（2001）汉语主语与话题之辨，《语言研究》第2期。
石毓智、徐　杰（2001）汉语史上疑问形式的类型学转变及其机制——焦点标记"是"的产生及其影响，《中国语文》第5期。
史有为（1995）主语后停顿与话题，《中国语言学报》第5期。
宋玉柱（1981）论"连……也/都……"结构，《现代汉语语法论集》，天津：天津人民出版社。
肃　父（1956）不要把句义解释代替句法分析，《语文知识》第12期。
汤廷池（1981）"国语"疑问句研究，台湾师范大学《师大学报》第26期。
——（1978）主语与主题的划分，《"国语"语法研究论集》，台北：台湾学生书局。
陶红印（1994）言谈分析、功能主义及其在汉语研究中的应运，石锋编《海外中国语言学研究》，北京：语文出版社。
汪　平（1987）湖北省西南官话的重叠式，《方言》第1期。
王　力（1958）《汉语史稿》，北京：中华书局。
王　力（1980）《龙虫并雕斋文集》（第一册），北京：中华书局。
魏培泉（1990）《汉魏六朝称代词研究》，台湾大学中国文学研究所博士论文。
吴继光（1996）语流中的名词句连用，《中国语言学报》第8期。
吴振国（1990）关于正反问句和"可"问句的分合的理论方法问题，《语言研究》第2期。
——（2000）汉语动词重叠的时间特征，汉语重叠问题国际研讨会论文，2000年1月，武汉：华中师范大学。
萧国政（1993）毛泽东著作中是非性反问句的反意形式，《中国语文》第6期。
萧国政、李汛（1988）试论V—V和VV的差异，《华中师范大学学报》第6期。
谢留文（1995）客家方言的一种反复问句，《方言》第3期。
邢福义（1981）现代汉语里的一种双主语句式，《语言研究》第1期。
——（1986）《语法问题探讨集》，武汉：湖北教育出版社。
——（1992）《语法问题发掘集》，武汉：湖北教育出版社。

——(1995)《语法问题思索集》,北京:北京语言学院出版社。
——(1996a)《汉语语法学》,长春:东北师范大学出版社。
——(1996b) 小句中枢说,《中国语文》第 6 期。
邢福义、李向农、丁力、储泽祥(1993) 形容词的 AABB 反义叠结,《中国语文》第 5 期。
邢公畹(1987)《诗经》"中"字倒置的问题,《语言论集》,北京:商务印书馆。
徐　杰(1987) 句子的功能分类和相关标点的使用,《汉语学习》第 1 期。
——(1991) 与"动词+时量词"结构相关的句法语义问题,《语文论集》第 4 集,北京:外语教学与研究出版社。
——(1993)《汉语描写语法十论》,郑州:河南教育出版社。
——(1997) 描写语法研究与普遍语法研究的"接口"在哪里?《语言研究》第 2 期(又见邢福义主编《汉语法特点面面观》,北京:北京语言文化大学出版社,1999)。
——(1999a) 两种保留宾语句式及相关句法理论问题,《当代语言学》第 1 期。
——(1999b) "打碎了他四个杯子"与约束原则,《中国语文》第 3 期。
——(1999c) 疑问范畴与疑问句式,《语言研究》第 2 期。
——(1999d) 关于普遍语法,收入于根元等《语言哲学对话》,北京:语文出版社。
——(2000a) "遭受义"的语法效应与句子的"合语法性"和"可接受性,《现代中国语研究》第 1 期。
——(2000b) 疑问句式的语法地位,收入陆俭明主编,沈阳、袁毓林副主编《面临新世纪挑战的现代汉语语法研究》,济南:山东教育出版社。
——(2001) "重叠"语法手段与"疑问"语法范畴的交叉对应关系,《汉语学报》第 2 期。
徐　杰、李英哲(1993) 焦点和两个非线性语法范畴:"否定""疑问",《中国语文》第 2 期。
徐　杰、石毓智(2000) 焦点形式的类型研究,国际中国语言学学会第九届年会论文,新加坡:新加坡国立大学。
徐　杰、张林林(1986) 疑问程度和疑问句式,《江西师范大学学报》第 2 期。
徐烈炯(1988)《生成语法理论》,上海:上海外语教育出版社。
徐烈炯、刘丹青(1998)《话题的结构与功能》,上海:上海教育出版社。
徐　枢(1988) 从语法、语义和语用角度谈"名受+名施+动"句式,《语法研究和探索》第 4 辑,北京:北京大学出版社。
徐通锵(1997)《语言论——语义型语言的结构原理和研究方法》,长春:东北师范大学出版社。
徐重人(1956) 王冕死了父亲,《语文知识》第 9 期。
杨成凯(2000) 汉语句子的主语和话题,《现代中国语研究》第 1 期。
杨素英(1999) 从非宾格动词现象看语义与句法结构之间的关系,《当代语言学》第

1期。

尹世超（2000）汉语ABA/BAB式构词格探析,汉语重叠问题国际研讨会论文,2000年1月,武汉:华中师范大学。

于根元（1984）反问句的性质和作用,《中国语文》第6期。

俞　敏（1981）倒句探源,《语言研究》第1期。

俞士汶等（1998）《现代汉语语法信息词典详解》,俞士汶、朱学锋、王惠、张芸著,陆俭明、郭锐审校,北京:清华大学出版社。

袁毓林（1993）《现代汉语祈使句研究》,北京:北京大学出版社。

——（1993）正反问句及相关的类型学参项,《中国语文》第2期。

——（1996）话题话及相关的语法过程,《中国语文》第4期。

——（1998a）《汉语动词的配价研究》,南昌:江西教育出版社。

——（1998b）《语言的认知研究和计算分析》,北京:北京大学出版社。

张　斌、胡裕树（1989）《汉语语法研究》,北京:商务印书馆。

张伯江（1999）现代汉语的双及物结构式,《中国语文》第3期。

张伯江、方梅（1996）《汉语功能语法研究》,南昌:江西教育出版社。

张国宪（1995a）现代汉语的动态形容词,《中国语文》第3期。

——（1995b）语言单位的有标记与无标记现象,《语言教学与研究》第4期。

张　敏（1997）从类型学和认知语法的角度看汉语重叠现象,《国外语言学》第2期。

张旺熹（1999）《汉语特殊句法的语义研究》,北京:北京语言文化大学出版社。

周小兵（1990）汉语"连"字句,《中国语文》第4期。

朱德熙（1982）《语法讲义》,北京:商务印书馆。

——（1985a）《语法答问》,北京:商务印书馆。

——（1985b）汉语方言里的两种反复问句,《中国语文》第1期。

——（1991）"V-neg-VO"与"VO-neg-V"两种反复问句在汉语方言里的分布,《中国语文》第5期。

英文部分

Anderson, Stephen R. (1981) Topicalization in Breton. *Proceedings of the Berkeley Linguistics Society*, 7. 27–28.

——(1993) Wackernagel's Revenge: Clitics, Morphology, and the Syntax of Second Position. *Language*, 69. 68–98.

Aoun, Joseph, and Y.-H. Audrey Li(李艳惠) (1993) "WH-Elements in Situ: Syntax or LF?" *Linguistic Inquiry*, 24. 199–238.

Belletti, Adriana. (1988) The Case of Unaccusatives, *Linguistic Inquiry*, 19. 1.

Burzio, Luigi. (1986) *Italian Syntax: A Government-Binding Approach*, Dordrecht: Reidel.

Chao, Yuen-Ren(赵元任)(1968) *A Grammar of Spoken Chinese*, Berkeley and Los Angeles: University of California Press（中文全译本《中国话的文法》,丁邦新译,香港中文大学出版社,1980）。

Cheng, Robert(郑良伟)(1983) Focus Devices in Mandarin Chinese, in T. Tang, R. Cheng, and Y.-C. Li (eds.) *Studies in Chinese Syntax and Semantics*. 台北:台湾学生书局。

Chomsky, Noam(乔姆斯基)(1957) *Syntactic Structures*, The Hague: Mouton.

——(1965) *Aspects of the Theory of Syntax*, Cambridge: MIT Press.

——(1970) Remarks on Nominalization, in R. Jacobs and P. Rosenbaum (eds.) *Readings in English Transformational Grammar*, Waltham: Ginn and Co.

——(1973) Conditions on Transformations, in S. Anderson and P. Kiparsky, (eds.), *A Festschrift for Morris Halle*, New York: Holt, Rinehart and Winston.

——(1975) *Reflections on Language*, New York: Pantheon.

——(1977a) *Essays on Form and Interpretation*, New York: American Elsevier.

——(1977b) On Wh-Movement, in P. Culicover, T. Wasow, and A. Akmajian (eds.) *Formal Syntax*, New York: Academic Press.

——(1981) *Lectures on Government and Binding*, Dordrecht: Foris Publications（中译本:周流溪、林书武、沈家煊译,赵世开校《支配和约束论集——比萨学术演讲》,1993,北京:中国社会科学出版社）

——(1986) *Knowledge of Language: Its Nature, Origin, and Use*, New York: Praeger.

——and Howard Lasnik (1993) The Theory of Principles and Parameters. In J. Jacobs, A. von Stechow, W. Sternefeld and T. Vennemann (eds.) *Syntax: An International Handbook of Contemporary Research*. 506—569, Berline and New York: Walter de Gruyter.

Cole, Peter, Gabriella Hermon and Li-May Sung (1990)Principles and Parameters of Long-Distance Reflexives, *Linguistic Inquiry*, 21.1.

Croft, William (1990) *Typology and Universals*, Cambridge and New York: Cambridge University Press.

Culicover, P., and M. Rochemont (1983) Stress and Focus in English, *Language*, 59: 123—165.

——(1990) *English Focus Constructions and the Theory of Grammar*, Cambridge and New York: Cambridge University Press.

Feng, Li. (1993) The copula in Classical Chinese Declarative Sentences. *Journal of Chinese Linguistics*, 21.2.

Fiengo, R. (1974) *Semantic Conditions on Surface Structure*, PhD Dissertation, MIT, Cambridge.

Gundel, K. Jeanette (1999) On Different Kinds of Focus, in Peter Bosch and Rob van derSandt (eds.) *Focus: Linguistic, Cognitive, and Computational Perspectives*, Cambridge and New York: Cambridge University Press.

Han, H.-S. (1987) *The Configurational Structure of the Korean Language*, PhD Dissertation, University of Texas at Austin.

Harris, Alice C., and Lyle Campbell (1995) *Historical Syntax in Cross-linguistic Perspective*. Cambridge: Cambridge University Press.

Heine, Bernd, and Mechtild Reh. (1984) *Grammaticalization and Reanalysis in African Languages*. Hamburg: Helmut Buske.

Horvath, J. (1986) *FOCUS in the Theory of Grammar and the Syntax of Hungarian*, Dordrecht: Foris Publications.

Huang, C.-T. James (黄正德)(1982) *Logical Relations in Chinese and the Theory of Grammar*, PhD Dissertation, Cambridge: MIT.

Huang, C.-T. James (黄正德)and C.-C. Jane Tang (汤志真)(1988) The Local Nature of the Long-Distance Reflexive in Chinese, *Proceedings of Northeast Linguistic Society* (*NELS*), 18, Amherst, University of Massachusetts.

Hyams, N. (1986) *Language Acquisition and the Theory of Parameters*, D. Reidel Publishing Company.

Jackendoff, R. (1972) *Semantic Interpretation in Generative Grammar*, Cambridge: MIT Press.

Jaeggli, Osvaldo A. (1986), Passive, *Linguistic Inquiry*, 17.4.

Kader, Mashudi B. H. (1981) *The Syntax of Malay Interrogatives*, Kuala Lumpur: Dewan Bahasa dan Pustaka.

Kaisse, Ellen M. (1985) *Connected Speech: the Interaction of Syntax and Phonology*. Orlando: Academic Press.

Kang, M. Y. (1987) Possessor Raising in Korean, in Kuno, Lee, Whitman, Bak, and Kang (eds.), *Harvard Studies in Korean Linguistics II*, Seoul: Hanshin.

Keenan, E. L. (1976) Towards a Universal Definition of Subject, in C. Li, (ed), *Subject and Topic*, New York: Academic Press.

Koopman, H. (1984) *The Syntax of Verbs*. Dordrecht: Foris Publications.

Kuroda, S.-Y. (1972) The Categorial and Thetic Judgement: Evidence from Japanese Syntax, *Foundations of Language* 9, 153—185.

Larson, Richard (1988) On the Double Object Construction, *Linguistic Inquiry*, 19. 3.

Lebeaux, David (1984) Locality of Anaphoric Binding, *The Linguistic Review*, 4. 4.

——(1991) Relative Clauses, Licensing, and the Nature of the Derivation, in S. Rothstein (ed.), *Syntax and Semantics* (25): *Perspectives on Phrase Structure: Heads and Licensing*, New York: Academic Press.

Lees, R. (1960) *The Grammar of English Nominalization*, The Hague: Mouton.

Li, Charles N., and Sandra A. Thompson (1976) Subject and Topic: A New Typology of Language, in C. Li (ed.), *Subject and Topic*, New York: Academic Press.

Li, Charles N., and Sandra A. Thompson. (1977) A Mechanism for the Development of Copula Morphemes. In Charles N. Li (ed.), *Mechanism of Syntactic Change*. 419—444. Austin: University of Texas Press.

Li, Charles, and Sandra A. Thompson (1981) *Mandarin Chinese: A Functional Reference Grammar*, Berkeley and Los Angeles: University of California Press.

Li, Y.-H. Audrey (李艳惠) (1985) *Abstract Cases in Chinese*, PhD Dissertation, Los Angeles: University of Southern Californin.

Luke, K. K., and Nancarrow, O. (1998). Auxiliary Verbs in Cantonese. In S. Matthews (ed.), *Studies in Cantonese linguistics*. Hong Kong: Linguistic Society of Hong Kong.

McCawley, James (1994) Remarks on the Syntax of Mandarin Yes-No Questions, *Journal of East Asian Linguistics*, 3. 2.

Nevis, Joel A., and Brian D. Joseph. (1992) *Wackernagel Affixes: Evidence from Balto-Slavic*. Ms. Ohio State University.

Newmeyer, Frederick J. (1983) *Grammatical Theory: Its Limits and Its Possibilities*, Chicago: University of Chicago Press.

——(1986) *Linguistic Theory in America*, 2nd Edition, Orlando: Academic Press.

O'Grady, William (1991) *Categories and Case: The Sentence Structure of Korean*, Amsterdam and Philadelphia: John Benjamins Publishing Co..

Paris, Marie-Claude (白梅丽) (1979) *Nominalization in Mandarin Chinese*, Paris: Centre National de la Recherche Scientifique.

Perlmutter, David (1978) Impersonal Passives and the Unaccusative Hypothesis, *Berkeley Linguistics Society*, 4.

Peyraube, Alain, and Thekla Wiebusch (1994) Problems Relating to the History of Different Copulas in Ancient Chinese. *Interdisciplinary Studies on Language and Language Changes: in Honor of William S-Y Wang*. Taipei: Pyramid Press.

Rooth, Mats (1996) Focus, *The Handbook of Contemporary Semantic Theory*, Shalom Lappin (ed.), Oxford, UK: Blackwell Publishers Ltd.

Rouveret, A., and J.-R. Vergnaud (1980) Specifying Reference to the Subject: French Causatives and Conditions on Representations, *Linguistic Inquiry*, 11.1.

Saito, M. (1985) *Some Asymmetries in Japanese and Their Theoretical Implications*, PhD Dissertation, Cambridge: MIT.

Shi, Dingxu (石定栩) (1992) The Nature of Topic Comment Constructions and Topic Chains, PhD Dissertation, Los Angeles: University of Southern California.

Suh, S. (1992) The Distribution of Topic- and Nominative-Marked Phrases in Korean: The Universality of IP Structure, *MIT Working Papers in Linguistics*, Vol. 16.

Tang, Sze-wing (邓思颖) (1998) *Parameterization of Features in Syntax*, PhD. Dissertation, University of California at Irvine.

Teng, S.-H. (邓守信) (1979) Remarks on Cleft Sentences in Chinese, *Journal of Chinese Linguistics*, 7.

Trask, R. L. (1993) *A Dictionary of Grammatical Terms in Linguistics*, London and New York: Routledge.

Tsao, Feng-Fu (曹逢甫) (1977) *A Functional Study of Topic in Chinese: The First Step Towards Discourse Analysis*, PhD Dissertation, Los Angeles: University of Southern California.

——(1987) A Topic-Comment Approach to the BA Construction, *Journal of Chinese Linguistics*, 15.1:1—53.

Wang, Jianqi (王建琦) (2000) Chinese Segmentation: A Pragmatic View, paper presented at the 9th Annual Meeting of the International Association of Chinese Linguistics, 26—28 June 2002, Singapore: National University of Singapore.

Weinberg, Amy (1991) Markedness Versus Maturation: The Case of Subject-Auxiliary Inversion, *Language Acquisition*, 1.2.

Wu, Guo (武果) (1998) *Information Structure in Chinese*, Beijing: Peking University Press.

Xu, Jie (徐杰) (1993a) Possessor Raising in Chinese Passive and Ergative Constructions, *University of Maryland Working Papers in Linguistics*, 1.1.

——(1993b) *An Infl Parameter and Its Consequences*, PhD Dissertation, University of Maryland at College Park.

——(1995) The Placement of Chinese Focus Mark *SHI* and Pied-Piping in LF, *Proceedings of The Joint Meeting of the 4th International Conference on Chinese Linguistics and the 7th North American Conference on Chinese Linguistics*, Los Angeles: University of Southern California.

——(1998) Grammatical Devices in the Processing of [+ Wh] and [+ Focus], *Language, Information and Computation*, Singapore: Chinese and Oriental Language Information Processing Society.

——(2001) The Interaction of the Grammatical Features "Question" and "Focus" in Sentences, *International Journal of Chinese and Oriental* Languages Information Processing Society, Vol. 10, 2001, Singapore.

Xu, Liejiong(徐烈炯)and D. T. Langendoen (1985) Topic Structures in Chinese, *Language*, 61. 1—27.

Yang, D.-W. (1985) On the Integrity of Control Theory, *NELS*, 15.

Yen, Sian L (1986) The origin of the Copula *shi* in Chinese. *Journal of Chinese Linguistics*, 14. 2.

Yim, Y.-J. (1985) On the Syntactic Nature of Multiple Subject Constructions, *Proceedings of the 1st Harvard Workshop on Korean Linguistics*.

Yoon, J.-M. (1989) ECM and Multiple Subject Constructions in Korean, *Proceedings of the 3rd Harvard Workshop on Korean Linguistics*.

Zhang, Hongming (张洪明)(1999) On Chinese Word-hood, Paper presented at the 8th Annual Meeting of the International Association of Chinese Linguistics, Melbourne.

关键名词术语英汉对照表

A

acceptability 可接受性
adjoining 添加
adjunct 附加语
adversity 遭受义
agreement（AGR）呼应态
anaphor 回指成分
 long-distance anaphor 长距离回指成分
antecedent 先行成分
argument 论元

B

background 背景
barrier 语障
binding 约束
 binding domain 约束域
 binding principle 约束原则
Burzio's Generalization Burzio 定律

C

C-command C 式统制
Case 格位
 abstract Case 抽象格位
 accusative Case 宾格
 Case-absorption principle 格位吸纳原则
 Case assignee 格位接受者
 Case assigner 格位指派者
 Case assignment 格位指派
 Case filter 格位过滤器
 Case realization 格位呈现
 Case theory 格位理论
 default Case 缺省格
 Generalized Case Filter（GCF）扩充的格位过滤器
 inherent Case 固有格
 nominative Case 主格
 obligatory Case assigner 必选型格位指派者
 optional Case assigner 可选型格位指派者
 partitive Case 部分格
 structural Case 结构格
complement 补足成分
complementizer(COMP) 标句词
computational system 运算系统

D

Deep Structure War 深层结构之战
deletion 删除
D-Structure (DS) 深层结构
ditransitive construction 双及物式
dominance 支配关系
double object construction 双宾语句式
dummy subject 傀儡主语

E

empty category 空语类
enriched lexicon 扩充的词库

F

focus 焦点
    contrastive focus 对比焦点
    focus marker 焦点标记词
    focus-sensitive operator 焦点敏感式
    grammatical focus 语法焦点
    principle of unified focalization 焦点统一原则
    psychological focus 心理焦点
    semantic focus 语义焦点
    unique strong focus principle 单一强式焦点原则
functional category 功能范畴

G

genitive 领有格位
generative grammar 生成语法
governing category 管辖范围
government 管辖
grammatical principle 语法原则
grammatical rule 语法规律
grammaticality 合语法性

H

head 中心语
head-initial/final language 中心语前置型/后置型语言
head movement 中心语移位

I

idiomatic expression 熟语性表达式
inflection (INFL) 屈折范畴
initial state 初始状态
instantiation 实例化

K

kernel sentence 核心句

L

landing site 着陆点
Logical Form (LF) 逻辑式

M

modularity 模组理论
movement 移位
    covert movement 暗移位
    obligatory movement 必有型移位
    optional movement 可选型移位
    overt movement 明移位
    successive cyclic movement 连续循环移位
multiple nominative construction 多主格结构

N

null subject 空主语

P

Phonetic Form (PF) 语音式
phrase-movement 短语移位
predication 主谓关系
predicative 述谓性

predicator 谓素
preposition stranding 介词悬空
presupposition 预设
Principle-Oriented Grammatical Theory 原则本位的语法理论
Principles and Parameters Theory 原则与参数理论
pronominal 指代成分
prosodic stress 韵律重读

R

redundancy-avoiding principle 避免羡余原则
reduplication 重叠
referential expression 指称成分
reflexive 反身代词
    bare reflexive 光杆反身代词
    compound reflexives 复合反身代词
relative clause 关系从句
resumptive pronoun 复现代词

S

small clause 小从句
specifier（SPEC）标识成分
S-Structure（SS）表层结构
stress pattern 轻重音类型
subjacency condition 邻接条件
subject-auxiliary inversion 主语－助动词倒装
subject-raising sentence 主语提升句

subject/topic-prominent language typology 主语/话题－优先语言类型

T

tag question 附加式疑问句
tense 时态
theta-criterion 论旨角色准则
theta role 论旨角色
topic 话题
    secondary topic 次话题
    topic chain 话题链
    zero topic 零话题
trace 语迹
transformation 转换
    obligatory transformation 必有型转换
    optional transformation 可选型转换

U

unaccusative hypothesis 非宾格假设
unaccusative verb 非宾格动词
universal grammar 普遍语法

V

VP shell VP 空壳

X

X-bar schema X-阶标程式
X-bar theory X-阶标理论

附录:书评四篇

附录一

乔姆斯基语法理论
与描写语法的区别和联系
——兼评徐杰《普遍语法原则与汉语语法现象》

董印其

新疆师范大学

一　乔姆斯基语法理论简介

1. 核心内容、方法、理论基础

乔姆斯基《句法结构》(1957)的出版,在当代语言学研究领域里引起了语法研究者极大的关注,它的核心内容是阐发他对语法的见解:他认为语法一是它必须简单明了,二是它必须具有生成能力。也就是说,依据一种语言的语法,能够生成并且只能生成这种语言的无限多的句子即"转换生成"的理论。他采用的方法是用数学的方法,从语言实际中归纳出一套公式,即转换规则,用这些规则生成实际的话语。此外还采用逻辑的方法(演绎法)。他的理论基础是:语言是一套装置。他自称自己是心灵主义者,认为人有一(些)特殊构造(这个构造叫心灵),在获得知识和使我们自由行动方面,是这些特殊构造起决定性的作用,而不是取决于外界刺激和周围环境(人的头脑中固有的一种装置)。他在哲学上是唯理论者,也称为理性主义。他认为理性、抽象思维是知识的最高源泉和知识真理的标准。唯理论的奠基人是十七世纪法国哲学家笛卡尔。乔姆斯基1966年写了《笛卡尔语言学》一书,明显表现出他的哲学倾向。他认为:语言学的中心任务是确立人类语言共有的重要属性。换言之,也就是建立一种能应用于一切语言的语言结构理论——虽然这种理论是演绎性的。

转换生成语法理论的提出是语言学史上的又一次划时代革命,即"乔姆斯基革命"。1916年索绪尔《普通语言学教程》出版,开辟了现代语言学的新纪元。1957年乔姆斯基的《句法结构》对结构主义的一系列基本原理提出挑战,则标志着"革命"开始。这场革命的前途无论其结果如何,即使无效,但从对人们的促进作用,对概念的加深认识方面"革命"还是成功的。

在中国的语法学研究领域,有不少的研究者介绍、评价乔姆斯基的理论和具体的生成规则,并用他的理论和方法来分析汉语的语法形式,已取得了一定的成就。在众多的著作中,徐杰先生的《普遍语法原则与汉语语法现象》(北京大学出版社,2001年)一书成就最显著。陆俭明先生在序中对这本著作给予很高的评价。指出:"在介绍乔姆斯基理论观点并运用乔姆斯基理论观来解释说明汉语语法现象的同类著作中,我认为是很值得推荐给大家一读的汉语形式语法专著。"序言中指出:(1)这本书新,表现在三个方面:A.新思想,新路子,基点是"语言共性论";B.本书提出了"以原则为本位";C.用乔姆斯基的理论研究、解释汉语语法现象,最终证明乔姆斯基的理论是可以站得住的。(2)把"原则"与"参数"的情况作了深入浅出解说。(3)乔姆斯基的理论不断地变化,但他的目标没变,只是方法有变化。

2. 语法原则本位

关于"本位"说,在国内已有了"字本位""词本位""词组本位""句本位""小句本位""词—句双本位"等学说。不同的本位理论,为我们提供了研究汉语语法的不同视角,形成了不同的语法体系。徐杰在书的第一章指出,乔姆斯基的语法理论就是"语法原则本位"理论,并对这一理论的建立作了如下论述。本位:指的是语法体系的核心纲领,是表述语法规律的依托和架构。各种本位之说都是大小不等的语法单位。索绪尔、布龙菲德都是在用组合、聚合(结构和分类)分析语法。乔姆斯基认为规范和约束整个语法体系运行方式的是普遍适用的语法原则。"原则本位"的语法理论的宏观背景是生成语法学中的"原则与参数理论"。其思想精髓是通过"原则"(常数)和"参数"(变数)描绘不同自然语言之间的异同关系。

不同的本位理论都可能概括一些别的角度概括不了的语法事实和规律。任何一个单一视角都无法让我们看到全部现象,从不同视角看问题才能全面深入。不同"本位"的理论兼容而不对立,互补而不矛盾。原则本位语法理论,就思考角度说跟普遍语法挂钩,就研究方法而言是跨语言横向比较的,就研究目的是为了简化语法规则系统,以求缓解并最终解决对语言现象的充分描写。即解释和描写:自然语言现象的复杂性相应地要求语法规则复杂和充分解释幼童学习语言的容易性则要求语法规则简单之间的巨大矛盾。

二 普遍语法理论的发展

徐杰在《普遍语法原则与汉语语法现象》第二章中,用英语的被动式构成转换生成过程来证明乔姆斯基的理论对同一种语法现象不同时期的分析理论和方法的差别。理解一个语言理论历史发展的来龙去脉,最好的方法莫过于选择某种具体语言现象,看该语言理论前后不同阶段对它的不同处理。一部被动式分析理论的发展历史正好是生成语法演变历史的缩影。下面对乔姆斯基的理论作简单的回顾。

1. 1957 年《句法结构》的理论观点

由主动句到被动句的变化,是英语中非常重要的一种变化。在没有转换成生成理论时,对这一过程的描写是非常复杂和繁琐的,必须用大段的语言来说明变化的条件,受哪些限制。而有了转换规则(理论),这一过程不仅简化了语法分析,而且自然地刻画了主动—被动之间的句际关系。但乔姆斯基的转换规则是分为"必有的转换"和"可选的转换"两大类。必有的转换是如果不进行这样的转换,任何合法语句都不能生成。必有转换运用的结果即生成所谓的"核心句"(简单主动陈述句)。"非核心句"是使用自选的转换规则从一个或多个核心句推出来的。在这样的语法体系中,作为一种非核心句,被动式当然是由自选的转换规则从相应的主动式推导出来的。

2. 1965年《句法理论的若干问题》中的观点

六十年代以后,人们开始认为,所谓的非核心句也是经由必有的转换从深层结构直接生成的,而不经由"核心句"这个中介环节。乔姆斯基在1965年出版的《句法理论的若干问题》中提出的"标准理论",就认为被动句的深层结构中就已经包含一种被动成分(称被动语素),从带有这种被动成分的深层结构推出相应的表层结构必须使用被动句转换规则。因为在"标准理论"中乔姆斯基对深层的结构的定义和描写是不清楚的,从而引发了美国语言学史上著名的"深层结构之战",即"生成语义学"和"转换生成语法学"的论争。

3. 1970年—1975年乔姆斯基的理论观点

1970年乔姆斯基发表:Readings in English Transformational Grammar论文,表面上是一篇讨论名物化的文章,实际包含着许多方面的影响深远的语法思想。1975年,乔姆斯基又发表:Reflections on Language论文。与1970年发表的文章合起来,所阐述的思想后来被称为"扩充的标准理论"。提出并论证了一个在生成语法学史上影响深远的重要概念,那就是"语迹论"(Trace Theory)。此理论有着多方面的重要意义,其中之一就是它终于使得语义解释完全依赖表层结构而成为可能。简单说,"语迹论"的意思是当某语法规则把某名词短语从甲位置移至乙位置后,它仍在甲位置留下一个语迹,并发挥一定的句法作用。运用语迹论于被动式,一个理想的结果是上面所说的生成被动式的两步中的其中一步,"受事前移"可以被推导出来,而不必在语法中作硬性规定。这是一个重要的优点。

4. 80年代乔姆斯基的理论观点

生成语法理论的进一步发展,就是模组语法。模组语法虽然由乔姆斯基1981年予以理论阐述和总结,但其重要思想内容在他本人和其他学者七十年代的作品中已见端倪。把被动式这种看似单一结构的现象,分解为互相独立的两步,并把其中一步解释为另一步在语迹论和约束条件的共同驱动与制约下衍生出来的结果,就已经蕴涵模组语法的思想精神。

模组语法是乔姆斯基等人对生成语法在理论体系上进行的一次重要的修正。习惯上称作"管制与约束理论"(简称 GB Theory,管约论)。"管制"和"约束"都不能反映这一理论体系最重要的思想精髓,它之所以称为"管约论"有三条原因:(1)这个时期乔姆斯基本人及其追随者反复强调:管制是最重要的一种句法关系。(2)用新理论可以把"约束关系"(即同一语句中不同名词性成分之间语义同指的可能性关系)讲得清清楚楚。(3)乔姆斯基奠定新理论的重要著作的书名就叫《管制与约束演讲》。

"管约论"的核心思想有两条:其一是"原则与参数理论"。其二是"模组理论"。生成语法中的"原则与参数"思想就是要用"普遍原则"去概括不同语言的共同法则,而把它们的"异"解释为具有普遍意义的一套"参数"系统在不同语言中的不同赋值所造成的结果。

"模组理论"是把浑然一体的一个语言系统分解为语音、词汇、语法几个部分,这种做法本身就已经孕育了朴素的模组思想。新语法理论的新,在于它在句法范围内进一步模组化,把一部句法规则系统分解为几个具有普遍适用性并且相互独立的子系统,其中主要有"格位理论""论旨角色理论""约束理论""X 阶标理论""管制理论"等。我们所观察的各种语言现象都可以解释为在某种表达功能的驱动下,这些子系统相互作用和限制所造成的自然结果。此外,这几个子系统个个都包含一套适用于各种语言的"普遍原则"和可以解释语言间的不同的"参数赋值域",这就是当代生成语法学最核心的理论构想。

三 描写语法研究与普遍语法研究的区别和联系

在书中的第三章:领有名词移动与动词类型,第四章:约束原则与双宾语句式,第五章:主语、多主语、空主语,第六章:焦点范畴与焦点形式,第七章:疑问范畴与疑问形式里,作者用了大量的篇幅,丰富的现代汉语实例,深入浅出地贯彻乔姆斯基"语法本位"的思想,把乔姆斯基的理论与汉语的实际相组合,解释说明了很多他人没有解决的问题,在此就不一一评述了。该书的第八章:描写语法研究与普遍语法研究的接轨,全面论述了两者的区别与联系,是全书的又一精彩之笔。

1. 区别

语法本身具有形式和意义两方面。语法形式大致包括：语法单位线性排列的语序，语法单位排列结合后所形成的各种语法层次和各种语法关系，以及语法词的运用等。语法意义指的是语法化了的语言意义，是经过抽象和概括，是有限的。这两方面可以相对独立而各自形成系统，可以分别探索它们的各种聚合、组合关系。描写语法研究目的在于揭示语法形式和语法意义这一体两面之间错综复杂的对应关系。对语言的分析也就有了两条殊途同归的路线供选择：其一是从言语材料中切割出某语法片断，进而分析它所能包容的语法意义（从形式到意义）；其二是首先归纳出某语法意义，再以此为起点，考虑它的对应的语法形式（从意义到形式）。

普遍语法，又称"转换生成语法""解释语法"。它以儿童在很短时间内借助有限而零乱的语言经验，可以轻而易举地习得一种或数种自然语言。人类语言虽然表面上千差万别，但在许多方面却表现出高度的一致性等一些基本而简单的事实为依据，认定人类而且只有人类先天性地具有一种语言机制。这种与生俱来的，可以支持各种具体语言的语言机制在自然的语言环境中可以"成长"为一种或多种人类自然语言。其成长过程，先后次序和时间安排是生物学意义下预先规定好了的。幼童出生时，其大脑不是白板一块，而是具有某种语言初始状态。普遍语法的研究对象就是这个幼童语言初始状态。而所谓普遍语法理论，也正是对这个幼童语言初始状态的理论描述。它是人们认识客观真理，逐步逼近客观真理的一个阶段性理论总结。普遍语法的最终研究目的有二：(1)完整而准确地描述幼童语言初始状态，(2)解释这个初始状态是如何在既定条件下"成长"为各种各样的成人自然语言的（在此定义下，也称该理论为"解释语法"）。

2. 联系

两种语法研究的对象和方法是有区别的，它们不是重合关系，也不是全异关系，而是交叉关系，而这种交叉点就是两者的"联系"。两者之间是可以互相吸收，充分利用，求同存异，并肩前进。

描写语法学研究以即成的成人语法事实和语法规律为研究对象,为了对其进行全面而深入的描写,就很有必要从不同角度和侧面观察现象和分析问题,在对语法问题的探讨中常常需要联系该语言存在其中的社会和文化因素,追究影响语言现象的心理和认知因素,还要探索跟言语表达有关的种种语用因素。近年来倡导的语义/语用/语法三个平面的语法观即是这一学术思想的典型代表。

普遍语法要将幼童语言习得过程中的现象与成人语法规则相联系,根据成人语言语法事实总结出来的,有关语言初始状态的结论(亦即有关普遍语法性质特征的论断),必须接受儿童实际语言习得材料的验证、补充和修改。正因为如此,儿童语言习得的容易性(语法系统简单)和成人语法规则表面上的复杂性(语法系统复杂)的矛盾,几十年来一直是还将继续是推动普遍语法理论不断更新换代的根本动力。普遍语法的规则是越简越好。描写语法的规则是越多越好,越细越好。

两者虽有诸多不同点,但也有其共同点。首先,尽管两者的研究目的不同,但都非常重视为某种具体语言总结出一个明确一贯的语法规则系统,这个系统包括大小不等的语法单位,这些单位的聚合类型以及排列组合的基本规则。其次,都十分重视寻找和总结世界各种语言的通则和共性。普遍语法与描写语法的通则和共性,都主观为自己而客观为别人。再次,两者有以上的共同点就可以互相补充、互相促进,表现在以下两个方面。(1)普遍语法的理论和方法,有助于我们解决用别的方法解决不了或解决不好的问题,有助于我们观察到从别的角度注意不到的语法现象。(2)反过来,我们对任何一种具体语法的描写研究成果,都将跟其他各种语法的描写研究成果一起构成普遍语法理论赖以存在的语言事实和语言规则基础。其四,普遍语法的理论和方法不可能完全解决某种语言语法的理论问题,但普遍语法的原则与参数理论为我们重新考虑语法问题提供了一个崭新的角度。其五,普遍语法的精髓在于用"原则"去概括不同语言所共同遵守的法则,而把它们的"异"解释为具有普遍意义的一套参数系统在不同语言的不同赋值所带来的结果。在这种理论下,一种语言的语法(汉语语法)所有的事实和规则都是如下三种因素之一或三者相关作用所造成的结果。(1)普遍语法在汉语语法中的应用;(2)普遍语法的参数在汉语中的具体赋值;(3)属于汉语特有的词法特征和汉语不规则语言现象。所谓汉语语法的理论问题,也就是汉语语法的事实和规则跟普遍语法的派生对应关系问题。其六,普遍语法理论不是虚无的,各种语言语法研究的成果是其基础,各种语言的描写成果对普遍语法的影响和贡献是不同的,这取决于多种因素。但汉语的语法研究对整个普遍语法理论的发展和进步做出了卓越的贡献。如空语类,逻辑式,反身代词,中心语/修饰语相对的前后语序类型等问题研究,对普遍语法理论本身进行了根本性的修正,并得到了广泛的认可。

总之,徐杰的《普遍语法原则与汉语语法现象》一书,是用当代语言学的"管约"理论研究现代汉语的典范之作,他深入浅出地阐述了原则本位的语法理论,提出语言研究就是要寻找简单、明晰、有限的语法原则这一基本纲领。他带给我们的不仅是一部研究成果,而是汉语语法研究的思路,对我们今后的研究有重要的启示作用。

(原刊《汉字文化》2004 年第 3 期)

附录二

错综复杂的背后是简单清晰
——《普遍语法原则与汉语语法现象》简评

郭继懋

南开大学

新加坡国立大学中文系徐杰博士的专著《普遍语法原则与汉语语法现象》作为北京大学出版社"语言学前沿丛书"中的第一部出版了,这是一件值得庆贺的事情。我十分高兴地阅读了这本专著。尽管其中有些章节的内容我以前曾经读过,可是这次再看,还是同样感到很有收获,很受启发。有几点想法愿意写出来。

第一,近十几年来,中国大陆的现代汉语语法研究发展得很快,与国际语言学研究水平之间的距离逐渐缩小了,而且成长起来一批理论素养较高的语法学者,其中就包括像徐杰博士这样的到海外深造后又一直活跃在中国大陆学术界的学者。但是,中国大陆语法学者大多数搞的是功能语法,搞形式语法的就相对比较少。与国外形式学派、功能学派大致平分天下的局面相比照,应该说我们在形式语法研究方面的进展还比较缓慢。造成这种情况的原因可能是多方面的,值得仔细探讨。我们觉得,其中一个原因可能就是大陆学者比较容易看到的而且是用汉语发表的使用形式语法理论分析汉语语法现象的研究成果还不是很丰富,形式语法理论的迷人之处有些研究人员还不是十分了解。也许正是针对这种情况,中国社会科学院语言研究所沈家煊先生 2000 年在安徽芜湖的现代汉语语法讨论会上就强调指出中国学者应该多注意形式语法研究的最新进展。

徐杰博士曾到美国系统地学习生成语法理论,了悟生成语法理论的精粹所在,十多年来一直致力于使用生成语法理论观察、分析、解释汉语语法现象,这部专著就收入了他这方面的一些代表性研究成果。可以说,这些研究在用生成语法理论分析汉语语法方面取得了十分突出的成就,有力地推动了汉语语法研究的进步和发展。书中有不少用形式语法理论分析疑难问题的例证，比如，第4章用生成语法"约束原则"成功地论证了"打碎了他四个杯子"中"他"是宾语，不是定语，很有说服力。我们相信，这部专著的问世必将有助于大陆学者进一步认识、了解形式语法，必将会提高他们对生成语法理论的兴趣，必将会加快这方面研究的发展。

第二，中国大陆学者搞形式语法比较少的另一个原因也许和形式语法比较特殊的表述方式有关。形式语法的表述方式一般是很形式化的，而且创立了很多特殊的术语。这样表述的好处当然很多，但是也有不好的地方，就是太复杂，没有经过系统学习而且又不熟悉数学、逻辑学的人不太容易看懂。大陆大多数语法学者是中文系毕业的，还有些是外语系毕业的，总之是学文的，而不是学理的，而且他们大多数没有机会系统学习生成语法理论，所以要弄懂形式语法有时难免会感到比较吃力。

徐杰博士在去美国留学之前就跟随邢福义先生学习语法研究，并且从事汉语语法研究，发表了不少研究成果。这种特殊的学术背景使他在使用和介绍生成语法理论时能够比较多地考虑中国大陆一般语法学者的实际需要，注意采用比较平易近人的方式，深入浅出地说明有关理论。他的这种努力在书中表现得十分明显，应该说他的努力是相当成功的。因此，徐杰博士的这部专著不仅会受到生成语法学者的欢迎，而且也会受到想了解生成语法的基本精神、基本思路、基本分析方法的非生成语法学者，比如中国的功能学者的普遍欢迎。

第三，徐杰博士在书中十分强调"小语法"思想，强调应该把语用、语汇等方面的规则从语法中剥离出去，从而把语法部分作得简单一些。我觉得这个思想是很有价值的，值得重视。长期以来，在现代汉语语法研究中，我们一直没有能够自觉地把主要由于句法、形式原因形成的现象（比如词组平面上的一些现象）与主要由于其他原因形成的现象（比如句子平面上的一些现象）区别开来，所以把一些不应该放在语法里面或者说不应该放在语法核心部分里处理的问题也放进来了，比如，许多现代汉语语法教材讲反问句的意义时，都只简单说在反问句里肯定的形式表示否定的意义，否定的形式表示肯定的意义，至于为什么会这样，由于是在语法里讲反问句，也就不好进一步深入说明了，可是这无疑是反问句现象最值得说明的一个部分。其实，反问句现象本质上是一种语用现象，其表意规律只有从"合作原则"、"言语行为"理论等方面才能比较充分地揭示出来，所以，如果把反问句从语法部分里剥离出去,可能反而可以把问题说得更加充分一些,也就是说,如果承认"小语法"思想,反问现象应该不属于"小语法"部分。

第四,我在1990年写过一篇论文,讨论"他死了父亲"这种句式,尽管当时也发觉这种句式在语义特征方面与"他被地主杀死了父亲"这种句式的关系比较密切,但是后来因为想不好究竟为什么要把这两种句式放在一起谈,加上我一直不大愿意做大题目,于是就把"他被地主杀死了父亲"这个句式放到一边去了。现在徐杰博士使用生成语法理论,把这两种句式放到一起,用"领有名词移位"等理论给出统一的描写与解释。徐杰博士这样处理我认为是很合理的,从我们这一前一后两个研究里,我深刻地体会到理论框架对描写性研究确实有很重要的指导作用,可以帮助研究者更快地抓住问题的关键。

徐杰博士和我很早就相识了。大概是在1984年,中国社科院语言所等单位在延边大学开语法讨论会,我们当时都是研究生,专业都是语法——他是邢福义先生的研究生,我是李临定先生的研究生,我们一起听会。当时列席会议的研究生很多,但是徐杰博士给我的印象很深,一是因为我们年龄相近,交往自然比较多,二是因为他在会议期间不像我们大多数研究生那样,总想跑到外面去玩,他能够待在屋子里读书,我记得他当时读的是一篇英语文献,好像是Fillmore的 *Case For Case*,我当时就佩服他这么管得住自己,而不能不自觉惭愧。现在许多年过去了,徐杰博士在语法研究方面做出了许多出色的成果,我要向他学习,同时向他表示由衷的祝贺,并深信徐杰博士以后将会做出更多、更好的语法研究成果来,推动中国大陆形式语法研究进入一个大收获的时期。

(原刊《世界汉语教学》2002年第4期)

附录三

《普遍语法原则与汉语语法现象》评介[*]

李京廉

北京理工大学

本书运用当代语言学的"管辖与约束理论"（即原则与参数理论），以原则为本位，研究汉语重要的语言现象，是生成语法理论与汉语研究相结合的新成果。全书共八章。

一、原则本位的语法理论 作者以生成语言学的"原则与参数理论"（Principles and Parameters Theory）为背景，提出了"原则本位的语法理论"（Principles-Oriented Grammatical Theory）。在汉语研究中"以原则为本位"是一个创新。它清楚地区分了"语法运算系统"（Computational System）和"扩充的词库"（Enriched Lexicon），并把因词而异的不规则语言现象从语法运算系统划归"词库"，从而"简化语法分析并最终使得对语法系统的完全形式化描写成为可能"。

二、被动式的理论和普遍语法的发展 作者通过探讨被动式理论的发展过程，简要论述了乔姆斯基的经典理论、标准理论、扩展的标准理论以及管辖与约束理论对被动式的解释，从中可以看出生成语法一直努力提高其解释力，并最终制订出一部"以简驭繁的语法规则系统"。

三、领有名词移位与动词类型 本章考察带保留宾语的被动句（即被动句的动词带"宾语"，如"他被人打断了腿"）和领主属宾句种（即不及物动词带"宾语"，如"她死了母亲"），认为这两种句式有很多相似性，应该有一统一的解释。作者认为，如果按照动词的"及物性"特征进行分类，汉语

---

[*] 徐杰先生的大作《普遍语法原则与汉语语法现象》即将修订再版，笔者衷心表示祝贺，也非常感谢徐先生慨将本人发表在《外语教学与研究》（2002年第3期）的书评收入其大作。为保留文章原貌，笔者仅对原文做了个别文字或格式上的修改。

动词不应像传统语法那样分为"及物动词"和"不及物动词"两类,而应分为四类,即"不及物动词"、"潜及物动词"、"单及物动词"和"双及物动词",领主属宾句里的动词应属于潜及物动词。至于领主属宾句的深层结构,作者以"她死了母亲"为例,认为该句意为"死了她的母亲"。"她的母亲"处于动词后位置,根据 Burzio 定律,潜及物动词是不能指派宾格的。为了获得格位指派,"她的母亲"须移位至主语位置,从而获得主格。这样可以得到句子"她的母亲死了"。如果仅仅是"她"移至主语位置并得到主格,而"母亲"留在动词后的原位置,并被指派给部分格(Partitive Case),这样就得到句子"她死了母亲"。带保留宾语的被动句也可以同样解释,只不过是移位的原因有所不同。带保留宾语的被动句中的动词本来也可以指派宾格,但根据"格位吸纳"原则(Case-Absorption Principle),它指派格位的能力让被动成分吸纳了。这样就对这两种句式作出了统一的解释。据此作者还提出"领有名词的提升移位"(Possessor Raising Movement)的假设:在"领主属宾句"和"带保留宾语的被动句"两种句式中,将领有名词从深层宾语的定语位置移至全句主语位置。我们知道并非所有的领有名词都可以移位,因而作者又提出了领有名词移位的三个限制条件:a. 相关句式能否为移出的领有名词短语提供一个适当的新位置或者说着陆点(landing site)b. 该移位能否满足对名词短语移位的一般限制;c. 留在原位置的"保留宾语"(原文为"保留宾格",笔者做了改动)能否得到适当格位指派,成功地解释了一些领有名词不能移位的情况,说明他提出的三个限制条件具有较强的解释力。

此外,作者发现并非符合以上三个限制条件的被动句或带潜及物动词的句式都可运用"领有名词移位"规则。因此提出除以上的语法条件外,"领有名词移位"还要满足一个语用条件,即"这个事件必须给逻辑宾语的领有定语带来某种负面的,较大程度的影响,因此有必要把这个领有定语跟它的中心语分离开来"。这样,作者就解释了符合语法条件,但因不符合语用条件而造成的一些不能移位的情况,因为他认为被动句和带潜及物动词的句式要运用"领有名词移位"规则,必须符合以上的句法条件和语用条件。

四、约束原则与双宾语句式 作者用"管辖约束理论"的子理论"约束理论"研究汉语中的"打碎了他四个杯子"一类结构的性质,并对这种结构中"他"的语法地位进行了分析。作者首先介绍了约束理论及其三个原则,然后根据约束理论,经过论证得出这样的结论:"打碎了他四个杯子"中的"他"应是指人的间接宾语而不是定语,也就是说这个结构是双宾语句式。作者用这个事实说明"语法规则是对一定量的语法事实的分析和归纳。反过来,得到验证后的这些语法规则又可以帮助我们解释那些不太容易分析的复杂语法事实,更好地认识这些事实。"

五、主语、多主语、空主语 作者首先区分"主语"和"主格",认为"主语"是一种句法结构成分,而"主格"是名词短语的格位特征。然后简要介绍并修改了格位理论(Case Theory),提出了扩充的格位过滤器(Generalized Case Filter):a. *NP,如果有词汇形式但是没有得到格位指派的话;b. *必选性格位指派者,如果没有释放自己的格能量的话。至于汉语和英语中的句子中心,作者认为都是屈折范畴 I,它们的区别仅仅是汉语句子中心 I 只包含"谓素"(predicator),而英语的句子中心 I 除了"谓素"之外,还包括"时态"和"一致态"。根据这一假设,作者解释了为什么汉语中名词、动词和形容词都可以做谓语而英语中只有动词和动词短语才能做谓语,以及为什么英语中所谓的"小句"(small clause)(如 I consider *Miss Lee very smart*)中的谓语可以由形容词短语"very smart"来充当。接下来,作者分析了多主语现象,认为多主语只是 IP 多层递归所带来的一个表面现象,但是这种解释也存在一个问题,即一个简单句如何给多个名词短语指派格位。对此,作者的观点是:多个名词短语的主格不是由一个而是由多个不同的 I 分别指派的。作者还讨论了汉语中有无"主语"和"话题"这个颇具争议的问题,将有关"话题—主语"的理论分为三派,并分别作了简要论述。作者认为,在初始的语言层面,话题本是个语用概念,但在句法层面,可以作为一个形式特征(标记为[+T])驱动某些语言中一些形式语法手段的运用。一句话,"话题"是带有语法效应的语用概念。某语法成分在语法层面上是主语,但是因带有[+T]特征,所以有特定的话题标记。作者认为其理论比其他三个"话题—主语"理论具有突出的优势。

作者在讨论了有关"话题"的语言类型之后,接着探讨了汉语的空主语现象,认为汉语句子中心对主格格位的指派是可选的(optional)。如果主语位置不需要名词短语,汉语句子中心就不需对其进行主格格位指派,从而出现主语位置空置即空主语。而英语的句子中心对主格格位的指派是强制的(obligatory),因为英语的句子中心必须把自己的派格能力释放出来,要求主语位置上必须有一个名词短语或者其他相应成分去吸纳它强大的派格潜能。

六、焦点范畴与焦点形式 作者首先讨论焦点范畴,认为焦点有主次和强弱之分。一个简单句可以同时有多个焦点,但要突出强调的一般只有一个。为此,作者提出了"单一强式焦点原则"(Unique Strong Focus Principle):当一个简单句包含多个焦点时,专用的焦点语法形式只能突出强调其中的一个。另外,作者认为作为语用概念的"焦点"跟句法的焦点始终处于不同的层面。当作为语用概念的"焦点"作为一个特征进入形式语法系统时,它已经与语用范畴完全脱钩,将作为一个纯粹的形式语法特征被指派给句法成分,从而驱动语法系统对其作出相应的、因语言而异的反应,造成各种各样的焦点语法形式。焦点形式包括使用焦点标记词和前置焦点成分。作者认为,作为焦点标记词,"是"的线性位置安排由两个因素共同决定:作为一个动词,"是"的位置安排要符合汉语对动词的一般语法限制;同时,在其它语法条件得到满足的情况下,焦点标记词"是"还要尽可能靠近焦点成分。除了焦点标记词"是"之外,还有一些句法成分容易成为焦点成分,即"焦点敏感算子"(作者原译为"焦点敏感式")(Focus-Sensitive Operator)。作者综合古今汉语、现代英语、现代匈牙利语和现代马来语等语言的焦点表达形式,并考察焦点特征[+F]的不同来源,探讨了有关焦点形式的语言类型,这具有一定的语言类型学意义。

七、疑问形式与疑问范畴 人们通常把疑问句分为"是非问句"、"特指问句"、"选择问句"和"正反问句"四类,但作者认为根本不存在这几种疑问句式,它们之间的对立是在形式语法规则的约束下对"焦点"的几种不同表达形式而已。所谓的静态"疑问句式"并没有独立的语法地位,不应是语法系统的一部分,应该而且可以从语法系统中分离出去。通过研究一般问、特指问、选择问以及正反问表达疑问的方式,作者提出汉语语法对疑问范畴的处理采用两种基本方式:"正反叠用"和"加用疑问语气词"。至于是否使用、使用哪一种方式,应取决于语用上的考虑,跟形式语法无关。形式语法的唯一限制是,在进行上述处理时,对句中是否包含来自词库的{+Q}疑问标记敏感。接下来,作者讨论了疑问范畴在不同语言中的语法表达手段,包括重叠(reduplication)、添加(adjoining)和移位(movement)。

八、描写语法与普遍语法的接轨 作者论述了两种不同的语法研究即描写语言研究和普遍语法研究,并认为这两种研究之间存在研究对象和研究目的的交叉,这也就决定了它们的研究方法和研究角度的交叉。作者认为这两种研究方法既可以相互补充又可以相互促进,汉语描写语法研究可以而且应该跟当代西方语言学主流理论之一的普遍语法研究"接轨"。

综观全书,我们认为本书有以下特点:

1) 本书是较早用生成语法中的"原则与参数理论"研究现代汉语的专著之一(试比较程工 1999)。作者在采用操作性较强的"原则与参数理论"的同时,又运用最简方案的一些原则,如经济原则(Principle of Economy),对汉语加以分析。

2) 作者对许多汉语语法问题都有独到的见解,对如何解决这些问题提出了很多新的理论观点和方法,如"原则本位"的语法理论、"单一强式焦点原则"以及汉语动词的重新分类等。

3) 与许多生成语言学的论著不同的是,作者既简要介绍生成语言学的基本理论,同时又将该理论的一些原则运用到汉语研究中去。本书所用语料自然,论证严密,语言浅显,可读性强,可帮助更多的读者学习并了解生成语言学理论,也在一定程度上改变了汉语界个别学者对生成语言学的偏见。

当然,书中也有值得商榷之处。作者认为"采用任何一种标准进行分类都应该把自己的原则贯彻到底",但作者并没有始终贯彻这一原则。比如作者把动词分为四类,即"不及物动词""潜及物动词"、"单及物动词"和"双及物动词"(44 页);但是,作者又将单及物动词和双及物动词归入普通的及物动词(52 页)。这样一来,动词只包括"不及物动词"、"潜及物动词"以及"及物动词"三类,"单及物动词"和"双及物动词"只是及物动词的子类。前后的分类似乎不一致。

此外,作者对个别术语的翻译也有可商榷或不统一之处。比如,作者把 government(管辖)译为"管制",把 adjoining(嫁接)译为"添加",把 governing category(管辖语域)在不同的地方分别译为"管制范围"和"管制范畴";而英语句子中心 I 包含的 agreement(一致)这一术语的译法有"呼应态""一致态"和"匹配态"等三种。

参考文献

程工,1999,《语言共性论》[M]。上海:上海外语教育出版社。

(原刊《外语教学与研究》2002 年第 3 期)

附录四

一部汉语语法研究的创新性著作
——读《普遍语法原则与汉语语法现象》

周士宏

北京师范大学

当代语言理论中,无论是形式学派,还是功能学派,都以研究语言的共性(universals)为己任,但如何把语言共性研究同具体语言特点研究结合起来,却是双方共同面临的难题:对于形式派而言,由于它主要对英语采取深探(in-depth)式的研究,然后再推广到其他语言,进而演绎出语言的共性,因而不可避免地在解释其他语言时遇到障碍;对于功能派而言,它的共性研究主要采取跨语言的(cross-language)的博采(in-width)式方法,因而在语言取样时,难免会漏掉一些重要的有代表性的语言,或者是鲜为人发现的特点,因而在对语言的共性进行归纳时可能会得出片面结论。但是我们却欣喜地看到,徐杰先生的《普遍语法原则与汉语语法现象》(以下简称为《原则与现象》)为我们做出了榜样,他运用当代生成语法学中的"原则与参数理论"(Principles and Parameters Theory)较为成功地解决了长期困扰汉语语法学界的一些难题。

《原则与现象》运用乔姆斯基的"管约论"(Government and Binding Theory)站在语法原则的高度,深入浅出地阐述了"原则本位"的语法理论,提出"语言研究就是要寻找简单、明晰、有限的语法原则"这一基本纲领,并成功地实践了这个原则。该书共 8 章,以专题的形式讨论了如下问题:1. 原则本位的语法理论;2. 被动式的理论和普遍语法的发展;3. 领有名词移位与动词类型;4. 约束原则与双宾句式;5. 主语、多主语、空主语;6. 焦点范畴与焦点形式;7. 疑问范畴与疑问形式;8. 描写语法与普遍语法的接轨。综观全书,我们认为该书有如下特点。

一 研究视角新颖、见解独到

在汉语语法研究史上,"本位"问题一直受到重视。19世纪末马建忠提出"词类本位",1924年黎锦熙先生提出"句本位",20世纪80年代朱德熙先生提出"词组本位",以至今天的"字本位"、"小句本位"、词和词组的"双本位"。这些本位思想的更迭,反映了汉语语法研究观念的更新,在某种程度上也确实解决了汉语语法的某些问题,但"有一点是共同的,那就是都以具体的'单位'为本位,只是各人所说的单位大小不同而已。"(见该书陆俭明序)与此不同,徐杰先生旗帜鲜明地打出"原则本位"的旗号,在语言共性论的背景下讨论汉语语法现象,这不能不说是新颖的。

各种不同的自然语言既有相同的地方,也有不同的地方。原则与参数理论是对语言初始状态亦即普遍语法的一种理论描述,其思想精髓在于用"原则"去概括不同语言所共同遵守的法则,而把它们的"异"解释为具有普遍意义的一套"参数"系统在不同语言中的赋值所带来的结果。在这种前提下,我们就会发现原来被认为是汉语特有的某些现象,其实根本并不是什么"特点",只不过是普遍语法原则在汉语中一种具体的实现罢了。因此现在越来越多的学者呼吁,在汉语研究上要慎言"汉语的特点"。徐杰先生的著作,用这种新的视角来探索一些汉语语法学史上长期争论的老问题,自然会给人耳目一新的感觉,而且确实较完满地解决了一些问题。比如:

① 王冕七岁上死了父亲。
② 那家工厂塌了一堵墙。
③ 张三烂了一筐梨。

这类不及物动词带宾语句式(该书借用郭继懋的提法称为"领主属宾句"),汉语语法学界曾多次为这类句式的性质和特点展开讨论和争辩,可以说是个老大难问题了。以往的研究只停留在描写这种句式的句法格式、语义关系的层面上,并没有深究这种句式是如何形成的。徐杰先生把这种句式同"李四被打伤了一条胳膊"、"张三被杀了父亲"等带保留宾语的被动句联系起来,认为这两种句式有一致之处,可以用统一的语法操作规则来解释。作者认为这两种句子的主语同宾语都有广义的领有关系。

它们的深层结构分别是"死了王冕的父亲"、"被打伤了李四的一条胳膊"。对于前一句,根据 Burzio 定律,①"死"等潜及物动词是不能指派宾格的。整个句子要通过格筛选(case-filter)的话,必须作出如下选择:(1)将"王冕的父亲"作为一个整体前移至主语位置,从而获得主格,得到"王冕的父亲死了";(2)仅仅将"王冕"前移至主语位置并让它在那里得到主格,"父亲"留在动词后的位置,并指派部分格(partitive case),这样就得到句子"王冕死了父亲"。带保留宾语的被动句,也可以同样得到结果,只不过是移位的原因有所不同。带保留宾语的被动句中的动词原本可以指派宾格,但根据"格位吸纳"原则(case-absorption principle),它指派格的能力让被动成分吸纳了。这样两种句式就得到了统一的解释。在此基础上,他还提出了"领有名词的提升移位"(possessor raising movement)的假设及其限制条件。他还根据汉语的语言事实,重新给动词分类,即"不及物动词""潜及物动词""单及物动词"和"双及物动词"。这种分类,对于以动词为中心的语法研究无疑是有意义的。《原则与现象》中还有许多其他新颖独到的见解。作者强调"句法成分"和"语法特征"两类重要的语法概念之间有着根本的区别,前者是结构性的、线性的、相对独立的,而后者是超结构的、非线性的、依附于某种句法成分的。因此,就句法结构与句法成分而言,带有[+T]特征的语法单位多数是主语,并获得主格格位,这正是为什么话题标记常常可以跟主格标记交替使用,而不能跟其他格位标记交替使用背后的深层原因。

二 说理透辟、可读性强

语言理论著作关键在于"以理服人",任何新颖独到的见解,如果没有充足圆满的论证,都将是空中楼阁。在语言学界各种理论流派竞相争妍的今天,这种要求更为重要。

《原则和现象》一书在论述语言共性和汉语特点时,不是简单地把乔

---

① Burzio 定律(Burzio's Generalization)指出,只有那些能够指派主语名词"施事论旨角色"的动词才能指派宾语名词"宾格"(Burzio,1986)。……而潜及物动词显然都不能指派主语名词施事(这些句子都是先天的无主句,所以它们不能指派宾语名词宾格。(见该书第三章附注⑥,p.71)(见本书 p.40 脚注①)

氏学说套在汉语上,而是让事实验证理论,让事实说话。我们知道,普遍语法的基本假设之一就是语法的天赋性,即幼儿出生时,其大脑并不是白板一块,而是具有某种语言的初始状态(initial state)。所谓的"普遍语法理论"(Universal Grammar Theory)正是对这种幼儿语言初始状态的理论描述,因此当然可以用"幼儿习得语言的实际材料来验证普遍语法(即幼儿语言初始状态)如何在既定条件下'成长'为各种各样的成人的自然语言(即个别语法)"(P. 196—197)。基于这样的认识,作者在论证疑问代词前置与疑问范畴的表达无关时(疑问代词前置只是"焦点前置"的一种实例化的结果——笔者按),不仅采用成人的实际语料,而且从英语儿童习得"焦点"和"疑问"范畴的早晚以及汉语儿童习得它们的差异来证明二者之间并无内在的因果关系,这样就使作者的论据更加充分。

《原则与参数》论证透辟、充分的另一点表现是,它不是把眼光仅仅停留在汉语普通话的层面上,而是注重从纵横两个方面来研究:纵,即把古今汉语联系起来进行共时、历时结合式的考察;横,即将汉语普通话同方言、少数民族语言及外语联系起来进行跨方言(cross-dialect)、跨语言(cross-language)的比较分析。作者在讨论疑问范畴语法形式时,就分别采用了古汉语、英语、日语、彝语、山东招远方言、江西于都方言、福建长汀的客家方言的语言事实,从而在广泛采样的基础上得出结论:自然语言处理"疑问范畴"有三种基本类型:添加(adjoining)、重叠(reduplication)和移位(movement)。据笔者不完全统计,作者在该书中所采用的语料不下20种。这种研究方法体现了当代语言共性研究中形式语法和类型学(typology)相互认可、相互接受的新动向。

我们知道,形式语法和类型学都是以研究人类语言的共性为自己的终极目标,由于语言观及研究方法的不同,二者在很长一段时间内一直采取对立甚至彼此贬低的态度。但随着两种研究方法的不断发展、完善,双方都开始认可对方的研究,重视对方的研究成果,并积极借鉴、吸取对方的长处。(参看程工 1999)越来越多的生成语法学者开始把眼光投向英语以外的其他语言,包括汉语。形式语法的这种转变,不但没有使它丧失自我,反而使其理论基础更加坚实,更加具有解释力。就本书而言,丰富的语言例证使作者的论证更加充分、严密。

该书的表达也是值得称道的。很多人对生成语法有一种排斥态度,这是不足为怪的。且不说乔姆斯基的语言理论更新之快、变换之繁,让人大有眼花缭乱、无所适从之感,就是那一套生成语法的术语及符号就足以让人望而生畏了。如何把乔姆斯基各个时期的理论简明扼要地表达清楚,如何把早已为汉语语法学界熟悉甚至忽略的语言现象用新的语法规则描述清楚,这确实是一个不大不小的问题。然而该书的作者却用通俗晓畅的语言把复杂难懂的道理说得简明、清晰。作者在书中经常用一些生活中常见的事例打比方,使得论述生动有趣。当然,做到这一点并不容易,这是和作者自身的理论修养和逻辑分析能力分不开的。尤其值得一提的是,作者在很多章节的末尾运用了图表,把论证的结论清楚明确地呈现在读者眼前。

当然,该书在众多的语法理论著作中只是一家之言,仍存在一些问题,比如关于焦点问题的讨论。焦点本身是个信息结构范畴,在语言学界至今没有一个公认的定义和大家都认可的分类(参看徐烈炯、刘丹青1988),而且对于焦点的确认也是因人而异,因此我们认为关于焦点的语法驱动有待论证。再如,疑问句的分类问题,作者说彝语的正反问采用"正正叠用"的语法手段,这就和彝语的是非问一样了。在彝语中是否不区分是非问和正反问呢? 如果作者能够事先给出彝语疑问句的分类就好了。另外,有些译名问题。国内已经出版了一些形式语法论著(如徐烈炯1988;宋国明1997;程工1999),对于已经有通用译名的术语最好从众。再有,有些翻译以能体现其本义为好,如"Focus-sensitive Operator"译成"焦点敏感算子"要好一些(作者译为"焦点敏感式"),因为在乔氏的最简方案(Minimalist Program)中,主要有两个组成部分,即"运算系统"(computational system)和"扩充的词库"(enriched lexicon),译成"算子"能与运算系统相匹配。

参考文献

[1] 程工.语言共性论[M].上海:上海外语教育出版社,1999.
[2] 李京廉.《普遍语法原则与汉语语法现象》评介[J].外语教学与研究,2001,(3).
[3] 宋国明.句法理论概要[M].北京:中国社会科学出版社,1997.
[4] 徐烈炯.生成语法理论[M].上海:上海外语教育出版社,1988.
[5] 徐烈炯、刘丹青.话题的结构和功能[M].上海:上海教育出版社,1998.

(原刊《汉语学习》2004年第1期)

修订后记

《普遍语法原则与汉语语法现象》初版由北京大学出版社刊行,转眼过去了十六个年头。在此期间,本书很荣幸地得到众多前辈和学者的垂注,或选作辅助教材,或列为推荐书目,或对全书或部分章节进行评介,或引用,或商榷,或评论,对各位同行的在心和真诚,作者由衷感谢!

本书2001年初版后曾于2004年重印过一次,距今也有十多年了。最近几年,不少热心的同行告诉作者,本书已经在实体书店和正常的网购渠道买不到了。他们建议作者联系出版单位再次重印本书。作者虽然非常感谢朋友们的善意提醒,但是一直在考虑如能借重印的机会,对全书做必要的修订,改正原书中的错漏和笔误,出一个修订版,比简单的原版重印可能更有意义一些。现在呈现在读者面前的就是这个计划的成果。

在修订过程中,王娟博士、杨炎华博士、孙兴亮同学和张昀同学分别通读全书,改正了很多错误。北京理工大学李京廉博士也指正多处笔误。覃业位博士和罗堃同学也协助作者做了不少工作。他们的协助提高了本书修订版的质量。作者在此申谢!

我们在公开出版的学术刊物中拜读到多篇对本书全书或部分章节的评介。他们的书评平和、中肯、到位,使作者深受教益。征得作者慨允,谨将董印其教授、郭继懋教授、李京廉教授和周士宏教授发表的四篇书评分别作为附录收入本书修订版,以方便读者参考。需要特别说明的一点是,本书的修订有些部分就是参考了他们在书评中提出的意见完成的。作者对几位学者的热心垂注和真诚指教再次致谢！

北京大学出版社是学术界公认的高水平学术出版机构。本书的初版及修订版能在该社出版是我的荣幸。衷心感谢出版社领导的认可和编辑部老师辛勤细致的付出！

徐杰

2018 年 6 月 2 日

武昌珞珈山